Les psychoses

collection pathologie science
formation

ISBN 2-7420-0370-3
ISSN 1271-9145

Éditions John Libbey Eurotext
127, avenue de la République
92120 Montrouge, France.
Tél. : 01 46 73 06 60
e-mail : contact
john-libbey-eurotext.fr
http://www.john-libbey-eurotext.fr

John Libbey & Company Ltd
163-169 Brompton-Road, Knightsbridge
London SW3 IPY, England.
Tel. : (44) (0) 23 80 65 02 08

CIC Edizioni Internazionali
Corso Trieste 42
00198 Roma, Italia
Tel. : (39) 06 841 26 73

Les psychoses

coordonné par
Pierre-Michel Llorca

John Libbey
EUROTEXT

Ont collaboré à cet ouvrage :

Franck-Jean Bayle, *CH Sainte-Anne, rue Cabanis, 75014 Paris.*

Georges Brousse, *CHU Clermont-Ferrand, BP 69, 63003 Clermont-Ferrand cedex.*

Olivier Canceil, *CH Sainte-Anne, rue Cabanis, 75014 Paris.*

Sylvain Grignon, *CHIC Toulon-La Seyne, BP 1412, 83056 Toulon cedex.*

Christophe Lançon, *CHU Sainte-Marguerite, 270, bd Sainte-Marguerite, 13009 Marseille.*

Pierre-Michel Llorca, *CHU Clermont-Ferrand, BP 69, 63003 Clermont-Ferrand cedex.*

Patrick Martin, *AMC, 70, bd de Courcelles, 75017 Paris.*

Les auteurs remercient très vivement Jacqueline Febbraro pour sa collaboration dans la mise au point des textes.

Sommaire

Liste des abréviations

APA	Association des Psychiatres Américains
BPRS	Brief Psychiatric Rating Scale
CIM 10	Classification Internationale des Maladies
COMT	Cathechol-O-Methyl Transferase
CPK	Creatine Phospho Kinase
CPT	Test de Performance Continu
DA	Dopamine
DAI	Drug Attitude Inventory
DOPA	Dihydroxyphenylalamine
DS	Deviation Standard
DSM IV/DSMIII R	Manuel diagnostique et statistique des troubles mentaux
ECA	Epidemiologic Catchment Area
EE	Expression Emotionnelle
FMRI	Imagerie pour Résonance Magnétique Fonctionnelle
GABA	Acide gamma amino butyrique
HDRS	Hamilton Depression Rating Scale
ICD 8/9	International Classification of Disease
IMAO	Inhibiteur de Mono-Amine Oxydase
IMPS	Inpatient Multidimensional Psychiatric Scale
LDH	Lactate Deshydrogenase
LFMS	Lewine Fogg Meltzer Scale
MADRS	Montgomery Asberg Rating Scale
MARS	Medication Adherence Rating Scale
MMSE	Mini Mental State Evaluation
MSRPP	Lorr's Multidimensional Scale for Rating Psychiatric patient
NIMH	National Institute for Mental Health
NSA	Negative Symptom Assessment
NSRS	Negative Symptom Rating Scale
OMS	Organisation Mondiale de la Santé
PANSS	Positive And Negative Syndrom Scale
PEA	Potentiels Evoqués Auditifs
PET	Positron Emission Tomography
PORT	Patient Outcomes Research Team
PSE	Present State Examination
QLS	Quality of Life Scale
QVLS	Qualité de Vie Liée à la Santé
RDC	Research Diagnostic Criteria
RMN	Résonance Magnétique Nucléaire
ROMI	Rating of Medication Influence
SADS	Schedule for Affective Disorder and Schizophrenia
SANS	Scale for Assessment of Negative Symptoms
SAPS	Scale for Assessment of Positive Symptoms
SDS	Schedule for Deficit Syndrome
SPECT	Single Photon Emission Tomography
TLC	Thought Langage and Communication disorder
TMAP	Texas Medical Algorithm Project
TRH	Tyrosine Hydroxylase
VBR	Ventricul Brain Ratio
WCST	Wisconsin Card Sorting Test

Aspects historiques

Christophe Lançon

La schizophrénie apparaît comme une affection hétérogène tant du point de vue symptomatique, de l'histoire prémorbide, de l'évolution, du pronostic que, pour certains auteurs, de l'étiologie. Cette hétérogénéité a conduit à proposer différents modèles étiopathogéniques. Au cours des dernières années, afin de définir des sous-groupes plus homogènes, trois approches principales ont été développées :
(1) définition de groupes à risque (histoire familiale de schizophrène...) ;
(2) études de marqueurs physiopathologiques (poursuite oculaire, PEA...) ;
(3) tentatives de groupements symptomatiques.

L'approche typologique, déjà ancienne, a permis d'isoler, à partir de la symptomatologie, des sous-groupes homogènes de patients. Kraepelin [1919] et Bleuler (trad., 1993) reconnaissaient déjà plusieurs formes cliniques de la maladie. Cette approche suppose l'existence de différents sous-types qui se distinguent par leur présentation clinique et leur évolution. Elle est en partie reprise dans les classifications psychiatriques actuelles comme le DSM-IIIR et le DSM-IV. Parallèlement à cette approche typologique, comme le font remarquer Hardy-Bayle *et al.* [1996], les modèles dimensionnels ont, depuis plusieurs années, suscité de grands espoirs dans l'élaboration de modèles cliniques susceptibles de rendre compte des données cliniques et d'offrir une base de recherches. La dichotomie des symptômes schizophréniques en manifestations positives et négatives a ainsi tenté, depuis le début des années 1980, de définir des groupes symptomatiques plus homogènes de patients permettant d'explorer les mécanismes étiopathogéniques de la maladie.

SYNDROME/SOUS-TYPE : DÉFINITIONS

Les termes de « syndrome » et de « sous-type » sont couramment employés, parfois de façon un peu confuse, dans la littérature concernant les symptômes positifs et négatifs. Il convient donc de préciser les définitions et les concepts sous-jacents à la notion de « syndrome » et de « sous-type ». D'une manière générale, un syndrome diffère d'un sous-type par son niveau d'appréhension des phénomènes cliniques. Un syndrome fait référence à des différences entre des symptômes et des signes, alors qu'un sous-type renvoie à des différences étiologiques entre les individus d'un même groupe.

SYNDROME

Un syndrome peut être défini comme un ensemble de caractéristiques observables qui tendent à survenir ensemble plus fréquemment que ne le voudrait le seul hasard. Ces caractéristiques peuvent être évaluées de manière dichotomique (présent/absent) ou quantitative. Ainsi, par exemple, les caractéristiques de la pauvreté du langage peuvent être évaluées quantitativement en termes de sévérité ou de manière dichotomique selon leur présence ou leur absence.

De même, les syndromes peuvent être appréciés de manière catégorielle (présent/absent) ou quantitative selon leur intensité.

SOUS-TYPE

Le terme sous-type peut être différencié du syndrome en plusieurs points. Tout d'abord, un sous-type implique une relation hiérarchique entre deux principes de classification. Ainsi, par exemple, les sous-types positif et négatif font partie intégrante de la maladie appelée schizophrénie classée parmi d'autres dans la classification des maladies mentales.

Un sous-type se réfère par ailleurs à des différences individuelles au sein d'un ensemble plus large d'individus. Un nombre restreint de patients présentant des symptômes négatifs peut contribuer un sous type. Le sous-type possède des implications étiologiques pour le groupe auquel il appartient. Ainsi, un sous-type est supposé délimiter un sous-groupe de patients qui se différencie des autres par son étiologie. Son étiologie doit permettre de déterminer au moins quelques-unes des caractéristiques qui définissent la catégorie à laquelle il appartient. Ainsi, si l'on considère la schizophrénie à symptomatologie négative comme un sous-type de la schizophrénie, il est supposé que le facteur étiologique des symptômes négatifs détermine également les symptômes psychotiques nécessaires pour établir le diagnostic de schizophrénie. Le terme de sous-type est parfois employé de façon informelle, pour décrire des différences entre individus sans implications étiologiques.

MODÈLES PHYSIOPATHOLOGIQUES DE LA SCHIZOPHRÉNIE

Différents modèles explicatifs de la schizophrénie peuvent être proposés :

1. La schizophrénie est une maladie ayant une étiologie unique. Dans cette conception, tous les patients souffrent d'une même et unique pathologie. Il existe cependant des variations individuelles témoignant de l'atteinte différente de certaines structures cérébrales par le processus pathologique. Ce modèle pourrait s'apparenter à ce qui est rencontré dans la sclérose multiple. C'est en partie la conception défendue par Andreasen [1982].

2. La schizophrénie constitue un syndrome renvoyant à l'existence de plusieurs maladies, chacune d'entre elles pouvant produire l'ensemble des manifestations symptomatiques. C'est, par exemple, ce que l'on peut rencontrer dans le retard mental ou l'hypertension.

3. La schizophrénie est constituée de plusieurs maladies, chacune d'entre elles produisant certains aspects de la symptomatologie. L'hétérogénéité clinique des schizophrénies serait due à l'existence de différents processus pathologiques pouvant coexister chez un même individu. C'est cette hypothèse que défendent Carpenter *et al.* [1988].

ASPECTS HISTORIQUES : ORIGINE DE LA TERMINOLOGIE POSITIVE/NÉGATIVE

Il convient de distinguer l'origine de la terminologie positive/négative dans la littérature neurologique de celle, plus récente, rapportée dans la littérature psychiatrique.

LES NEUROLOGUES : REYNOLDS ET JACKSON

Reynolds et Jackson sont deux neurologues qui ont introduit en médecine la notion de manifestations cliniques positives et négatives.

Pour Berrios, c'est Sir John Russell Reynolds (1828-1896) qui le premier se référa à deux formes indépendantes de symptômes physiques, plus particulièrement à certaines manifestations des convulsions. Influencé par le courant vitaliste de son époque, cet auteur croyait volontiers que les fluctuations de l'énergie vitale pouvaient s'exprimer sous la forme de symptomatologies différentes. Au cours d'une lecture à la North London Medical Society, intitulée *On the Pathology of Convulsions*, Reynolds mentionna pour la première fois en 1857 les termes positif et négatif et écrit à propos des convulsions :

« Many of the symptoms of the disease are merely modified vital actions... some symptoms are negative ; i.e. they consist in the negation of vital properties... other symptoms are positive ; i.e. they consist in the excess or alteration of vital properties.... The difference, then, between negative and positive symptoms is this... that whereas the former may depend directly upon some such rough lesion as a solution of continuity, the pressure of tumor, or other mechanical condition, the latter must always depend directly upon minute, interstitial changes. »

Pour Reynolds, les symptômes positifs et négatifs renvoient à des processus pathologiques distincts sans relation de causalité. Chacun des deux types de symptômes peut survenir de manière isolée suivant la nature de la lésion sous-jacente.

Quelques années plus tard, Jackson (1835-1911) propose, dans une vision évolutionniste, un lien ontologique entre les symptômes positifs et négatifs dans l'épilepsie. Les relations entre ces deux types de symptômes peuvent être envisagées pour lui à travers : 1) une vision hiérarchique des fonctions du cerveau ; 2) l'existence d'un support organique de toutes fonctions (en particulier mentales) ; 3) une vision évolutionniste de la hiérarchie des fonctions ; 4) un refus de la notion de localisation de l'anatomie du cerveau ; 5) la « dissolution » des fonctions comme un mécanisme parallèle à celui « d'évolution ».

Pour Jackson, les symptômes négatifs sont le témoin de la maladie :

« Disease is said to "cause" the symptoms of insanity. I submit that disease only produces negative mental symptoms, answering to the dissolution, and that elaborate positive mental symptoms (illusions, hallucinations, delusions) and extravagant untouched by any pathological process ; that they arise during activity on the lower level of evolution remaining. »

Le tissu lésé, supposé exercer un contrôle inhibiteur sur d'autres régions du cerveau philogénétiquement « inférieures », ne peut plus remplir sa fonction inhibitrice. C'est l'activité de ces centres « inférieurs », une fois libérée ou désinhibée, qui produit l'apparition de symptômes positifs. Pour Jackson, il existe une interaction « fonctionnelle » entre les deux types de manifestations symptomatiques ; les symptômes positifs ne pouvant exister qu'en présence de symptômes négatifs.

L'ŒUVRE DE KRAEPELIN ET BLEULER

Kraepelin et Bleuler n'ont quant à eux jamais utilisé les termes de symptômes positifs et négatifs dans leurs descriptions cliniques des schizophrénies. Dans leurs travaux ils ont cependant essayé d'isoler différents sous-groupes symptomatiques afin de réduire la complexité des symptômes rencontrés. Certaines des catégories diagnostiques décrites par ces auteurs pourraient comme le suggère Andreasen renvoyer à la vision descriptive représentée dans la dichotomie positive/négative. Pour Kraepelin, les symptômes déficitaires constituent des perturbations fondamentales des schizophrénies. Il distingue ainsi, en 1918, deux groupes principaux de troubles dans les schizophrénies, l'un d'entre eux étant caractérisé par une perte des activités volitionnelles.

Bleuler, quant à lui, considérant que l'évolution n'est pas le critère principal permettant de caractériser la maladie, a tenté d'identifier les symptômes fondamentaux des schizophrénies. Supposant que la *dementia praecox* de Kraepelin n'a pas une étiologie homogène, il introduit en 1911 le terme de « groupe des schizophrénies » pour ces troubles. Dans sa conception nosographique, il distingue ainsi des symptômes fondamentaux et accessoires. Les symptômes fondamentaux sont, pour cet auteur, caractéristiques de la schizophrénie, présents de façon permanente chez les patients :

« Certains symptômes de la schizophrénie sont présents à chaque instant et dans chaque cas, bien que, comme tout autre symptôme pathologique, ils doivent avoir atteint un certain degré pour pouvoir être en tout état de cause diagnostiqués avec certitude... Pour autant que nous le sachions... les symptômes fondamentaux sont caractéristiques de la schizophrénie, tandis que les symptômes accessoires peuvent se voir également dans d'autres maladies. »

Ces symptômes fondamentaux peuvent être schématiquement regroupés en quatre groupes :

1. les troubles schizophréniques des associations caractérisés par la dissociation, l'incohérence des associations, les associations par assonance, la condensation des idées, la tendance aux stéréotypies, le vide idéïque, les barrages ;
2. les troubles de l'affectivité comprenant l'absence d'affectivité, l'indifférence affective, l'inconsistance des manifestations affectives, l'impossibilité de moduler les manifestations affectives, la parathymie et la paramimie ;
3. l'ambivalence dans le registre des sentiments, de la volonté et de l'intelligence ;
4. l'autisme.

Certains des symptômes fondamentaux (autisme, absence d'affectivité...) correspondent aux symptômes actuellement identifiés comme appartenant à la dimension négative des schizophrénies.

Les symptômes accessoires (hallucinations, délires...) peuvent, quant à eux, survenir dans une grande variété de désordres :

« Outre ces symptômes permanents spécifiques, ou symptômes fondamentaux, nous trouvons une foule d'autres phénomènes, plus accessoires, comme les idées délirantes, les hallucinations ou les symptômes catatoniques... »

Dans la perspective bleulérienne, le diagnostic de schizophrénie repose sur la présence de signes cliniques que certains auteurs modernes, comme Liddle ou Andreasen, identifient sous le terme de « dimensions négatives et désorganisées » de la maladie. Cette vision de la maladie défendue par Bleuler a grandement influencé les conceptions actuelles de la schizophrénie. Toutefois, cette approche diagnostique a parfois été critiquée du fait de la difficulté d'évaluation des symptômes fondamentaux.

À côté de cette tentative de clarification diagnostique, reposant sur la distinction entre symptômes fondamentaux et accessoires, Bleuler a essayé d'élaborer une psychopathologie des symptômes rencontrés dans les schizophrénies. Il introduit ainsi la distinction entre symptômes primaires (d'origine processuelle) et symptômes secondaires. Cette distinction est en partie inspirée de la vision jacksonienne des symptômes cliniques en neurologie. En effet, dans son chapitre sur la théorie des symptômes, il écrit :

« ... nous ne pouvons comprendre une psychose à détermination physique que si nous distinguons les symptômes qui proviennent directement du processus morbide de ceux qui résultent seulement de la réaction de l'esprit malade à certains processus internes ou externes... »

Parmi ces symptômes primaires, les troubles des associations occupent une place centrale. Pour Bleuler :

« Nous considérons donc le trouble des associations comme primaire, pour autant qu'il s'agisse d'une diminution ou d'un nivellement des affinités ; les barrages et les scissions systémiques sont secondaires... »

Associés aux troubles des associations, d'autres symptômes sont considérés par Bleuler comme primaires. Il s'agit des états d'obnubilation, des états maniaques, de la tendance aux hallucinations et aux stéréotypies, de certains accès de catatonie et enfin de certains symptômes somatiques comme l'inégalité pupillaire, le tremblement, des anomalies du système vasomoteur et des œdèmes.

Les symptômes secondaires sont « *... en partie psychiques dans le contexte d'une modification des conditions déterminantes, et en partie les conséquences de tentatives d'adaptation aux troubles primaires, tentatives qui ont plus ou moins échoué ou réussi* ». Cette conception des symptômes secondaires se différencie en partie de celle défendue par Jackson, car elle distingue au moins deux types de mécanismes différents dans la genèse des symptômes secondaires. Certains d'entre eux sont pour Bleuler une tentative d'adaptation aux processus primaires.

Si la conception de Bleuler des symptômes schizophréniques est en partie inspirée de la conception neurodynamique jacksonienne, cet auteur ne fait à aucun moment référence dans ses écrits à cet auteur. Il semble que la hiérarchisation des symptômes décrite par Bleuler soit en partie inspirée par les travaux de Freud sur l'aphasie et par son travail sur les mécanismes mis en jeu dans les rêves.

Bleuler expose, à la fin de son ouvrage sur le groupe des schizophrénies, une théorie générale explicative de la maladie. Même s'il reconnaît que « *ce qu'est le processus schizophrénique, cela nous ne le savons pas* », il formule l'hypothèse « *d'un processus primaire qui produit directement les symptômes primaires* ». Pour Bleuler, ce processus pathologique primaire est vraisemblablement de nature organique et d'étiologies multiples.

LA LITTÉRATURE FRANÇAISE : DE CLÉRAMBAULT, EY

La conception neurodynamique de Jackson a vraisemblablement influencé les conceptions françaises de la schizophrénie. Ainsi, par exemple, Théodule Armand

Ribot (1839-1916) dans son travail sur la maladie de la mémoire fait référence dans sa vision des hypermnésies à la conception jacksonienne des manifestations négatives.

La terminologie positive/négative se retrouve aussi dans les travaux de De Clérambault [1942], pour qui le délire vient se greffer sur un syndrome nucléaire neutre, athématique qu'il appellera d'abord « petit automatisme mental », puis « syndrome de passivité ». Il y distingue des phénomènes « positifs » d'intrusion, comme les hallucinations, les phénomènes cénesthésiques, l'écho de la pensée et des phénomènes « négatifs » d'inhibition comme le vol de la pensée, les oublis, l'arrêt de la pensée ou l'aprosexie (insuffisance ou perte de la faculté d'attention volontaire). Il n'y a pas de hiérarchisation des troubles, chacun des phénomènes positifs et négatifs appartient à l'automatisme. Toutefois, dans la conception de De Clérambault, la superstructure qui vient se greffer sur ce « noyau » de la maladie, c'est-à-dire le délire, est *« la réaction obligatoire d'un intellect raisonnant et souvent intact aux phénomènes qui sortent de son subconscient »*. Cette conception des troubles n'est pas sans rappeler les conceptions de Jackson et de Bleuler.

Ey, quant à lui, dans la première édition de l'encyclopédie médicochirurgicale en 1955, distingue dans les schizophrénies une forme clinique ayant une structure négative correspondant cliniquement :

« ... à tous les troubles déficitaires de la pensée formelle, à l'état primordial des expériences délirantes et hallucinatoires, à la réduction et à la régression de la vie psychique » et qui « est l'effet direct primaire du processus organique »,

et une forme clinique ayant une structure positive :

« les délires et les hallucinations en tant que vécus... effort désespéré pour se créer encore un monde ».

Cette conception rappelle en partie celles défendues par de Guiraud et Ey [1926] qui, réfutant le concept de symptômes fondamentaux de Bleuler, séparent dans leur précis de psychiatrie d'une part l'hébéphrénie, ou athymhormie juvénile intriquant un fléchissement primitif et précoce des sources instinctives de la vie mentale et la perte de « l'élan vital », et, d'autre part, des psychoses délirantes productives de sens.

De même, dans ses conférences sur l'œuvre de Bleuler qu'il fit de septembre à novembre 1940, Ey écrit :

« ... Si nous nous permettions de commenter la pensée de Bleuler, nous pourrions dire... en essayant de tirer des principes jacksoniens notre propre conception de la psychopathologie générale... que la maladie est la cause directe des troubles négatifs, des déficits (signes primaires) et la cause indirecte des troubles positifs, expression de la part des fonctions psychiques subsistantes... »

Ey affirmera plus tard que l'analyse phénoménologique met toujours en évidence l'aspect positif de la maladie. La structure négative ne devient apparente qu'au décours d'une analyse minutieuse et comparative. Elle est ce que le sommeil est au rêve. Elle ne nous apparaît pas, sauf comme un concept appartenant à notre explication du phénomène pathologique. Le tableau clinique se développe à partir des forces psychiques libérées par le processus de déstructuration.

L'ŒUVRE DE SCHNEIDER

Schneider, critiquant la difficulté d'évaluation des symptômes fondamentaux de Bleuler, a cherché à identifier des symptômes pathognomoniques de la schizophrénie. Pour cet auteur, le diagnostic ne peut reposer que sur la reconnaissance d'une symptomatologie clairement définie et caractéristique. Il décrit ainsi une série de 11 symptômes (symptômes du premier rang) qu'il considère comme pathognomoniques, à la condition que l'on ait écarté une étiologie organique.

Les critères diagnostiques retenus concernent :
– les expériences anormales dans le domaine des perceptions et des sensations (énonciation de la pensée, hallucinations auditives, sensations corporelles imposées) ;
– les troubles de la pensée (vol de la pensée, imposition de la pensée, divulgation de la pensée) ;
– et enfin des perturbations des sentiments, des pulsions et de la volonté.

Cette vision de la maladie rappelle en partie l'automatisme mental décrit par De Clérambault.

Dans la conception de Schneider, il suffit qu'un seul symptôme de premier rang soit présent pour pouvoir porter le diagnostic de schizophrénie. Ces symptômes de premier rang ont été par la suite inclus dans divers systèmes diagnostiques comme le *Present State Examination* (PSE), le *Schedule for Affective Disorders and Schizophrenia* (SADS), le *Research Diagnostic Criteria* (RDC) et le DSM-IIIR. Cette importance accordée aux symptômes de premier rang tient principalement au fait qu'ils possèdent des critères précis de définition et sont facilement identifiables *(Tableau I)*.

ASPECTS ACTUELS

Dans la conception actuelle, la dichotomie des manifestations cliniques des schizophrénies en formes positive/négative renvoie à une vision purement descriptive permettant de classer pour la majorité des auteurs les symptômes schizophréniques sans référence étiopathogénique. Si plusieurs modèles explicatifs des symptômes positifs et négatifs ont été proposés, ils reposent sur des critères de définition différents et utilisent des outils d'évaluation divers.

Schématiquement, les symptômes positifs correspondent à la présence de comportements ou de phénomènes psychiques habituellement absents chez l'individu

TABLEAU I. SYMPTÔMES DE PREMIER ET DE SECOND RANG DE SCHNEIDER.

– Symptômes de premier rang –
• Énonciation ou écho de la pensée. • Hallucinations auditives dans lesquelles des voix conversent entre elles. • Hallucinations auditives dans lesquelles des voix commentent le comportement du sujet. • Sensations corporelles imposées. • Vol de la pensée. • Imposition de la pensée. • Divulgation de la pensée. • Perception délirante. • Sentiments imposés ou contrôlés. • Impulsions imposées ou contrôlées. • Volonté imposée ou contrôlée.
– Symptômes de second rang –
• Autres troubles des perceptions. • Intuition délirante. • Perplexité. • Variations de l'humeur : humeur dépressive ou humeur euphorique. • Appauvrissement affectif.

normal, alors que les symptômes négatifs correspondent à l'absence de comportements présents chez l'individu normal. La nature exacte des symptômes devant être considérés comme positifs ou négatifs est toutefois largement sujette à discussion actuellement. À titre d'exemple, le *Tableau II* renvoie à la répartition des symptômes schizophréniques faite par Andreasen.

TABLEAU II. SYMPTÔMES POSITIFS ET NÉGATIFS DE LA SCHIZOPHRÉNIE D'APRÈS ANDREASEN.

Symptômes négatifs : perte d'une fonction normale		**Symptômes positifs : excès ou distorsion d'une fonction normale**	
Symptôme	**Fonction**	**Symptôme**	**Fonction**
Alogie	Logique	Hallucinations	Perceptions
Anhédonie	Hédonisme	Délire	Pensée inférentielle
Troubles de l'attention	Attention	Affect inapproprié	Expression affective
Avolition	Volition	Bizarrerie du comportement	Contrôle et organisation des conduites
Émoussement affectif	Expression émotionnelle	Troubles de la pensée	Langage

C'est vraisemblablement Wing *et al.* [1970] qui les premiers ont introduit, dans la littérature contemporaine, la terminologie positive/négative. Pour ces auteurs, on peut distinguer, parmi les manifestations cliniques des schizophrénies, des symptômes « positifs/florides/productifs », rencontrés plus particulièrement lors des épisodes aigus, et des manifestations négatives s'intégrant dans un syndrome clinique appelé par ces auteurs *poverty syndrome* et comprenant « apathie émotionnelle, ralentissement de la pensée et des mouvements, hyporéactivité, inaction, pauvreté du discours et isolement social ». Ils distinguent trois groupes principaux de symptômes : un syndrome positif des schizophrénies aiguës, un syndrome négatif *(clinical poverty)* des schizophrénies chroniques et un syndrome mixte.

Cette conception a par la suite été reprise par plusieurs auteurs même si, comme le souligne Wing, la vision tridimensionnelle de la schizophrénie constitue une hypersimplification. Il convient d'attirer l'attention sur la fréquence des troubles de la pensée dans les formes chroniques de la maladie. Cette question des troubles de la pensée a été largement discutée depuis par de nombreux auteurs.

Le développement depuis le début des années 1980 de la dichotomie positive/négative a été en partie motivée par l'essor des thérapeutiques dans les schizophrénies et la constatation de réponses différentes d'un patient schizophrène à l'autre. Ces types de réponse renvoient vraisemblablement à des types de patients différents. Les sous-types « classiques » de schizophrénie n'apparaissant pas satisfaisants pour rendre compte de ces profils évolutifs différents et les sensibilités diverses aux traitements, la dichotomie positive/négative s'est peu à peu imposée comme une modélisation pertinente de la symptomatologie schizophrénique.

MODÈLE DE CROW (1980, 1985)

Pour Crow [1980], même si certaines descriptions des manifestations schizophréniques décrites par Bleuler peuvent être inspirées des conceptions de Jackson, la vision jacksonienne des symptômes positifs et négatifs ne peut s'appliquer à la schizophrénie. Il convient plutôt pour Crow de se référer à la conception défendue par De Clérambault pour qui les symptômes positifs et négatifs représentent des phénomènes indépendants. En rupture avec la vision de Jackson, cette conception se réfère en partie à celle développée par Reynolds en 1858.

Crow est certainement l'un des premiers auteurs contemporains à avoir essayé de proposer un modèle compréhensible et évaluable des relations entre les manifestations positives et négatives de la maladie. Il s'est appuyé pour cela sur les résultats de trois études principales qu'il a conduites. Ces études reposent sur l'évaluation chez les patients schizophrènes des structures cérébrales à l'aide du scanner, l'étude post-mortem de différentes structures cérébrales des patients schizophrènes et la réponse au traitement neuroleptique (principalement les deux isomères du flupenthixol) des différents symptômes de la maladie.

Comme le fait remarquer Andreasen, même si l'on peut actuellement considérer le modèle de Crow comme une hypersimplification d'un phénomène complexe, il a au moins le mérite de tenter de clarifier certaines données expérimentales.

MODÈLE INITIAL

Le modèle initial développé par Crow repose sur l'existence de deux sous-types étiologiques indépendants de schizophrénie appelée forme I et II de la maladie

(Tableau III). Dans son modèle initial, le type II de schizophrénie est considéré comme une évolution du type I.

TABLEAU III. MODÈLE DICHOTOMIQUE INITIAL DE CROW.

	Type I	**Type II**
Symptômes caractéristiques	Hallucinations, délire, troubles de la pensée (symptômes positifs)	Émoussement affectif, pauvreté du discours, anergie (symptômes négatifs)
Type de la maladie le plus souvent rencontré	Schizophrénie aiguë	Schizophrénie chronique, état déficitaire
Réponse aux neuroleptiques	Bonne	Mauvaise
Évolution	Réversible	Irréversible (?)
Déficit intellectuel	Absent	Parfois présent
Processus pathologique supposé	Augmentation des récepteurs dopaminergiques	Perte cellulaire et changements structurels au niveau cérébral

Le type I est caractérisé par la présence de délire, d'hallucinations et de troubles de la pensée. Le début de la maladie est relativement aigu et son évolution est caractérisée par des phases d'exacerbation et de rémission. La majorité des patients ayant une forme positive de la maladie ont un bon fonctionnement prémorbide et lors des phases de rémission ils retrouvent un niveau de fonctionnement social satisfaisant. Il n'existe pas de déficit intellectuel au décours de la maladie chez ces patients et la réponse aux traitements neuroleptiques est généralement bonne. En s'appuyant sur les résultats d'études *post-mortem* et neuroanatomiques utilisant le scanner ou la RMN, il n'existe pas, pour Crow, de modifications structurales cérébrales dans cette forme de la maladie. Ce sont plutôt des perturbations fonctionnelles des récepteurs dopaminergiques qui sont responsables de ce type I de schizophrénie.

Le type II est caractérisé, quant à lui, par la présence des manifestations cliniques suivantes : émoussement affectif et pauvreté du discours. Ces symptômes débutent généralement de manière insidieuse. Les patients qui présentent de telles manifestations ont souvent des antécédents de mauvaise adaptation sociale. L'évolution de la maladie est généralement chronique avec une mauvaise réponse aux traitements neuroleptiques classiques et l'apparition progressive de troubles cognitifs. Pour Crow, il est très fréquemment retrouvé chez ces patients des pertes cellulaires dans les études *post-mortem* et des modifications structurales cérébrales (élargissement des ventricules...) au scanner ou à la RMN. Le type II doit être rapproché, pour cet auteur, de la description kraepelinienne de la schizophrénie.

MODÈLE RÉVISÉ DE CROW

Dans son modèle révisé, Crow propose que les types I et II constituent des processus indépendants qui peuvent coexister chez les mêmes patients et être des manifestations différentes du même processus pathologique *(figure 1).*

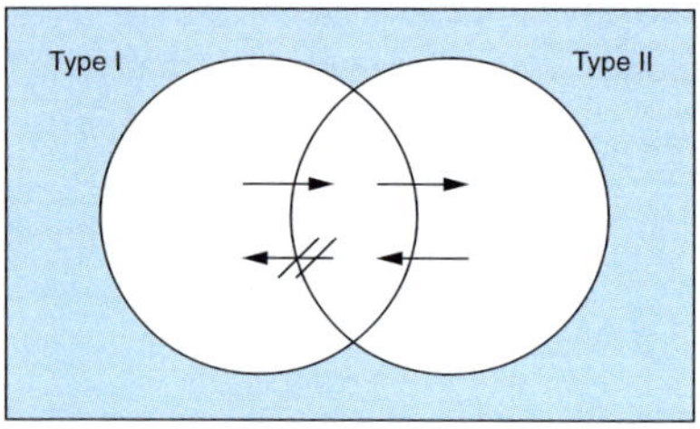

Figure 1. Relations temporelles entre les types I et II de Crow.

Le type I ou forme positive de schizophrénie est caractérisé par l'existence de manifestations délirantes et hallucinatoires. Les troubles de la pensée ne sont plus considérés dans cette nouvelle conception comme des manifestations uniquement positives. Le type I de la maladie est caractérisé par l'absence de détérioration intellectuelle et d'altération des structures cérébrales et par une bonne réponse au traitement neuroleptique. Il n'est pas retrouvé de mouvements anormaux au décours de l'évolution de cette pathologie. Pour Crow, il existe une hyperactivité dopaminergique transitoire liée à une hypersensibilité des récepteurs D2 dans cette forme de schizophrénie.

Le type II, dans cette nouvelle perspective, est caractérisé par une mauvaise réponse au traitement neuroleptique, l'existence d'une détérioration intellectuelle et l'apparition de mouvements anormaux. Il existe au niveau cérébral des perturbations localisées dans les structures temporales (hippocampe, amygdale...).

Selon Crow les modalités évolutives des deux formes de schizophrénie se font de la façon suivante *(figure 1)* : la forme de type I peut s'enrichir de symptômes négatifs et évoluer vers le type II si les symptômes positifs régressent. Le type II peut s'enrichir de symptômes positifs mais ne peut jamais évoluer vers une forme de type I car les symptômes sont persistants.

CRITIQUES DU MODÈLE DE CROW

Le modèle défendu par Crow, même s'il s'agit d'une simplification de la réalité clinique des schizophrénies, a été à l'origine de nombreuses recherches. Toutefois, certaines critiques ont été faites aux éléments ayant conduit à son élaboration. On peut ainsi schématiquement distinguer des critiques renvoyant à la méthodologie utilisée pour caractériser les manifestations cliniques, celles concernant la réponse au traitement neuroleptique et enfin l'analyse de l'exploration des structures cérébrales dans la schizophrénie.

TABLEAU IV. MODÈLE DICHOTOMIQUE MODIFIÉ DE CROW.

	Type I	Type II
Symptômes caractéristiques	Hallucinations, délire (symptômes positifs)	Émoussement affectif, pauvreté du discours (symptômes négatifs)
Réponse aux neuroleptiques	Bonne	Mauvaise
Évolution	Potentiellement réversible	Irréversible (?)
Déficit intellectuel	Absent	Parfois présent
Mouvements anormaux	Absent	Parfois présent
Processus pathologique supposé	Augmentation des récepteurs dopaminergiques D2	Perte cellulaire au niveau de structures du lobe temporal (hippocampe, amygdale, gyrus parahippocampique)

Concernant l'évaluation des manifestations de schizophrénie faite par Crow, certains auteurs ont pu souligner que Crow a initialement utilisé une version modifiée de l'échelle de Manchester (*cf.* chapitre : Échelles d'évaluation symptomatique des schizophrénies). Crow considère *a priori* que les items « émoussement affectif » et « pauvreté du discours » constituent des symptômes négatifs, et que les items affects « incongrus », « délires », « hallucinations » et « incohérence des symptômes positifs ». Toutefois, la consistance interne des sous-échelles positive et négative n'aurait pas été documentée et aucune analyse factorielle n'aurait été réalisée par Crow afin de déterminer la validité de cette dichotomie des symptômes.

Concernant la mauvaise réponse des symptômes négatifs avancée par Crow, on a pu remarquer que, dans les travaux initiaux de cet auteur, au moins 50 % des patients schizophrènes chroniques à symptomatologie négative prédominante voient leur état clinique s'améliorer après 5 ans de traitement. Par ailleurs, de nombreux travaux ont montré que les symptômes positifs s'avèrent parfois résistants aux neuroleptiques classiques, ce qui a conduit en outre au développement de neuroleptiques atypiques dont la clozapine constitue le chef de file.

Enfin, comme le fait remarquer Andreasen, les études utilisant le PET-scan chez les patients schizophrènes n'ayant jamais reçu de neuroleptiques n'ont pu mettre en évidence de relations univoques entre l'augmentation des récepteurs D2 et l'existence de manifestations positives.

MODÈLE D'ANDREASEN

Le modèle proposé par Andreasen est largement dérivé de celui développé par Crow. Toutefois, la perspective initiale d'Andreasen est une approche catégorielle de la maladie schizophrénique.

Pour ces auteurs, il existe un continuum entre les symptômes positifs et négatifs. Dans une vision descriptive et pragmatique, Andreasen a proposé des critères cliniques permettant de décrire trois sous-types de schizophrénies : une forme positive, une forme négative et une forme mixte *(Tableau V)*.

TABLEAU V. LES TROIS FORMES DE SCHIZOPHRÉNIE D'APRÈS ANDREASEN.

Forme positive

1. Au moins un des symptômes suivants constitue l'aspect principal de la maladie :
   - hallucinations sévères qui dominent le tableau (auditives ou olfactives). La sévérité des hallucinations peut s'apprécier de différentes manières comme par exemple par leur persistance, leur fréquence ou leur impact sur les relations du patient ;
   - délires sévères (persécution, religieux, somatique, grandeur ou fantastique) ;
   - importants troubles positifs de la pensée formelle (manifestées par l'incohérence, le déraillement, la tangentialité ou l'illogisme ;
   - manifestations répétées de comportements bizarres ou désorganisés.
2. Aucun des symptômes suivants n'est présent de manière importante :
   - alogie ;
   - émoussement affectif ;
   - avolition-apathie ;
   - anhédonie ;
   - troubles de l'attention.

Forme négative

1. Au moins deux des symptômes suivants sont présents de façon marquée :
   - alogie (pauvreté du langage, pauvreté du contenu du discours) ;
   - émoussement affectif ;
   - anhédonie (incapacité à ressentir du plaisir ou à éprouver un sentiment d'intimité, peu de contacts sociaux) ;
   - avolition-apathie (anergie, incapacité à travailler ou étudier) ;
   - troubles de l'attention.
2. Aucun des symptômes suivants ne domine le tableau clinique ou n'est présent de façon marquée :
   - hallucinations ;
   - délire ;
   - troubles positifs de la pensée formelle ;
   - comportement bizarre.

Forme mixte

Sont inclus dans cette catégorie les patients qui ne répondent pas aux critères de formes positive ou négative de schizophrénie ou qui répondent aux critères de ces deux formes.

Dans leur étude initiale se proposant de valider ces trois sous-types hypothétiques de schizophrénies, ces auteurs ont montré, dans une population de 52 patients schizophrènes, que les patients présentant une forme négative ont des caractéristiques prémorbides et des perturbations cérébrales différentes de ceux présentant une forme positive. Les patients présentant une forme mixte partageaient des caractéristiques communes aux groupes positif et négatif.

Ces auteurs trouvent, dans cette étude initiale, une corrélation inverse négative entre les symptômes positifs (évalués à l'aide de la SAPS) et négatifs (évalués à l'aide de la SANS). Par ailleurs, l'analyse en composantes principales conduite à partir de ces deux échelles isole deux facteurs principaux avec des projections opposées pour les symptômes positifs et négatifs. Pour Andreasen, ces résultats sont en faveur de l'existence d'un continuum entre les manifestations positives et négatives de la maladie. Les patients présentant une forme mixte peuvent être considérés par ces auteurs soit comme un sous-groupe distinct, soit comme un sous-groupe de patients positifs évoluant vers la forme négative de la maladie.

Parallèlement à cette conception typologique des schizophrénies, l'équipe d'Andreasen a été conduite à modifier les différents syndromes décrits initialement dans les schizophrénies. Ces auteurs isolent, à partir des résultats des analyses en composantes principales réalisées à l'aide de la SANS et de la SAPS, trois dimensions symptomatiques principales. Les symptômes positifs se subdivisent en deux dimensions symptomatiques : l'une appelée psychotique (délire et hallucinations) et l'autre appelée désorganisation (troubles positifs de la pensée formelle, comportement bizarre et affect inapproprié). La troisième dimension recouvre les manifestations négatives.

À la suite des travaux d'Andreasen, cette conception typologique des schizophrénies a été reprise par de nombreux auteurs.

MODÈLE TRIDIMENSIONNEL DE LIDDLE [Liddle, 1987]

À partir des résultats d'analyses en composantes principales, plusieurs auteurs ont isolé, à côté de la dichotomie positive/négative, une troisième dimension appelée « désorganisation » ou « cognitive ». Les symptômes constitutifs de cette dimension varient d'une étude à l'autre. Toutefois, les troubles de la pensée auxquels, suivant les auteurs, d'autres manifestations sont associées, semblent être au cœur de cette dimension.

À partir d'une analyse en composantes principales, effectuée à l'aide de la SANS/SAPS, Liddle isole trois dimensions symptomatiques :

1. pauvreté psychomotrice (pauvreté du discours, émoussement affectif et diminution des mouvements). Pour cet auteur, cette dimension renvoie au syndrome négatif défini par Crow ;
2. distorsion de la réalité (délire et hallucinations) ;
3. désorganisation (troubles de la pensée formelle, affect inapproprié et pauvreté du contenu de la pensée).

Pour Liddle, à la lumière des résultats d'études neuropsychologiques ces trois syndromes renvoient à l'existence de trois processus pathologiques corticaux distincts mais non exclusifs. Le syndrome de pauvreté psychomotrice renvoie à des perturbations au niveau du cortex préfrontal dorsolatéral ; le syndrome de désorganisation à des perturbations au niveau du cortex orbito-frontal et le syndrome de distorsion de la réalité à des perturbations au niveau temporal. L'anomalie cérébrale centrale de la schizophrénie serait, pour Liddle, une anomalie résidant au niveau des réseaux reliant ces différentes régions cérébrales. Il pourrait s'agir soit d'un dysfonctionnement des neurones dopaminergiques mésencéphaliques (se projetant à la fois vers le cortex préfrontal et le cortex temporal), soit d'un dysfonctionnement au niveau des réseaux frontolimbiques régulant les neurones dopaminergiques.

Plusieurs études ont tenté d'appréhender la validité et la spécificité de l'approche tridimensionnelle en essayant de corréler les trois syndromes isolés à des profils neuropsychologiques et des anomalies cérébrales sous-jacentes distincts. Le syndrome de pauvreté psychomotrice est principalement associé à des déficits neuropsychologiques frontaux confirmant l'hypothèse de perturbations frontales (cortex dorsolatéral) dans la genèse de ce syndrome. Des perturbations au niveau du cortex antérieur cingulaire pourraient être responsables du syndrome de désorganisation du fait de l'implication de cette structure cérébrale dans les troubles attentionnels.

MODÈLE PYRAMIDAL DE KAY (1990)

Kay, afin de réduire l'hétérogénéité symptomatique des schizophrénies et de rendre compte des différences de réponses des manifestations cliniques aux divers traitements neuroleptiques, a proposé un modèle typologique (sans implication étiopathogénique) de la schizophrénie *(figure 2)*. Pour cet auteur, les résultats des principales études menées dans la perspective des hypothèses défendues par Crow imposent de dépasser la dichotomie positive/négative, sans toutefois remettre fondamentalement en cause l'existence de ces deux dimensions symptomatiques. Il apparaît en effet qu'une petite minorité de patients schizophrènes présentent des manifestations positives ou négatives isolément. Les formes mixtes sont vraisemblablement les plus fréquentes. Il convient ainsi pour Kay de distinguer d'autres dimensions symptomatiques (excitation, dépression). Dans cette perspective, Kay a initialement développé une échelle d'évaluation symptomatique : la *Positive And Negative Syndrome Scale* (PANSS). Cette échelle distingue deux dimensions indépendantes positive et négative associées à une troisième dimension dite de psychopathologie générale car les symptômes qui la composent n'appartiennent pas à la dichotomie positive/négative.

En s'appuyant sur les résultats d'une analyse en composantes principales, effectuée à partir de la PANSS, dans une population de 240 patients schizophrènes chroniques, Kay décrit au moins quatre dimensions symptomatiques non exclusives au sein des schizophrénies, dimensions appelées : négative, positive, excitation (ou impulsivité) et dépressive. La distribution des dimensions symptomatiques ainsi isolées est de type unimodal, faisant penser à Kay qu'elles représentent des dimensions symptomatiques continues (ou syndromes) plutôt que des sous-types. Ces résultats s'opposent aux conceptions défendues par Andreasen et Olsen pour qui les manifestations positives et négatives constituent des sous-types.

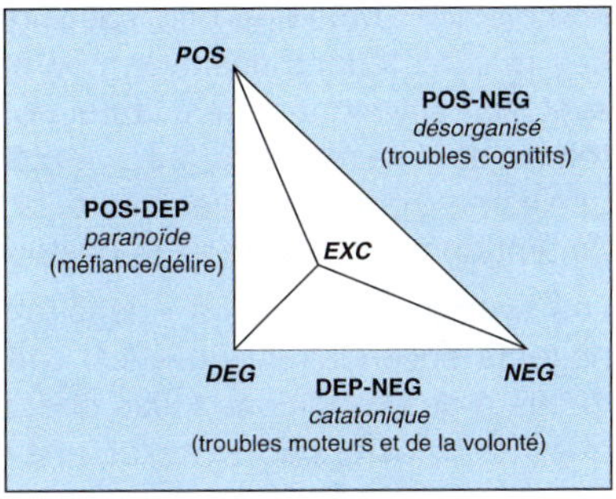

Figure 2. Modèle pyramidal de Kay [1990]. DEP : dimension dépressive ; EXC : dimension excitation ; NEG : dimension négative ; POS : dimension positive.

Par ailleurs, en référence aux sous-types isolés par Kraepelin, Kay propose que les syndromes qu'il a isolés se regroupent de manière différente *(figure 2)*. Ainsi, sur l'axe qui joint le pôle positif au pôle négatif, il existe de nombreux symptômes cognitifs, suggérant que le sous-type désorganisé renvoie à des interactions entre les syndromes positif et négatif. De même, le type paranoïde implique une interaction entre les syndromes positif et dépressif, et le type catatonique une interaction entre les syndromes dépressif et négatif *(figure 2)*.

Il convient de souligner que les nombreuses analyses en composantes principales effectuées depuis les travaux initiaux de Kay confirment en partie l'existence de plusieurs dimensions au sein de la PANSS. L'existence d'une dimension désorganisée au sein de cette maladie reste actuellement très discutée.

SYNDROME DÉFICITAIRE DE CARPENTER (1988)

Pour Carpenter, les patients schizophrènes souffrent de différentes pathologies pouvant survenir simultanément chez un même patient. En se référant en partie au modèle dichotomique développé par Crow, ces auteurs ont tenté de définir au sein du type II un syndrome négatif plus homogène. Ils ont ainsi isolé, dans une perspective de classification catégorielle des schizophrénies, un syndrome appelé « syndrome déficitaire » caractérisé par la persistance de symptômes négatifs « vrais ». Ce syndrome renvoie en partie à la description faite par Kraepelin d'une forme déficitaire de la schizophrénie. Il convient par ailleurs de souligner que si Carpenter et son équipe utilisent le terme de syndrome pour désigner ce sous-groupe, il s'agit vraisemblablement plutôt d'un sous-type étiologique.

L'hypothèse développée par Carpenter repose sur la distinction, d'une part, entre symptômes négatifs primaires et secondaires et, d'autre part, entre symptômes négatifs transitoires et stables. Pour ces auteurs, il convient en effet de distinguer parmi les symptômes négatifs ceux appartenant à la schizophrénie de ceux présents dans d'autres conditions pathologiques. Ainsi par exemple, le retrait social, souvent considéré comme un symptôme négatif, ne peut être un témoin du déficit schizophrénique. En effet, cette manifestation clinique peut être la conséquence de nombreux symptômes non spécifiques de la schizophrénie (comme par exemple des manifestations positives), ou être la conséquence des interactions du patient avec son environnement culturel ou interpersonnel. Carpenter retient comme symptômes déficitaires vrais les symptômes suivants : l'appauvrissement des affects, une gamme émotionnelle réduite, la pauvreté du discours, la restriction des intérêts, l'intentionnalité réduite et la diminution de l'élan social.

Les symptômes négatifs « déficitaires » doivent être différenciés des symptômes négatifs secondaires. En effet, certains symptômes négatifs peuvent être secondaires à des conditions telles que, par exemple, l'effet des traitements neuroleptiques (l'akinésie, par exemple), une humeur dysphorique, une diminution des stimulations visant à protéger le patient d'une décompensation psychotique ou l'absence de stimulation liée à l'institutionnalisation. Les symptômes négatifs secondaires sont supposés varier avec le traitement de leur cause. Ainsi par exemple, la diminution de l'émoussement affectif liée à une humeur dysphorique s'améliore lors d'un traitement antidépresseur.

Pour Carpenter, il convient de réserver le terme de symptômes déficitaires aux symptômes négatifs présents de façon plus ou moins permanente et non secondaires. Les symptômes déficitaires doivent être présents pendant et en dehors des épisodes d'exacerbation psychotique. Certains aspects de la mauvaise adaptation sociale prémorbide pourraient être une manifestation précoce du syndrome déficitaire. L'approche du syndrome déficitaire nécessite donc une observation longitudinale *(tableau VI)*.

TABLEAU VI. CRITÈRES DIAGNOSTIQUES DU SYNDROME DÉFICITAIRE DE LA SCHIZOPHRÉNIE.

1. Au moins deux des six symptômes négatifs suivants doivent être présents : – appauvrissement des affects ; – gamme émotionnelle réduite ; – pauvreté du discours ; – restriction des intérêts ; – intentionnalité réduite ; – diminution de l'élan social.
2. Deux de ces symptômes négatifs ont une sévérité supérieure à 2 sur une échelle de 0 à 4 ; ces deux symptômes au moins doivent être stables pendant les périodes de rémission relative et ce pendant au moins 1 an.
3. Ces symptômes doivent être primaires, c'est-à-dire qu'ils ne doivent pas être secondaires à : – l'anxiété ; – les effets des neuroleptiques ; – les symptômes psychotiques (symptômes positifs) ; – le retard mental ; – la dépression.
4. Les patients répondent aux critères de schizophrénie selon le DSM-IIIR.

Pour Carpenter, les symptômes négatifs primaires constituent la manifestation clinique directe d'une perturbation physiopathologique spécifique. Le syndrome déficitaire possède ainsi un statut de sous-type étiologique. À la lumière des résultats d'études *post-mortem* et neuroradiologiques chez les patients schizophrènes et à partir d'études sur des modèles animaux, deux structures cérébrales seraient plus particulièrement impliquées dans la genèse du syndrome déficitaire. Il s'agit de l'amygdale et du cortex préfrontal.

Afin de valider le concept de syndrome déficitaire, l'équipe de Carpenter a développé un instrument diagnostique : le *Schedule for the Deficit Syndrome* (SDS). À l'aide de cet instrument, ils ont étudié certaines caractéristiques des patients déficitaires. Ces patients, comparativement aux autres schizophrènes, se caractérisent par un fonctionnement prémorbide de moins bonne qualité et altéré plus précocement, une symptomatologie négative plus prononcée et plus durable. D'un point de vue neuropsychologique, les patients déficitaires présentent, comparativement aux non déficitaires, des scores plus bas à certains tests de performances comme le *Wisconsin Card Scoring Test*, des temps de latence significativement augmentés pour les saccades volontaires oculaires. Au PET-scan, les résultats retrouvés suggèrent que les patients déficitaires présentent une activité métabolique significativement abaissée dans le thalamus et les lobes pariétaux et frontaux. De même, les volumes des aires préfrontales droites et gauches sont inférieurs à ceux des témoins et les noyaux caudés droits ont une taille significativement plus importante. Ces résultats font suggérer à Carpenter *et al.* [1988] que le noyau caudé serait impliqué dans la genèse des symptômes déficitaires.

VALIDITÉ DE LA DICHOTOMIE POSITIVE/NÉGATIVE

Plusieurs éléments cliniques et paracliniques ont été étudiés afin de valider la dichotomie positive/négative. Les résultats retrouvés sont en général divergents. Nous insisterons sur les principales études cliniques rapportées dans la littérature en référence au modèle développé par Crow. Nous ne traiterons pas les explorations « biologiques » nombreuses mais dont les résultats sont difficilement généralisables.

DONNÉES SOCIODÉMOGRAPHIQUES

De nombreuses études ont cherché à corréler l'âge des patients et les scores aux échelles d'évaluation. La plupart des études ne retrouvent pas de différence significative entre les sujets ayant une symptomatologie principalement positive ou négative.

Concernant les relations de la symptomatologie et du sexe des patients, les résultats sont plus partagés. Dans certaines études, il n'est retrouvé aucune différence entre les deux catégories de symptômes, alors que pour d'autres les manifestations négatives ou déficitaires sont plus fréquemment retrouvées chez les hommes. Plusieurs études ont montré que les hommes ayant des manifestations négatives prédominantes présentent une intégration sociale plus mauvaise que celle des femmes. Pour certains auteurs, la société serait moins tolérante à l'égard de l'homme, ce qui entraînerait une réaction de repli et une moins bonne intégration sociale. Pour d'autres auteurs, ce sont des différences d'ordre biologique qui expliqueraient ces variations entre les hommes et les femmes.

Concernant l'âge de début de la maladie, les résultats sont très contradictoires. La majorité des auteurs s'accordent sur l'absence de relations entre l'âge de début de la maladie et l'existence de manifestations positives ou négatives. Toutefois, il existerait une corrélation inverse entre la présence de manifestations négatives et l'âge de début des troubles.

ÉTUDES FAMILIALES ET GÉNÉTIQUES

Les travaux de Dworkin, en reprenant l'étude de 151 paires de jumeaux publiées, montrent qu'il existe une plus grande concordance pour la schizophrénie parmi les jumeaux ayant un grand nombre de symptômes négatifs. Il existe par ailleurs une corrélation significative entre les symptômes négatifs parmi les jumeaux concordant pour la schizophrénie. Cette corrélation n'est pas retrouvée avec les symptômes positifs. Pour cet auteur, l'existence de symptômes négatifs pourrait être caractéristique de la schizophrénie ayant une forte composante génétique. Des résultats similaires ont été retrouvés pour le symptôme négatif anhédonie. De plus, les jumeaux concordant pour la schizophrénie auraient non seulement un nombre significativement plus grand de symptômes négatifs que les autres mais aussi un mauvais fonctionnement social prémorbide, peu de symptômes paranoïdes et un âge de début de la maladie plus précoce. Ces résultats ne sont cependant pas retrouvés par tous les auteurs.

L'étude de l'histoire familiale apporte ici encore des résultats discordants. Le score positif de la PANSS serait associé à la présence de sociopathies chez les membres de la famille du premier degré, alors que le score négatif serait associé à la présence de schizophrénies et à l'absence de troubles thymiques. On retrouverait également une histoire familiale de schizophrénie chez les patients ayant des manifestations négatives. Toutefois, ces résultats ne sont pas confirmés par tous les auteurs.

FONCTIONNEMENT PRÉMORBIDE

La majorité des études retrouvent une association significative entre la présence de symptômes négatifs et un fonctionnement prémorbide de mauvaise qualité. L'importance des manifestations négatives est significativement corrélée pour certains auteurs avec un faible niveau éducatif et une mauvaise adaptation sociale prémorbide. L'association entre la présence de symptômes négatifs et un mauvais fonctionnement prémorbide se retrouve principalement chez les patients de sexe masculin. Pour certains auteurs, les symptômes négatifs s'avéreraient plus sévères chez les patients issus de famille à faible niveau socio-économique. Les relations entre symptômes négatifs et niveau intellectuel sont plus complexes, même si, pour certains auteurs, il pourrait exister un lien entre un faible niveau intellectuel et la présence de symptômes négatifs.

STABILITÉ TEMPORELLE DES SYMPTÔMES POSITIFS ET NÉGATIFS

La stabilité temporelle des symptômes et leur valeur prédictive sont des paramètres importants à déterminer car ils représentent des critères cliniques majeurs permettant de caractériser un syndrome.

Au cours du premier épisode ou lors des phases aiguës de la maladie, les symptômes positifs et négatifs ont une relative instabilité. Il a ainsi été montré chez des patients schizophrènes faisant leur premier épisode que ces deux types de symptômes sont relativement instables dans les deux années suivant leur admission. Les symptômes positifs et négatifs diminueraient, pour certains auteurs, de manière similaire dans les deux années suivant le premier épisode de la maladie. Pour d'autres auteurs cependant, les symptômes négatifs auraient une plus grande stabilité temporelle que les manifestations positives même lors des phases aiguës. En dehors de la phase aiguë de la maladie, sur une période de suivi variant de 3 à 6 mois, les symptômes positifs et négatifs seraient relativement stables.

Les résultats de la plupart des études suggèrent que l'évolution de la maladie schizophrénique s'accompagne d'une prédominance progressive des symptômes négatifs. L'instabilité relative des symptômes négatifs lors de la période initiale de la maladie comparativement à leur peu de changement à long terme fait suggérer que ces manifestations initiales pourraient être en partie induites par des processus distincts de ceux retrouvés plus tardivement.

VALEUR PRÉDICTIVE ET PRONOSTIQUE DES SYMPTÔMES POSITIFS ET NÉGATIFS

Pour certains auteurs, la présence d'un émoussement affectif doit être considérée comme un facteur de mauvais pronostic à long terme. Cependant, plusieurs études n'ont pas confirmé l'existence d'une relation entre la présence de symptômes négatifs et le pronostic à moyen ou long terme. Il convient en fait de distinguer le pronostic à court, moyen et long terme de la maladie.

Si l'on se réfère au pronostic à court terme, l'équipe de Kay a montré que, sur une période de 2 ans, et ce contrairement à ce qui est communément admis, la présence de symptômes négatifs au moment de l'admission a une valeur prédictive plutôt favorable. Les symptômes positifs n'ont, quant à eux, aucune valeur prédictive dans cette étude. Toutefois, dans un autre travail réalisé chez des patients hospitalisés en phase aiguë, les patients présentant des symptômes positifs plus importants à l'admission ont un moins bon pronostic à 2 ans.

Concernant le pronostic à moyen terme, plusieurs études ont été réalisées. La présence de symptômes négatifs 6 mois après un épisode aigu est prédictive d'une évolution défavorable à 2, 3 et 5 ans. Andreasen dans une étude prospective sur 4 ans après un premier épisode psychotique montre que la présence de symptômes négatifs lors de cette épisode prédit une évolution clinique défavorable avec une plus grande sévérité de la maladie et au plan social une incapacité à trouver et à garder un travail, à avoir des amis et à participer à des activités. Ce seraient essentiellement les symptômes négatifs persistant sous traitement qui possèderaient une mauvaise valeur pronostique.

Kay et Merrill ont montré, à partir de l'étude des facteurs de la PANSS, qu'il convenait de prendre en compte d'autres dimensions que la dichotomie positive/négative pour explorer le pronostic de la maladie à moyen terme. Ainsi, chez 46 patients schizophrènes suivis pendant 3 ans après leur sortie de l'hôpital, ce sont principalement les troubles de la pensée (facteur désorganisation) qui prédisent le mieux une évolution défavorable. Le facteur dépression est associé, quant à lui, à une évolution plus favorable. Les symptômes positifs sont plus prédictifs d'une mauvaise évolution sur le plan des relations interpersonnelles et relationnelles alors que les symptômes négatifs prédisent une plus mauvaise insertion professionnelle.

Concernant le pronostic à long terme, il est classique d'associer ici encore une évolution défavorable à la présence d'un émoussement affectif. Fenton et McGlashan [1991] ont suivi une population de patients schizophrènes sur une période de 19 ans. Ces auteurs ont montré qu'il existe une importante variabilité de la symptomatologie positive/négative au cours des premières années d'évolution de la maladie. Les patients présentant initialement un score négatif élevé ont généralement une évolution continue ou entrecoupée de rémissions partielles. À long terme, ces patients ont une évolution clinique et sociale beaucoup plus péjorative. La valeur pronostique des symptômes négatifs est d'autant plus faible qu'ils sont évalués tôt dans l'évolution de la maladie.

PSYCHOLOGIE COGNITIVE

À la suite des hypothèses de Crow, de nombreuses études ont tenté de mettre en évidence des perturbations cognitives différentes entre les patients positifs et négatifs.

Les symptômes négatifs sont associés aux troubles moteurs et du traitement visuel, et les symptômes positifs aux troubles du traitement auditif. Ce sont principalement les tests de distractibilité auditive qui sont perturbés chez les patients positifs. Il existerait des troubles de l'attention sélective chez ces patients. Les difficultés rencontrées lors des tests auditifs chez les patients positifs sont à mettre en relation avec la présence d'hallucinations auditives. Si l'on se réfère à plusieurs travaux sur le sujet, les patients présentant des manifestations positives prédominantes sont particulièrement sensibles aux conditions de distractibilité, tandis que les patients négatifs présentent des troubles cognitifs plus variés (diminution des performances lors des tâches de rappel...) en rapport avec des anomalies des étapes précoces du traitement de l'information. Il a été montré que les sujets présentant une forme positive ont des performances plus basses aux tâches cognitives d'écoute dichotique et de rappel, en présence de distracteurs *(digit span)*. Cette perturbation n'est pas retrouvée dans les formes négatives.

Si dans les formes positives de schizophrénie il existe une distractibilité importante, les résultats des différentes études concernant les formes négatives sont plus difficiles à interpréter. Il semble cependant qu'il existe dans ce sous-type des troubles du traitement précoce de l'information explorés, par exemple, par des tâches visuelles (test de masquage) ou d'attention soutenue (test de performance continue : CPT). Ces perturbations du traitement précoce se situent vraisemblablement au niveau du stockage et/ou de l'extraction des informations à partir de l'icône (lieu de stockage des informations de durée brève, 200 à 300 ms).

ASSOCIATION AVEC LES MOUVEMENTS ANORMAUX

L'existence de perturbations neurologiques dans la schizophrénie, en particulier de mouvements anormaux, a été signalée bien avant l'introduction de la dichotomie négative/positive.

Les dyskinésies tardives seraient plus fréquemment associées aux signes négatifs. Il existerait une association significative entre l'existence de dyskinésies tardives et la présence de symptômes négatifs tels que, par exemple, le retrait émotionnel, l'émoussement affectif, la pauvreté du discours, le ralentissement moteur et la diminution des intérêts sociaux. Les symptômes négatifs pourraient être particulièrement associés aux dyskinésies orofaciales. Celles-ci seraient associées significativement aux troubles cognitifs et aux symptômes négatifs, ce qui n'est pas le cas des dyskinésies des membres et du tronc. Cette association ne se retrouve cependant pas chez les sujets jeunes. Toutefois, les patients qui présentent des symptômes négatifs dès le début de leur maladie ont une plus forte probabilité de développer des dyskinésies tardives orofaciales au cours de l'évolution de la maladie.

PERTURBATIONS NEURORADIOLOGIQUES

Les résultats des différentes études tentant de « corréler » des anomalies cérébrales structurales identifiées au scanner ou à l'IRM et les manifestations positives ou négatives sont très contradictoires. Ces contradictions d'une étude à l'autre peuvent s'expliquer en partie par d'importantes différences méthodologiques tant au niveau des techniques d'imagerie que des critères d'inclusion des patients et des instruments d'évaluation psychométrique.

Concernant les études ayant utilisé le scanner, 26 études sur 35 montrent des anomalies significatives des structures cérébrales chez les patients schizophrènes. Les anomalies les plus fréquentes sont un élargissement ventriculaire, une dilatation du troisième ventricule, une atrophie cérébelleuse et une asymétrie des deux hémisphères.

C'est essentiellement le ratio ventricule-cerveau (VBR en anglais) qui a été le plus étudié. Une corrélation significative entre l'élargissement ventriculaire et les symptômes négatifs est retrouvée par plusieurs auteurs. Les schizophrènes présentant un élargissement ventriculaire ont une mauvaise adaptation prémorbide et une mauvaise réponse au traitement. De même, dans une étude en IRM, portant sur 29 patients schizophrènes, il existe une corrélation positive entre le score total de la SANS et l'élargissement des ventricules ou des scissures sylviennes. Pour d'autres auteurs, il existerait une corrélation positive entre l'élargissement ventriculaire, l'âge des patients, la durée d'évolution et l'existence de symptômes négatifs.

À partir d'une revue de la littérature portant sur 28 études utilisant le scanner ou l'IRM, il existe dans la majorité d'entre elles une corrélation significative entre l'élargissement ventriculaire et l'importance des symptômes négatifs. Les valeurs de T2 au niveau du cortex frontal gauche sont plus élevées chez les patients ayant les scores les plus élevés à la SANS.

Les résultats de ces études sont pour la majorité d'entre elles en accord avec les hypothèses de Crow pour qui les symptômes négatifs sont associés à des lésions cérébrales. La nature exacte de ces lésions est encore difficile à déterminer.

CONCLUSION

La clinique de la schizophrénie reste l'objet de controverses, de débats dont la teneur semble directement liée à l'évolution du contexte dans lequel se situent les cliniciens.

Comme nous l'avons évoqué, la notion de dichotomie positive/négative remise au goût du jour il y a une vingtaine d'années par les auteurs anglo-saxons reste un modèle d'un intérêt heuristique réel qui permet la formulation d'hypothèses concernant les différentes étiopathogénies de la schizophrénie.

SYMPTÔMES NÉGATIFS ET POSITIFS

ASPECTS HISTORIQUES ET CONCEPTUELS

Les neurologues : manifestations cliniques positives et négatives

Pour Reynolds, les symptômes positifs et négatifs renvoient à des processus pathologiques distincts sans relation de causalité. Pour Jackson, il existe une interaction « fonctionnelle » entre les deux types de manifestations symptomatiques ; les symptômes positifs ne pouvant exister qu'en présence de symptômes négatifs.

L'œuvre de Kraepelin et Bleuler

Pour Kraepelin, les symptômes déficitaires constituent des perturbations fondamentales des schizophrénies. Il distingue deux groupes principaux de troubles dans les schizophrénies ; l'un d'entre eux étant caractérisé par une perte des activités volitionnelles.

Bleuler quant à lui, considérant que l'évolution n'est pas le critère principal permettant de caractériser la maladie, a tenté d'identifier les symptômes fondamentaux des schizophrénies. Il distingue ainsi des symptômes fondamentaux et accessoires. Il introduit également la distinction entre symptômes primaires (d'origine processuelle) et symptômes secondaires.

La littérature française

La terminologie positive/négative se retrouve aussi dans les travaux de De Clérambault [1942], pour qui le délire vient se greffer sur un syndrome nucléaire neutre, athémathique (petit automatisme mental). Il n'y a pas de hiérarchisation des troubles, chacun des phénomènes positifs et négatifs appartient à l'automatisme mental.

Ey, quant à lui, en 1955, distingue dans les schizophrénies une forme clinique ayant une structure négative et une forme clinique ayant une structure positive.

L'œuvre de Schneider

Il décrit une série de 11 symptômes qu'il considère comme pathognomoniques, à la condition que l'on ait écarté une étiologie organique.

Les critères diagnostiques retenus concernent :

– les expériences anormales dans le domaine des perceptions et des sensations (énonciation de la pensée, hallucinations auditives, sensations corporelles imposées) ;

– les troubles de la pensée (vol de la pensée, imposition de la pensée, divulgation de la pensée) ;

– des perturbations des sentiments, des pulsions et de la volonté.

Suite du tableau p. 26

Suite du tableau

ASPECTS ACTUELS

Wing introduit la terminologie positive/négative

Modèle de Crow [1980, 1985]

Le modèle initial développé par Crow repose sur l'existence de deux sous-types étiologiques indépendants de schizophrénie appelée forme I et II de la maladie. Dans son modèle initial, le type II de schizophrénie est considéré comme une évolution du type I. Le type I est caractérisé par la présence de délire, d'hallucinations et de troubles de la pensée. Le type II est caractérisé, quant à lui, par la présence de manifestations cliniques suivantes : émoussement affectif et pauvreté du discours.

Dans son modèle révisé, Crow propose que les types I et II constituent des processus indépendants qui peuvent coexister chez les mêmes patients et peuvent être des manifestations différentes du même processus pathologique.

Modèle d'Andreasen [1991]

La perspective initiale d'Andreasen est une approche catégorielle de la maladie schizophrénique. Il existe un continuum entre les symptômes positifs et négatifs. Dans une vision descriptive et pragmatique, Andreasen a proposé des critères cliniques permettant de décrire trois sous-types de schizophrénies : une forme positive, une forme négative et une forme mixte.

Modèle tridimensionnel [Liddle, 1987]

À partir des résultats d'analyses en composantes principales, plusieurs auteurs ont isolé, à côté de la dichotomie positive/négative, une troisième dimension appelée « désorganisation » ou « cognitive ». Liddle isole trois dimensions symptomatiques : pauvreté psychomotrice, distorsion de la réalité et désorganisation.

Modèle pyramidal de Kay [1990, 1991]

Kay a proposé un modèle typologique de la schizophrénie. Il a développé une échelle d'évaluation symptomatique, la *Positive and Negative Syndrome Scale* (PANSS). Cette échelle distingue deux dimensions indépendantes positive et négative associées à une troisième dimension dite de psychopathologie générale. Kay décrit ainsi au moins 4 dimensions symptomatiques non exclusives au sein des schizophrénies : négative, positive, excitation (ou impulsivité) et dépressive.

Syndrome déficitaire de Carpenter [1988]

Pour Carpenter, les patients schizophrènes souffrent de différentes pathologies pouvant survenir simultanément chez un même patient. L'hypothèse développée par Carpenter repose sur la distinction, d'une part, entre symptômes négatifs primaires et secondaires et, d'autre part, entre symptômes négatifs transitoires et stables. Carpenter retient comme symptômes déficitaires vrais les symptômes suivants : l'appauvrissement des affects, une gamme émotionnelle réduite, la pauvreté du discours, la restriction des intérêts, l'intentionnalité réduite et la diminution de l'élan social.

Dépression et schizophrénie

Christophe Lançon

Si les troubles de l'affectivité font partie intégrante des descriptions cliniques les plus anciennes du trouble schizophrénique, l'existence de troubles dépressifs chez les patients schizophrènes reste largement débattue et diversement appréciée. Ainsi, depuis Kraepelin, il est classique de distinguer deux grandes formes de psychoses (psychose maniaco-dépressive et démence précoce) différenciées à la fois sur leur caractère évolutif et la présence de troubles de l'humeur. Toutefois, pour Bleuler, si l'on peut distinguer parmi les symptômes primaires ou fondamentaux de la schizophrénie des troubles de l'affectivité, des syndromes dépressifs peuvent survenir au cours de l'évolution de la schizophrénie. Pour cet auteur, aux côtés des états catatoniques, des délires hallucinatoires et des états crépusculaires, « *la triade mélancolique avec affect dépressif et inhibition de la pensée et de l'activité est l'une des formes les plus fréquentes des troubles aigus dans les schizophrénies* ». Bleuler distingue ainsi chez les patients schizophrènes trois types de dépressions :

1. des troubles de l'humeur « réactionnels » ou secondaires à l'évolution de la maladie, qui seraient liés à une prise de conscience des baisses de performances dont souffre le patient ;
2. des formes « intermédiaires » entre schizophrénie et psychose maniaco-dépressive, que l'on appellerait aujourd'hui schizophrénies dysthymiques ou troubles schizoaffectifs ;
3. et des dépressions « *qui doivent, d'une façon quelconque, avoir leur fondement dans le processus responsable de la maladie* ». Dans cette perspective, les troubles dépressifs font partie intégrante du processus schizophrénique et constituent

parfois une complication évolutive de la maladie. Les relations entre dépression et schizophrénie peuvent être envisagées sous l'angle d'une comorbidité pathogénique (la dépression est une complication de la schizophrénie) et d'une comorbidité diagnostique ou d'une co-occurrence symptomatique.

Depuis le début des années 70 et l'avènement des traitements neuroleptiques, de nombreuses études ont confirmé la fréquence et la diversité des manifestations dépressives au cours de l'évolution des états schizophréniques. La question de la comorbidité entre troubles de l'humeur et schizophrénie se trouve ainsi complexifiée par l'utilisation des neuroleptiques qui pourraient ainsi être responsables de troubles de l'humeur. Parallèlement à la question d'une comorbidité pathogénique ou diagnostique entre troubles de l'humeur et schizophrénie, la question d'une comorbidité pronostique (en partie liée à l'utilisation des neuroleptiques) doit aussi être discutée.

Pour rendre compte de la diversité clinique des manifestations dépressives, plusieurs concepts étiopathogéniques ont été proposés. Ont ainsi été individualisées :

– des dépressions pharmacogéniques décrites initialement par Johnson [1981] qui considère les troubles de l'humeur rencontrés chez les patients schizophrènes comme un effet secondaire du traitement neuroleptique ;

– des dépressions akinétiques qui constituent une forme particulière de dépression pharmacogénique. Les manifestations dépressives sont ici secondaires aux effets extrapyramidaux des neuroleptiques ;

– des dépressions post-psychotique : cette notion a d'ailleurs été intégrée dans les systèmes de classifications les plus récents comme la CIM 10 et le DSM-IV ;

– des dépressions révélées suggérées par Hirsch *et al.* [1989] reprenant l'idée de Bleuler selon laquelle les symptômes dépressifs peuvent faire partie intégrante du tableau de la schizophrénie. Dans cette perspective, la dépression, masquée lors de la phase aiguë de la maladie, présente de façon concomitante aux symptômes positifs, diminuerait au cours du traitement neuroleptique, et pourrait être au premier plan dans la phase post-psychotique. Cette participation de la symptomatologie dépressive pourrait être plus facilement détectée dans la phase prodromique, et notamment dans la phase précédant la rechute, où elle précéderait l'apparition des symptômes productifs.

Si, au cours de l'évolution des schizophrénies, les troubles dépressifs apparaissent hétérogènes, il convient, pour mieux comprendre la comorbidité entre ces deux troubles, de distinguer leur survenue en fonction de la phase évolutive de la maladie *(Tableau I)*. On peut ainsi distinguer :

– des symptômes dépressifs au décours des phases aiguës psychotiques ;

– des symptômes dépressifs apparaissant en dehors des phases aiguës psychotiques.

Ces deux sous-types de troubles dépressifs renvoient à des hypothèses éthiopathogéniques distinctes et imposent des stratégies thérapeutiques différentes.

TABLEAU I. DIAGNOSTICS DIFFÉRENTIELS D'UN ÉTAT DÉPRESSIF CHEZ LES PATIENTS PSYCHOTIQUES (D'APRÈS BARTELS ET DRAKE 1988, SIRIS 1991).

I. Symptômes dépressifs secondaires à une cause organique :
  – effets secondaires des neuroleptiques : akinésie et akathisie ;
  – abus de substances (alcool, autres) ;
  – autres causes organiques.
II. Symptômes dépressifs avec manifestations psychotiques aiguës :
  – manifestations dépressives intrinsèques d'un épisode psychotique aiguë ;
  – trouble schizoaffectif.
III. Symptômes dépressifs sans symptômes psychotiques aigus :
  – manifestations prodromiques ;
  – dysphorie aigue ;
  – « démoralisation chronique » ;
  – syndrome dépressif secondaire.

Avant de discuter ces différents sous-types de dépression, il convient de discuter, d'une part, les diagnostics différentiels des troubles dépressifs chez les patients schizophrènes et, d'autre part, les problèmes soulevés par l'évaluation de ces manifestations dépressives.

MANIFESTATIONS DÉPRESSIVES CHEZ LES PATIENTS SCHIZOPHRÈNES

La fréquence des troubles dépressifs chez les patients schizophrènes varie de 7 % à 70 % selon les auteurs. Le risque sur la vie entière est de 65 %. La grande diversité des résultats rapportés dans la littérature s'explique en partie par d'importantes différences méthodologiques d'une étude à l'autre : critères diagnostiques de schizophrénie, durée d'évolution de la maladie, phase évolutive de la maladie (rechute ou phase chronique) et utilisation d'échelles de dépression diverses.

L'étude des troubles dépressifs chez les patients schizophrènes repose généralement sur l'utilisation d'échelles d'évaluation symptomatique. La connaissance chez les patients schizophrènes des qualités métrologiques et psychométriques de ces instruments constitue un préalable indispensable à leur utilisation. Cependant, les études publiées concernant ces propriétés sont souvent incomplètes et peu systématiques dans leur méthode, rendant difficilement généralisables les résultats retrouvés dans la littérature.

DIAGNOSTIC DIFFÉRENTIEL DES TROUBLES DE L'HUMEUR CHEZ LES SCHIZOPHRÈNES

Comme face à tout état dépressif, il convient d'éliminer une cause organique. Chez les patients schizophrènes, les troubles médicaux sont souvent sous-évalués et participent à la morbidité et la mortalité dans cette population. Peu de données sont cependant disponibles concernant la fréquence de troubles médicaux responsables d'état dépressif chez ces patients.

L'utilisation et l'abus de substances toxiques peuvent également être responsables de manifestations pseudodépressives. Il est ainsi clairement démontré que l'usage de substances toxiques est fréquent chez les patients schizophrènes même s'il est souvent méconnu des thérapeutes. Les jeunes patients schizophrènes semblent utiliser de plus en plus souvent de l'alcool ou d'autres drogues. L'utilisation de ces substances toxiques, le plus souvent lors des périodes de sevrage, peut s'exprimer sous la forme de troubles de l'humeur sans toutefois donner lieu à un véritable état dépressif. À l'inverse, si l'abus d'alcool peut être considéré comme un facteur prédisposant à l'émergence d'une dépression en population générale, les relations entre dépression et abus d'alcool chez les patients schizophrènes sont peu documentées.

Parmi les effets secondaires des traitements neuroleptiques, les troubles extrapyramidaux constituent une cause fréquente de manifestations pseudodépressives chez les schizophrènes. Ces effets extrapyramidaux représentent une complication fréquente des traitements neuroleptiques, et deux d'entre elles posent des problèmes de diagnostic différentiel avec un état dépressif chez les patients schizophrènes : l'akinésie et l'akathisie.

L'akinésie caractérisée par une diminution des mouvements spontanés et du discours, une apathie et une difficulté à initier les mouvements entraîne un état pseudodépressif. L'akinésie peut apparaître sans autres manifestations extrapyramidales et est parfois particulièrement difficile à distinguer d'une dépression secondaire. L'emploi d'antiparkinsoniens de synthèse constitue le traitement de cette complication des traitements neuroleptiques, même s'ils ne sont pas toujours efficaces. La diminution des doses de neuroleptiques est parfois proposée, mais elle doit être prudente, compte tenu du risque de rechute.

L'akathisie constitue aussi un effet secondaire fréquent des traitements neuroleptiques. On estime ainsi que plus de 50 % des patients sous neuroleptiques peuvent en souffrir. Cet effet secondaire peut parfois ressembler à une dépression agitée. C'est généralement quand elle est modérée que l'akathisie est la plus difficile à évaluer car elle ne s'accompagne pas de signes observables. Elle cause alors un état dysphorique plus qu'une véritable dépression et s'accompagne d'idées ou de passage(s) à l'acte suicidaire(s). Ce tableau clinique peut parfois ainsi mimer les manifestations cognitives de la dépression. L'akathisie favorise par ailleurs la non observance des traitements et augmente le risque de rechute. L'apparition de symptômes dysphoriques (manifestations psychiques d'akathisie) existe chez certains patients dans les 48 heures suivant la prescription d'un traitement neuroleptique. Ces patients présentent une mauvaise observance ultérieure des traitements et un risque élevé de rechutes. L'utilisation de bêtabloquants ou de clonidine peut s'avérer efficace sur l'akathisie et permet d'éliminer une dépression chez les patients schizophrènes.

Différencier les symptômes négatifs de la schizophrénie des symptômes dépressifs est souvent difficile *(tableau II)*. La dépression peut être évoquée devant l'existence de symptômes « psychologiques » comme la tristesse, le désespoir, l'auto-accusation, une mauvaise estime de soi, qui constituent les aspects « cognitifs » de la dépression. L'émoussement affectif avec apathie ou bien l'indifférence et les pensées stéréotypées évoquent un syndrome négatif. Les manifestations comme l'anergie et l'anhédonie peuvent se voir aussi bien dans la dépression que lors des manifestations négatives de la maladie. L'utilisation d'échelles standardisées pourrait en partie permettre de différencier ces deux types syndromiques.

TABLEAU II. SYMPTÔMES NÉGATIFS SECONDAIRES.

Symptômes négatifs	Dépression	Personnalité schizotypique	EPS
• **Affect**			
. émoussement affectif	+	+	+
. anhédonie	+	?	+
. affect inapproprié	+	+	
. absence de réponse au stimuli	+	+	+
• **Éveil**			
. avolition	+	+	+
. anergie	+	?	+
. hypersomnie	+		+
. discours ralenti	+		+
. pauvreté du discours	+	+	
. mouvements ralentis	+		+
• **Cognition**			
. troubles de l'attention	+	+	
. ralentissement cognitif	+	+	
• **Fonctionnement social**			
. diminution des capacités de travail	+	+	+
. retrait	+	+	+
. absence de relations intimes		+	

EPS : symptômes extrapyramidaux.

DÉPRESSION ET PHASE ÉVOLUTIVE DE LA MALADIE SCHIZOPHRÉNIQUE

MANIFESTATIONS DÉPRESSIVES ET ÉPISODES AIGUS

Contrairement à la conception classique défendue par certains auteurs tels Kraepelin, la présence de manifestations dépressives est fréquente au décours d'une rechute psychotique. Lorsqu'une cause organique a pu être écartée, deux sous-types cliniques peuvent arbitrairement être distingués : des manifestations dépressives faisant partie des prodromes d'une rechute et celles faisant partie de la symptomatologie psychotique aiguë. Les relations entre ces deux types de troubles de l'humeur restent cependant obscures.

Les troubles de l'humeur sont souvent considérés comme des signes prodromiques d'une rechute psychotique. Les premières manifestations retrouvées avant la décompensation psychotique sont souvent un sentiment d'anxiété, une excitation et la peur de perdre le contrôle. Dans un deuxième temps, de nombreux patients développaient des symptômes pouvant évoquer une dépression agitée associée à de l'anorexie, des troubles du sommeil, des idéations suicidaires et des pensées obsédantes. Apparaissent ensuite un sentiment de panique, des troubles de la pensée et des hallucinations. L'apparition de troubles de l'humeur chez un patient schizophrène stabilisé doit toujours faire suspecter une rechute.

Si les troubles de l'humeur font partie des manifestations prodromiques des rechutes psychotiques, ils ne présentent cependant que rarement les caractéristiques d'un trouble dépressif. Les troubles de l'humeur prodromiques sont présents de manière brève avant la décompensation psychotique (moins de deux semaines) et se manifestent plus sous la forme d'une dysphorie que d'une véritable dépression. Ces troubles s'associent très fréquemment à des manifestations anxieuses. Il apparaît ainsi difficile de parler de trouble dépressif prodromique des rechute psychotiques.

Les manifestations dépressives font généralement partie de la symptomatologie de la phase psychotique aiguë. À l'admission, environ 50 % selon Bartel et Drake [1988] des patients schizophrènes en rechute présentent des manifestations dépressives présentes dès le premier épisode psychotique. Pour de nombreux auteurs, il existerait un processus psychopathologique commun entre les troubles dépressifs et les troubles psychotiques lors de la phase aiguë de la maladie.

Il est cependant difficile de penser que les manifestations dépressives présentes lors de la phase aiguë correspondent à un véritable trouble dépressif. En effet, l'association des antidépresseurs aux traitements neuroleptiques s'avère généralement inefficace et peut même augmenter le délai de réponse aux traitements neuroleptiques et aggraver les troubles du cours de la pensée et les hallucinations.

Enfin, contrairement à ce qui est rapporté pour les dépressions secondaires, la présence de trouble dépressif lors de l'épisode aigu est associée à un meilleur pronostic de la schizophrénie.

L'existence d'un trouble schizoaffectif soulève, quant à elle, d'importantes questions quant aux relations entre les troubles de l'humeur (principalement bipolaires) et schizophréniques. C'est vraisemblablement Kasanin, qui le premier en 1933, individualisa le concept de trouble schizoaffectif pour rendre compte de formes de psychoses associant à la fois des aspects de la schizophrénie et des troubles affectifs. Après de nombreuses années de controverses, ce trouble est actuellement rattaché dans le DSM-IV au chapitre Schizophrénie et autres troubles psychotiques *(Tableau III)*. La caractéristique essentielle du trouble schizoaffectif est l'existence d'une période ininterrompue de la maladie au cours de laquelle il existe à un moment donné un épisode affectif (dépression majeure, manie ou épisode mixte) en même temps que des symptômes remplissant le critère A de la schizophrénie. Au cours de la même période, des idées délirantes ou des hallucinations sont présentes au moins deux semaines en l'absence de symptômes thymiques prononcés. L'épisode dépressif majeur doit durer, quant à lui, au moins deux semaines. La durée minimale d'un épisode schizoaffectif est d'au moins un mois. Deux sous-types sont individualisés : un type bipolaire et un type dépressif.

TABLEAU III. CRITÈRES DIAGNOSTIQUES DU TROUBLE SCHIZO-AFFECTIF DANS LE DSM-IV (F25.x/295.70).

A. Période ininterrompue de maladie caractérisée par la présence simultanée, à un moment donné, soit d'un épisode dépressif majeur, soit d'un épisode maniaque, soit d'un épisode mixte, et des symptômes répondant aux critères A de la schizophrénie.
B. Au cours de la même période de la maladie, des idées délirantes ou des hallucinations ont été présentes pendant au moins deux semaines, en l'absence de symptômes thymiques marqués.
C. Les symptômes qui répondent aux critères d'un épisode thymique sont présents pendant une partie conséquente de la durée totale des périodes actives et résiduelles de la maladie.
D. La perturbation n'est pas due aux effets physiologiques directs d'une substance ou d'une affection médicale.

Spécification du sous-type :
.0 Type bipolaire : si la perturbation comprend un Épisode maniaque o un épisode mixte (ou un épisode maniaque ou un épisode mixte et des épisodes dépressifs majeurs).
.1 Type dépressif : si la perturbation comprend uniquement deux épisodes dépressifs majeurs.

La définition du DSM-IV et celle de la CIM-10 du trouble schizoaffectif diffèrent au sujet de la relation existant entre ce trouble et le trouble de l'humeur avec caractéristiques psychotiques. La définition du trouble schizoaffectif est beaucoup plus large dans la CIM-10. Elle inclut des cas comportant certains symptômes psychotiques spécifiques (écho de la pensée, pensées imposées...), même si ces symptômes sont présents uniquement au cours d'épisodes thymiques. De ce fait, de nombreux troubles de l'humeur avec caractéristiques psychotiques non congruentes à l'humeur du DSM-IV seraient considérés comme des troubles schizoaffectifs d'après les critères de la CIM-10.

Les patients schizoaffectifs pourraient avoir un risque accru de développer ultérieurement des épisodes de trouble thymique pur, des épisodes de schizophrénie ou de trouble schizophréniforme. Des troubles liés à l'alcool ou à d'autres substances pourraient y être associés. Le pronostic du trouble schizoaffectif est généralement meilleur que celui de la schizophrénie mais considérablement plus mauvais que celui des troubles thymiques. Le trouble schizoaffectif bipolaire aurait un meilleur pronostic que celui du trouble schizoaffectif dépressif. Les études familiales et génétiques confirment toutefois que le trouble schizoaffectif n'est pas homogène et que ses relations avec les troubles de l'humeur et la schizophrénie sont complexes.

DÉPRESSION SECONDAIRE OU DÉPRESSION POST-PSYCHOTIQUE

L'existence de troubles dépressifs secondaires à un épisode psychotique a longtemps été discutée. Plusieurs hypothèses sont actuellement avancées pour rendre compte de l'émergence de troubles de l'humeur chez les patients schizophrènes chroniques : effets des traitements neuroleptiques, complication évolutive de la maladie schizophrénique et réponse adaptative au caractère invalidant de la maladie.

L'utilisation des neuroleptiques a parfois été rendue responsable de l'émergence des troubles dépressifs dans la période post psychotique, ce qui est identifié sous le terme de « dépression pharmacogénique ». Toutefois, si les descriptions initiales peuvent impliquer les neuroleptiques dans la genèse de ces troubles, les données plus récentes de la littérature remettent en cause cette conception. Dans la majorité des études, les patients schizophrènes sans traitement neuroleptique présentent plus de manifestations dépressives que ceux sous traitement [Hirsh *et al.* 1989]. De même, il ne semble pas exister de différence pour l'apparition des troubles dépressifs entre les patients recevant un traitement par voie orale ou sous forme de neuroleptiques retards. Enfin, la comparaison entre patients schizophrènes « déprimés » et « non-déprimés » ne montre généralement pas de différence entre ces deux populations pour les doses de neuroleptiques utilisées et les taux plasmatiques de neuroleptiques. Il apparaît en fait que les manifestations dépressives sous neuroleptiques sont plus secondaires aux effets secondaires extrapyramidaux (akinésie, akathisie) qu'à un véritable trouble dépressif.

La fréquence de la dépression post-psychotique reste très diversement appréciée. La prévalence des états dépressifs post-psychotiques varierait de 7 % à 70 %. La fréquence de 25 % apparaît constituer une estimation moyenne. Les divergences retrouvées dans la littérature seraient expliquées par les importantes différences qui existent d'une étude à l'autre quant à la définition de la dépression post-psychotique et à l'intervalle de temps nécessaire pour définir la période post-psychotique.

La validité du concept de dépression post-psychotique peut être défendue à la lumière des résultats des études comparant les patients présentant une dépression à ceux indemnes de ce trouble *(Tableau IV)*. Ainsi, plusieurs études ont tenté de valider le concept de dépression post-psychotique [Siris 1991]. Si les données de la littérature sont parfois discordantes, la présence de manifestations dépressives chez un patient schizophrène chronique possède une valeur pronostique péjorative. Dans les études initiales, les manifestations dépressives constituaient un indicateur

TABLEAU IV. ÉTUDES COMPARANT LES SCHIZOPHRÈNES AVEC OU SANS DÉPRESSION SECONDAIRE (D'APRÈS SIRIS 1991).

Études	Critères diagnostiques	Déprimés (N)	Contrôles (N)	Différences
McGlashan et Carpenter [1976]	DSM-II	15	15	*Dep :* neuroleptiques ++ ; peu de contacts sociaux
Glazer *et al.* [1981]	DSM-II	54	54	*Dep :* difficultés contacts sociaux...
Roy [1981]	DSM-II	39	61	*Dep :* plus de séparation parentale précoce
Mandel *et al.* [1982]	DSM-II	47	164	*Dép :* plus de rechute et de réhospitalization
Roy *et al.* [1983]	DSM-III	18	18	*Dép :* perte parentale précoce ; antécédents de tentatives de suicide ; plus d'événements de vie
Munro *et al.* [1984]	DSM-III	23	23	*Dép :* supression Dxm ++
Berrios et Bulbena [1987]	?	29	41	*Dép :* début schizo tardif, dépression dans la famille, durée de traitement ++
Barnes *et al.* [1989]	DSM-III	25	25	*Dép :* idéation suicidaire et hallucinations ++

d'une évolution favorable [Mcglashan et Carpenter 1976]. Toutefois, ces études ont été conduites avant l'apparition des critères « modernes » de diagnostics (DSM III) et bon nombre de patients considérés comme ayant une évolution favorable pourraient présenter un trouble affectif ou schizoaffectif. Par ailleurs, la plupart de ces études ne différenciaient pas les symptômes dépressifs présents lors de la phase prodromique de ceux contemporains de l'épisode aigu. L'apparition d'une dépression post-psychotique est généralement rapportée chez des patients présentant des caractéristiques prémorbides associées à un pronostic évolutif de la schizophrénie péjoratif comme une personnalité prémorbide schizoïde, une adaptation prémorbide de mauvaise qualité, un début insidieux de la maladie et une histoire de rupture précoce des relations avec les parents.

L'existence d'une dépression post-psychotique est dans la majorité des études associée à un risque suicidaire élevé, participant ainsi à la mortalité élevée des patients schizophrènes. Le suicide constitue une cause de mortalité chez environ 10 % des patients schizophrènes. Le suicide chez les patients schizophrènes est plus spécifiquement associé au désespoir et aux aspects cognitifs ou psychologiques de la dépression qu'aux aspects végétatifs des troubles de l'humeur.

Les études génétiques montrent que les patients schizophrènes qui ont un parent du premier degré ayant un trouble affectif unipolaire dépressif développent plus fréquemment une dépression post-psychotique après la résolution du premier épisode psychotique. De même, l'apparition de manifestations dépressives lors d'un traitement neuroleptique est plus fréquente chez les patients schizophrènes ayant des parents déprimés.

Enfin, les études portant sur les données « biologiques » sont plus discordantes. Seule l'existence de perturbations au test à la TRH comparable chez les schizophrènes déprimés et des déprimés peut être rapportée.

L'utilisation des antidépresseurs chez les patients schizophrènes déprimés permet en partie de valider le concept de dépression post-psychotique. Si l'utilisation des antidépresseurs chez les patients schizophrènes présentant des manifestations dépressives lors des phases aiguës est peu recommandée, leur intérêt en dehors des phases aiguës est largement discuté. Ce sont principalement les antidépresseurs tricycliques qui ont été étudiés dans cette indication. D'autres types d'antidépresseurs que les tricycliques ont été utilisés dans le traitement des dépressions post-psychotiques comme par exemple les IMAO, la trazodone ou la dosulépine. Plusieurs séries rapportées dans la littérature concernent l'intérêt de la fluoxétine dans le traitement des dépressions post-psychotiques.

Les résultats des études cliniques et de celles portant sur l'efficacité des antidépresseurs permettent de confirmer la pertinence du concept de dépression post-psychotique. Ce trouble a ainsi été inclus dans les systèmes diagnostiques les plus récents. Dans le DSM-IV *(Tableau VI)*, le trouble dépressif post-psychotique de la schizophrénie fait partie de l'annexe B : « Critères et axes proposés pour des études supplémentaires. » Sa caractéristique essentielle est un trouble dépressif majeur au sens du DSM-IV surajouté à la phase résiduelle d'une schizophrénie et n'apparaissant que pendant cette phase. La phase résiduelle succède à la phase active de la schizophrénie caractérisée par les symptômes répondant au critère A (hallucinations, délires, symptômes négatifs...). Il convient de distinguer l'humeur dépressive nécessaire au diagnostic de trouble dépressif majeur d'une perte d'intérêt ou de plaisir. Typiquement, l'épisode dépressif majeur s'installe immédiatement après la rémission des symptômes de la phase active de l'épisode psychotique. Parfois, elle peut lui succéder après un intervalle libre durant lequel il n'y aucun symptôme psychotique. La durée de cet intervalle peut être plus ou moins longue mais n'est pas précisée dans le DSM-IV. Ce trouble se retrouve plus volontiers chez des sujets solitaires et ayant peu de soutiens sociaux. Parmi les facteurs de risque rapportés dans le DSM-IV, on retrouve un grand nombre d'hospitalisations antérieures, des antécédents de rechutes psychotiques au cours d'un traitement antipsychotique (c'est-à-dire un mauvais contrôle de l'évolution de la maladie par les traitements), un début insidieux des épisodes psychotiques, des épisodes antérieurs de dépression et des antécédents de tentatives de suicide. Il peut exister des pertes récentes, des événements de vie indésirables et autres facteurs de stress.

Les diagnostics différentiels proposés sont ceux des différents troubles de l'humeur du DSM-IV : trouble dépressif non spécifié, trouble de l'humeur dû à une affection médicale générale, trouble de l'humeur induit par une substance, le parkinsonisme

Tableau VI. CRITÈRES DE RECHERCHE POUR LE TROUBLE DÉPRESSIF POST-PSYCHOTIQUE DE LA SCHIZOPHRÉNIE (DSM-IV).

A. Les critères d'un épisode dépressif majeur sont remplis. NB : l'épisode dépressif majeur doit inclure le critère A1 : humeur dépressive. Les symptômes pouvant être attribués à des effets secondaires médicamenteux ou les symptômes négatifs de la schizophrénie ne doivent pas être inclus.
B. L'épisode dépressif majeur est surajouté à la phase résiduelle d'une schizophrénie et n'apparaît que pendant cette phase.
C. L'épisode dépressif majeur n'est pas dû aux effets physiologiques directs d'une substance ou d'une affection médicale générale.

induit par les neuroleptiques avec akinésie. Le DSM-IV souligne la difficulté à distinguer une symptomatologie dépressive post-psychotique des symptômes négatifs de la schizophrénie. C'est essentiellement la présence des symptômes « cognitifs » qui permet le diagnostic de dépression : tristesse, sentiment de culpabilité, de honte, perte d'espoir, désarroi et baisse de l'estime de soi.

Dans la CIM-10, la dépression post-schizophrénique fait partie intégrante des formes évolutives des schizophrénies. À la différence du DSM-IV, des symptômes psychotiques doivent encore être présents mais ne dominent pas le tableau clinique. Les symptômes psychotiques présents sont de type positif ou négatif. Les troubles dépressifs sont au premier plan et répondent rarement aux critères d'épisode dépressif sévère et persistent au moins deux semaines. Cette dépression post-schizophrénique doit survenir dans les douze mois suivant un trouble schizophrénique répondant aux critères généraux de la schizophrénie.

CONCLUSION

La question de la comorbidité des troubles de l'humeur et de la schizophrénie apparaît complexe et souligne les limites des systèmes de classification actuels des troubles mentaux. Si de nombreuses manifestations de la schizophrénie (symptômes négatifs) et des troubles organiques peuvent prendre l'aspect de troubles dépressifs chez les patients schizophrènes, il est toutefois possible de distinguer deux types principaux de troubles de l'humeur au cours de l'évolution de la schizophrénie : les troubles contemporains des phases aiguës et les dépressions post-psychotiques.

Les manifestations dépressives au décours d'une rechute psychotique font certainement partie intégrante de la symptomatologie psychotique. Les troubles schizophréniques et les troubles de l'humeur partagent vraisemblablement des mécanismes physiopathologiques communs, même si ceux-ci sont actuellement mal connus. Les manifestations dépressives au cours de cette phase évolutive de la maladie ne répondent généralement pas aux critères formels de trouble dépressif. Ils se manifestent essentiellement sous la forme des symptômes cognitifs de la dépression. Les troubles de l'humeur présents lors de la phase aiguë de la maladie pourraient être une « réaction » à l'émergence de la psychose.

Les troubles dépressifs survenant chez les patients schizophrènes chroniques constituent actuellement une entité clinique autonome : la dépression post-psychotique. Celle-ci est considérée parfois comme une complication évolutive de la schizophrénie ou comme une réaction adaptative à la chronicité de la schizophrénie.

Enfin, les relations entre troubles de l'humeur et schizophrénie invitent à reconsidérer la classique dichotomie proposée par Kraepelin au sein des psychoses. Il conviendrait de distinguer trois formes principales de psychoses : des psychoses affectives, des psychoses paranoïdes et la schizophrénie. Cette dernière affection renvoie aux formes déficitaires de la schizophrénie. Les troubles de l'humeur sont dans cette perspective essentiellement présents dans les psychoses affectives et dans une moindre mesure dans les psychoses paranoïdes.

Qualité de vie

Christophe Lançon,
Pierre-Michel Llorca

La notion de qualité de vie constitue actuellement une dimension importante à prendre en compte dans l'évaluation des pathologies psychiatriques chroniques comme la schizophrénie. Toutefois, le concept même de qualité de vie reste délicat à appréhender et plusieurs définitions en sont proposées. Dans le domaine des pathologies mentales chroniques, plusieurs échelles d'évaluation de la qualité de vie ont été développées ; peu d'entre elles s'adressent cependant spécifiquement aux patients schizophrènes.

CONCEPT DE QUALITÉ DE VIE

Comme le souligne Mercier [1994], le caractère abstrait des termes « qualité » et « vie » pourrait expliquer la popularité actuelle du terme qualité de vie. Ce terme se retrouve ainsi dans le discours des politiciens, des publicitaires, des chercheurs et du public en général.

De nombreuses définitions du concept de qualité de vie existent dans la littérature. Si l'on se réfère à Campbell-Convers, le concept de qualité de vie peut être considéré comme *« une mesure composite du bien-être physique, mental et social qui est perçu par chaque individu ou par chaque groupe d'individus et du degré de satisfaction et de gratification dans des domaines tels que la santé, le mariage, la famille, le travail, l'éducation, l'estime de soi, les relations avec les autres »*.

Plus généralement, on définit la qualité de vie par *« un état général de satisfaction et de bien-être, une émotivité équilibrée, une bonne intégration sociale, un état physique satisfaisant »*.

Le concept de qualité de vie apparaît ainsi comme multidimensionnel. La majorité des auteurs s'accorde à reconnaître au moins trois domaines principaux au concept de qualité de vie : les conditions de vie objectives, l'accès aux ressources et les capacités à les utiliser, le sentiment de bien-être subjectif. Ces différents domaines peuvent être regroupés en qualité de vie objective et qualité de vie subjective.

Mercier, quant à elle, isole trois types principaux de paramètres de qualité de vie :
1. les conditions de vie objectives dans différents domaines et la perception subjective (satisfaction) de ces conditions ;
2. le répertoire des capacités, des limites fonctionnelles et des performances (réelles et perçues) par la personne *(health related quality of life)* ;
3. le sentiment de bien-être subjectif relié à des états de bien-être ou de détresse et associé à des caractéristiques psychologiques et aux conditions qui les influencent (stress, support social, degré de contrôle...).

L'intérêt initial pour les conditions objectives de vie trouve son origine dans le mouvement des indicateurs sociaux et intéresse les sociologues, les économistes et les politologues.

La qualité de vie a ainsi été définie, dans un premier temps, en termes quantitatifs à partir d'indicateurs objectifs et observables. Cette vision de la qualité de vie a rapidement paru insuffisante. Les enquêtes réalisées sur de vastes échantillons dans les pays anglo-saxons et scandinaves ont mis l'accent sur la pertinence des mesures subjectives de « bien-être », ainsi que sur la perception et l'évaluation du degré de « satisfaction ».

FONDEMENTS THÉORIQUES DE LA QUALITÉ DE VIE LIÉE À LA SANTÉ (QVLS)

L'appréciation subjective comme évaluation du résultat d'un traitement ou de toute autre intervention de santé, a longtemps été considérée par les cliniciens comme une approche non valide. En effet, ceux-ci préféraient définir les sciences médicales comme étant les plus proches possibles des sciences « dures ». Par ailleurs, toute mesure renvoyant au champ psychosocial ne pouvait être que de seconde importance au regard de mesures explorant le mécanisme physiologique. Cette approche « académique » a quelque peu évolué au cours des quinze dernières années, du fait même que la science médicale ne peut être considérée comme une science exacte.

Toute mesure repose classiquement sur des hypothèses, sur la nature et le construit de l'objet mesuré. La théorie, guide de façon implicite ou explicite la sélection du procédé de mesure. Ainsi, même si l'utilisateur de la mesure n'isole pas clairement les théories et les concepts sous-jacents à la mesure de la qualité de la vie liée à la santé, ses choix (d'instruments) reflètent bien souvent sa culture, son point de vue idéologique ou l'influence de la société dans laquelle il vit et développe sa mesure. Les différentes théories qui coexistent diffèrent par le mode de perception du phénomène à mesurer et par la façon d'assigner des règles spécifiques à ce construit.

Nous présenterons ici les principales théories à la base des différentes conceptualisations rencontrées dans le domaine de la qualité de vie liée à la santé.

La formulation conceptuelle de la qualité de vie est le résultat d'approches consensuelles. On peut isoler **trois théories principales sous-tendant la conceptualisation de mesures en QVLS : théorie du fonctionnalisme, théorie du bien-être, théorie de l'utilité**. Ces théories sont dérivées de champs d'application divers comme l'anthropologie, l'économie, la politique, la sociologie, la psychologie. D'autres cadres théoriques existent comme la théorie psychophysique, mais sont beaucoup moins développés dans la qualité de vie liée à la santé et nous ne les aborderons donc pas ici.

FONCTIONNALISME

Le fonctionnalisme est la transposition à l'ensemble de la société du modèle organique développé en biologie. Il définit un état normal, le plus fréquemment observé, et des états déviants, morbides ou pathologiques. C'est sur cette approche du « normal - déviance » ou du « fonctionnel - non fonctionnel » qu'est abordée l'analyse classique santé - maladie. À partir de ce postulat, il est possible de développer des indicateurs de qualité de vie reflétant la capacité d'un individu à réaliser ses activités quotidiennes pour un âge et une fonction sociale donnés. Les indicateurs de satisfaction de vie évalueront la capacité qu'ont les acteurs à remplir leur rôle social et les activités qu'ils souhaitent entreprendre, ainsi que le degré de satisfaction que cette situation leur procure. Cette théorie a largement influencé la construction d'indicateurs ; de nombreux outils décrivent la performance, la capacité à remplir ou à exécuter telle tâche sociale. Cette approche de la qualité de vie est très dépendante d'une vision occidentale mettant l'accent sur le rôle social de la personne. Une telle définition opérationnalise implicitement tant l'idéologie que la culture de notre société. Par conceptualisation, les personnes ne produisant pas auront nécessairement une mauvaise qualité de vie. Les personnes atteintes d'affections physiques, mentales ou de troubles émotionnels ne sont alors pas à même de mener à bien un travail, de suivre l'école régulièrement, de s'occuper de leur maison, de se soigner, alors qu'elles développent des activités significatives.

THÉORIE DU BIEN-ÊTRE

La théorie du bien-être a été développée plus particulièrement dans le champ de la santé mentale. En effet, le bien-être mental et psychologique est une notion centrale dans l'approche positive de la santé. Les modèles de bien-être psychologique guident l'évaluation de la qualité de vie en explorant les réactions subjectives aux « expériences de vie ». De nombreux modèles ont été développés, dans le champ de l'évaluation de la qualité de vie liée à la santé, mais les principaux isolent deux types de besoins essentiels : 1) éviter les expériences de vie douloureuses ; 2) développer et maintenir le niveau de satisfaction dans sa vie en augmentant ses compétences, sa technique, sa maîtrise de l'environnement. La qualité de vie est alors perçue comme l'augmentation et le maintien de la satisfaction de ces deux besoins. Dans cette perspective, des sujets atteints d'affections chroniques peuvent avoir un haut niveau de qualité de vie et inversement.

Les théories du bien-être subjectif diffèrent de celles développées autour de la notion de bonheur dans la mesure où le construit du bonheur n'a jamais été rigoureusement défini. La satisfaction apparaît être un concept central dans les théories du bien-être, même si les relations entre la satisfaction des besoins et la qualité de vie sont peu documentées. Le concept de bien-être subjectif peut être défini comme l'atteinte du niveau de performance dans les activités, les rôles sociaux que les individus se sont fixés et les satisfactions.

THÉORIE DE L'UTILITÉ

La théorie de l'utilité est basée sur les choix préférentiels et comparatifs d'état de santé faits par les individus. Un sujet préférera *a priori* se trouver dans tel état de santé par rapport à tel autre où les bénéfices perçus semblent moindres. Elle permet d'ordonner des états de santé le long d'un continuum de valeurs de qualité de vie liée à la santé. Les mesures de santé en découlant sont appelées des mesures pondérées d'utilité ou de préférences. Il existe donc une relation entre les valeurs choisies (préférences) et le comportement (choix entre différentes alternatives). Ce modèle suppose que les valeurs choisies existent préalablement au choix, et qu'elles soient indépendantes du contexte dans lequel elles sont étudiées et mesurées. Il s'agit donc d'attitudes et d'orientations qui organisent la conception individuelle du monde. Ces valeurs peuvent être considérées comme des jugements de « désirabilité » par rapport à des situations possibles. En pratique, le développement d'une mesure de qualité de vie liée à la santé est sous-tendu par l'hypothèse que les différents états de santé peuvent être ordonnés. Ainsi par exemple, si l'on présente à un groupe d'individus deux états de santé A et B, ils pourront spécifier celui qu'ils préfèrent ou leur indifférence. Cela suppose que chaque état soit précisément identifié par le concepteur ainsi que leurs alternatives, de telle sorte que les choix expriment clairement leur préférence. Bien que distincts, les concepts associés à la mesure de la qualité de vie et à celle de l'utilité se rejoignent dans leur objectif de mesurer les aspects qualitatifs du résultat attendu des interventions en santé. Ceci a conduit certains chercheurs à proposer et à développer des instruments hybrides qui combinent les caractéristiques d'intérêt de chacune d'entre elles. Il est aujourd'hui sans doute plus adéquat, dans le domaine de la santé, de définir l'utilité comme l'expression de la « désirabilité » ou de la préférence pour un état de santé attendu d'une intervention.

QUALITÉ DE VIE ET PSYCHIATRIE

Si dans le domaine de la recherche en médecine somatique et en sciences humaines, la notion de qualité de vie est apparue dès la fin des années 40 (principalement pour l'évaluation de la qualité de vie objective), la référence à la qualité de vie et à son évaluation est un phénomène relativement récent en psychiatrie puisqu'elle remonte au début des années 80.

L'utilisation du concept de qualité de vie en psychiatrie est principalement associée à l'évaluation des services aux patients psychiatriques suivis au long cours et plus récemment aux essais thérapeutiques et à l'évaluation des différentes modalités de prise en charge psychothérapeutique. L'une et l'autre de ces démarches s'inscrivent dans des courants de recherche différents, ayant des problématiques, des stratégies et des instruments de mesure propres.

La principale différence entre ces deux approches réside dans l'accent plus important mis par celle qui évalue la réadaptation sur les conditions matérielles d'existence, notamment sur le logement, le milieu de vie, le revenu, la nourriture, les vêtements... Ces différents domaines ne sont pas, dans la pensée médicale classique, directement du ressort des soins mais prennent une importance particulière chez les patients psychotiques chroniques pour qui l'impact de la maladie se traduit par une vulnérabilité quant à la satisfaction des besoins.

QUALITÉ DE VIE SUBJECTIVE ET SERVICE DE SOUTIEN ET DE RÉADAPTATION AUX PATIENTS PSYCHOTIQUES

L'émergence de la qualité de vie en rapport avec les services de soutien et de réadaptation est liée au mouvement de désinstitutionnalisation et plus précisément à l'étude de ses effets. Ce courant de recherche sur la qualité de vie a principalement porté sur une clientèle de patients présentant des troubles sévères et persistants (schizophrènes et troubles affectifs majeurs), dont les conditions de vie se trouvent affectées à des degrés divers par la maladie.

L'étude de la qualité de vie, essentiellement de type subjectif, menée dans ce contexte de recherche s'inscrit dans une problématique générale d'intégration et/ou de réintégration sociale. Pour certains auteurs, comme Mercier, les programmes de réadaptation visent d'une part, à répondre aux besoins de la personne et, d'autre part, à développer ses habiletés pour lui faciliter l'accès aux ressources dans son milieu.

Les interventions thérapeutiques abordées sous l'angle de la qualité de vie sont davantage de l'ordre de l'aménagement des conséquences d'une maladie au long cours que de la guérison ou de la réduction de la symptomatologie. Cette position thérapeutique est aussi à mettre en relation avec le modèle de vulnérabilité, développé depuis plusieurs années, suivant lequel les stress environnementaux conjugués à la vulnérabilité biologique tendent à réactiver les symptômes. Les interventions mises en place visent à réduire les sources de stress dans le milieu matériel et psychosocial et ont ainsi un caractère préventif des rechutes influençant l'évolution et l'issue de la maladie.

Les recherches menées dans ce courant de pensée tendent à répondre à deux types principaux de questions :

1. évaluer les effets des services de soutien et de réadaptation sur les conditions de vie objective et subjective des patients psychiatriques au long cours ;
2. évaluer les besoins de cette population et sa perception de la qualité de vie dans différents domaines.

Les recherches auprès des patients psychiatriques au long cours s'intéressant à la qualité de vie dans le cadre de la réintégration sociale sont soit de nature descriptive et corrélationnelle, soit de nature évaluative et longitudinale.

Les études descriptives s'intéressent aux conditions de vie objective (principalement à la perception des conditions de vie dans divers domaines). Dans ce type d'études, des analyses de corrélation et de régressions multiples sont utilisées pour identifier les variables reliées à la notion de satisfaction et plus généralement aux déterminants de la qualité de vie subjective.

Les études évaluatives ont d'abord porté sur des programmes de désinstitutionnalisation afin d'appréhender les conséquences sur la qualité de vie objective et subjective du passage de l'hôpital psychiatrique à la vie dans la communauté. Plusieurs programmes de réadaptation communautaire ont tenté d'évaluer leur impact sur la qualité de vie objective et subjective des patients. Dans le cadre des recherches évaluatives, on utilise généralement des plans de recherche expérimentaux avec ou sans groupe de comparaison. Les périodes de suivi varient de quelques mois à plusieurs années.

QUALITÉ DE VIE SUBJECTIVE ET TRAITEMENTS PHARMACOLOGIQUES

L'introduction de la notion de qualité de vie dans l'évaluation des thérapeutiques pharmacologiques en psychiatrie est un phénomène assez récent. L'importance du point de vue des patients psychiatriques dans l'évaluation des effets des traitements psychotropes est évoquée dès 1985. Seuls des critères objectifs comme l'importance des rechutes (appréciée par des échelles d'évaluation symptomatique et les réhospitalisations), sont généralement utilisés pour évaluer l'efficacité des traitements neuroleptiques. Toutefois, si les traitements neuroleptiques sont relativement efficaces pour contrôler les rechutes, une proportion non négligeable de patients (entre 20 et 30 % au moins) se montrent résistants à leurs effets. L'évaluation de la qualité de vie subjective pourrait permettre de mieux comprendre ces phénomènes de résistance. En effet, l'évaluation des coûts et des bénéfices/risques faite par les patients est le plus souvent différente de celle des prescripteurs. Cette différence peut en partie expliquer les phénomènes de non-observance des traitements neuroleptiques.

Il est indispensable d'intégrer des indicateurs de qualité de la vie dans l'évaluation des bénéfices/risques des thérapeutiques psychiatriques. De nombreux auteurs ont par ailleurs montré que la qualité de vie chez les sujets sous neuroleptiques (surtout lors de la survenue d'effets secondaires neurologiques) pouvait influencer les comportements face au traitement et affecter l'observance de celui-ci.

Si l'importance de la qualité de vie subjective est reconnue par la majorité des auteurs comme un facteur majeur dans l'observance des traitements et de son efficacité, peu d'études se réfèrent actuellement explicitement à la notion de qualité de vie pour l'évaluation des traitements chez les patients psychotiques.

Certains auteurs ont toutefois tenté d'intégrer des mesures de la qualité de vie dans des essais thérapeutiques et/ou des évaluations de stratégie de traitement chez des patients schizophrènes. Ainsi par exemple, les essais visant à évaluer l'intérêt des traitements neuroleptiques continus et/ou intermittents (avec la fluphénazine) ont parfois utilisé des échelles de qualité de vie (LFS et QLS principalement) en complément des évaluations symptomatiques (BPRS...). Après un an de traitement, aucune différence n'était observée dans les deux groupes, alors qu'à la deuxième année, les patients recevant un traitement continu présentaient une amélioration significative pour certaines dimensions des échelles de qualité de vie (meilleure insertion sociale...). Toutefois, les scores totaux à la QLS n'étaient pas différents entre les deux populations. Ces résultats soulignent l'intérêt de différencier l'index global de qualité de vie de l'étude des différents domaines qui la composent.

MODÈLES DE QUALITÉ DE VIE ET SCHIZOPHRÉNIE

Si l'évaluation de la qualité de vie dans la schizophrénie fait appel à de nombreuses échelles d'évaluation et à des démarches parfois contradictoires, peu de modèles sont actuellement proposés. On peut schématiquement en distinguer trois principaux.

MODÈLE NORD-AMÉRICAIN : QUALITÉ DE VIE DES MALADES MENTAUX CHRONIQUES

Lehman [1983] est vraisemblablement l'un des pionniers en matière de qualité de vie dans la schizophrénie. Cet auteur et son équipe plaident depuis plus de 15 ans pour l'évaluation des facteurs de qualité de vie dans la prise en charge des patients psychotiques au long cours. À partir des données d'une enquête nationale américaine, Lehman a proposé un modèle structural général de qualité de vie *(figure 1)*. La qualité de vie est pour lui essentiellement subjective et reflète un état de bien-être global. Le jugement global de satisfaction concerne différents domaines de la vie quotidienne et relève de la contribution de trois séries de facteurs :

1. des caractéristiques personnelles sociodémographiques ;
2. des indicateurs objectifs de conditions de vie ;
3. des indicateurs subjectifs évaluant la qualité de vie.

Comme le fait remarquer cet auteur, ce modèle de qualité de vie contraste avec les approches jusqu'alors développées faisant uniquement référence à la mesure des conditions objectives de vie. La revue de la littérature faite par cet auteur montre d'ailleurs que des indicateurs de qualité de vie objective sont peu corrélés avec la satisfaction de vie générale de la population. Il apparaît ainsi, pour cet auteur, indispensable de prendre en compte des indicateurs de qualité de vie subjective pour évaluer la satisfaction générale.

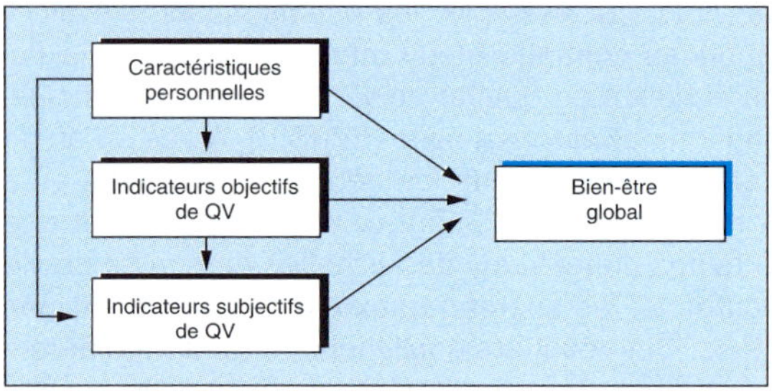

Figure 1. Modèle de Lehman (1983).

« MODÈLE DE NICE » DE LA QUALITÉ DE VIE DES PATIENTS SCHIZOPHRÈNES [Zanotti *et al.*, 1994]

Le modèle proposé par l'équipe de Nice tente de développer une conception plus européenne de la notion de qualité de vie. Ces auteurs font remarquer que le concept de qualité de vie dans les pays anglo-saxons fait essentiellement référence à la notion standard de bonheur qui regroupe le champ des plaisirs dans la vie quotidienne selon un modèle typiquement américain. Cette définition ne semble pas généralisable ni adéquate pour définir la qualité de vie dans des pays de culture différente où le droit des citoyens s'établit *« sur des fondements différents »*. Pour ces auteurs, en France, c'est la notion de liberté qui fonde les droits de l'homme et qui conduit nécessairement à amender les définitions existantes en matière de qualité de vie.

La qualité de vie d'un sujet constitue *« l'écart qui à un moment donné sépare ses attentes de l'expérience qu'il a accumulée »*. On peut définir la qualité de vie en prenant en considération *« la capacité du sujet à disposer de cet écart »*, c'est-à-dire le degré de liberté qui lui reste.

Cette équipe se réfère à diverses réflexions théoriques selon lesquelles la notion de liberté est une condition de possibilité à la qualité de vie. Ainsi, « *la qualité de vie sous-entend un état individuel, subjectif et émotionnel en rapport avec l'environnement, l'idéal de vie et sa concrétisation plus ou moins réelle, de même que les types sociaux, comportementaux et culturels. Le confort tel que notre société moderne nous le présente ne résume pas pour certains une bonne qualité de vie* ».

MODÈLE DE QUALITÉ DE VIE ET TRAITEMENTS NEUROLEPTIQUES [Awad *et al.*, 1997]

Awad a élaboré un modèle pour l'étude de la qualité de la vie des patients recevant un traitement neuroleptique. Pour cet auteur, l'introduction de la chlorpromazine au début des années 1950 a constitué un changement majeur dans la prise en charge et le traitement des schizophrénies, en permettant en outre aux patients psychiatriques de sortir des hôpitaux. Cependant, les neuroleptiques possèdent un effet thérapeutique concernant principalement les symptômes positifs. Les symptômes négatifs et la désorganisation conceptuelle sont généralement peu influencés, voire aggravés, par ces traitements. Ainsi, si les neuroleptiques semblent améliorer les phases symptomatiques aiguës et préviennent les rechutes pour un bon nombre de patients, certains d'entre eux restent réfractaires à ces thérapeutiques. Pour certains auteurs, les neuroleptiques pourraient même aggraver dans certains cas le fonctionnement social des patients.

Les neuroleptiques produisent par ailleurs d'importants effets secondaires (principalement neurologiques) qui entraînent un vécu subjectif particulièrement pénible chez les patients et sont source d'une non-observance. Ils constituent ainsi un facteur péjoratif pour le devenir des malades. Les réactions dysphoriques ou subjectives négatives secondaires à la prise de neuroleptiques ont pu être corrélées avec l'importance de la non-observance, une évolution défavorable et des actes suicidaires.

Toutefois, comme le souligne Awad, malgré l'importance de l'utilisation des neuroleptiques depuis plus de 45 ans, la qualité de la vie et les répercussions sociales du traitement neuroleptique ont été jusqu'à présent relativement peu étudiées. Plusieurs facteurs ont contribué, pour cet auteur, à l'absence d'étude et de mesure de la qualité de vie lors des traitements neuroleptiques. En effet, de nombreux psychiatres considèrent la notion de qualité de vie comme un concept flou vraisemblablement indéfinissable et non mesurable. Cependant, il existe actuellement pour cet auteur des critères opérationnels permettant d'évaluer la qualité de vie dans divers domaines, même si les instruments disponibles ne possèdent pas tous des critères métrologiques suffisamment stricts. Les patients schizophrènes sont généralement considérés comme incapables de témoigner de manière satisfaisante de leur qualité de vie. Les expériences subjectives des patients schizophrènes sont ainsi considérées avec beaucoup de circonspection par certains, du fait de l'existence de troubles du cours de la pensée et de la communication inhérents à la maladie. Awad fait cependant remarquer que pour évaluer la symptomatologie des patients on se réfère volontiers aux dires et au vécu de ceux-ci. Il a par ailleurs développé une échelle visant à évaluer les effets subjectifs des neuroleptiques. Les études qu'il a conduites montrent clairement que les patients schizophrènes sont capables de formuler avec précision leur vécu lors des traitements neuroleptiques.

Il n'existe pas à l'heure actuelle de modèle intégratif permettant de conceptualiser la qualité de vie des patients sous neuroleptique. Cet auteur propose, afin de définir ce modèle, différents domaines de qualité de vie des patients sous traitement neuroleptique :

- les symptômes schizophréniques et leur sévérité,
- les effets secondaires du traitement neuroleptique,
- les performances psychosociales.

Dans ce modèle, d'autres facteurs cliniques interagissent de manière significative avec ces trois domaines et peuvent modifier les effets du traitement neuroleptique. Ces facteurs sont :

- les caractéristiques prémorbides,
- les interprétations subjectives des patients quant à leur état lors de la médication,
- leur capacité d'insertion sociale.

Même si ces différents facteurs ne constituent pas en tant que tels des éléments appartenant au domaine de la qualité de vie, ils possèdent pour cet auteur une importance certaine pour évaluer l'efficacité des traitements neuroleptiques *(figure 2)*.

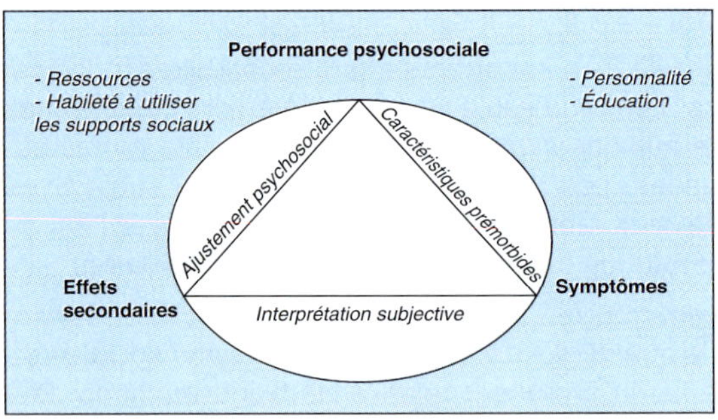

Figure 2. Modèle de qualité de vie de Awad.

CONCLUSION

La notion de qualité de vie représente un enjeu important à l'heure actuelle en particulier dans l'évaluation de l'impact des modalités thérapeutiques dans le domaine de la santé mentale et en particulier dans la schizophrénie. À côté de la clinique classique, elle repose sur l'appréhension subjective par le patient de son propre vécu qui, comme le soulignent plusieurs auteurs, a souvent été négligée par les cliniciens. Cette évolution, dans la continuité des disciplines médicales, constitue une approche plus spécifique de la pathologie schizophrénique et enrichit les possibilités de prise en charge.

Approche cognitive de la schizophrénie

Pierre-Michel Llorca,
Georges Brousse

LES SCIENCES COGNITIVES

Les sciences cognitives occupent un champ vaste et hétérogène. Elles ont pour but principal de décrire et comprendre les capacités de l'esprit humain : langage, pensée, raisonnement, perception et contrôle de la motricité. En dehors des travaux portant sur l'intelligence artificielle et la modélisation informatique visant à simuler les capacités cognitives, les sciences cognitives présentent un intérêt du côté de la clinique, notamment pour étudier les faits observables (pensée, langage, mémoire, action). La psychologie cognitive permet la modélisation de fonctions élémentaires (perception, attention) ou complexes (action, langage) de l'esprit humain. D'autres approches cognitives tentent d'appréhender le délire, la communication ou l'intentionnalité. Les sciences cognitives portent sur des opérations principalement non conscientes et inaccessibles à l'observation directe et s'appuient donc sur des modèles expérimentaux soumis à validation. Elles reposent sur trois postulats théoriques qui sont la modularité ou autonomie de certains systèmes, la transparence des systèmes et donc la visibilité des sous-systèmes et enfin l'universalité des mécanismes de base. Ces trois postulats gouvernent la démarche méthodologique. On soulignera la grande diversité des méthodes expérimentales.

RECHERCHE COGNITIVE ET SCHIZOPHRÉNIE

INTÉRÊT DE L'EXPLORATION DE L'ACTIVITÉ COGNITIVE DANS LA SCHIZOPHRÉNIE

La neuropsychologie cognitive, plus que la neuropsychologie traditionnelle, contribue à élargir notre champ de connaissance et d'intervention sur la schizophrénie. La neuropsychologie traditionnelle relie des troubles du comportement et des performances à des tests neuropsychologiques à une atteinte spécifique de certaines régions cérébrales. Elle s'inscrit dans une perspective localisationniste réductrice et ne prend pas en compte les processus cognitifs en cause. À l'inverse, la neuropsychologie cognitive postule qu'une compréhension du lien entre symptômes schizophréniques et performances aux tests est nécessaire avant d'entreprendre une démarche de localisation cérébrale. Ce lien est étudié en terme de processus cognitifs inaccessibles à l'étude clinique et sous-jacents aux comportements, aux états mentaux et aux symptômes observables. L'étude de ces processus repose sur l'expérimentation portant sur des tâches choisies les impliquant spécifiquement : mémoire, attention.

Ainsi, en ce qui concerne la schizophrénie, la recherche cognitive s'attache à comprendre la production du symptôme en essayant de cerner les mécanismes invisibles à l'origine de cette production. Il s'agit alors de mettre à jour les causes et non les effets.

LES OBJECTIFS

En fait, trois objectifs spécifiques peuvent être dégagés dans le cadre de l'étude des cognitions appliquée à la schizophrénie :

1. offrir des modèles de dysfonctionnements cognitifs spécifiques à partir du recueil de données expérimentales. Ces données sont des performances à des tâches que l'expérimentateur devra analyser. Les tâches attentionnelles et certaines tâches perceptives sont considérées comme discriminantes. Cependant il ne semble pas exister de corrélation stable entre une variable cognitive et une catégorie diagnostique ;
2. expliquer la pathologie par ces dysfonctionnements. Les explications peuvent concerner une catégorie diagnostique ou bien une dimension syndromique (positive ou négative) ou bien encore un symptôme ;
3. tenter un rapprochement avec les données issues de l'étude du cerveau (imagerie fonctionnelle, neurotransmission).

ÉTUDE DES PROCESSUS COGNITIFS DANS LA SCHIZOPHRÉNIE

Les premiers travaux cognitifs dans la schizophrénie supposaient l'altération spécifique d'une fonction (attention ou langage) et portaient plus particulièrement sur les mécanismes cognitifs perceptifs et attentionnels. Les hypothèses plus récentes portent sur des processus complexes. Une seconde catégorie de travaux définit des modèles généraux de dysfonctionnement et envisagent la schizophrénie comme une pathologie de l'action impliquant la mémoire, l'apprentissage, l'intentionalité, la prise d'information, la représentation de l'acte et sa prise de conscience, le contrôle de l'acte et son ajustement. Enfin, certaines études envisagent les perturbations cognitives de la schizophrénie sous l'angle de perturbations de stratégies cognitives complexes (troubles de l'abstraction...).

Pour Hardy-Bayle [1997], il est possible de dégager trois étapes aux processus d'acquisition des connaissances dans le champ de l'étude des processus cognitifs dans la schizophrénie ; on a tout d'abord réfuté l'hypothèse d'un trouble généralisé, d'un trouble motivationnel ou d'un trouble lié à la difficulté de la tâche puisque les patients obtiennent de meilleures performances que les témoins dans certaines tâches. Ensuite, de nombreuses données ont été accumulées dans le cadre de l'hypothèse de l'atteinte spécifique d'une fonction (attention, langage). Enfin, des modèles plus intégratifs ont été mis en place.

LA PERCEPTION ET L'ORGANISATION PRÉCOCE DE L'INFORMATION

La perception peut être considérée comme l'étape inaugurale du traitement de l'information. Les schizophrènes présentent des anomalies au niveau des étapes précoces du traitement de l'information perceptive visuelle et auditive. Ces troubles intéressent la vitesse, la capacité de traitement ou bien la qualité d'organisation de cette information [Danion 1993]. Ils se traduisent, par exemple, par une diminution de la capacité d'extraction de l'information.

L'ATTENTION

L'attention pourrait être définie comme une suite d'opérations de traitement visant à la saisie et à la sélection des informations [Hardy-Bayle, 1997]. On considère que le cerveau sélectionne les informations externes ou internes pertinentes et inhibe les informations externes ou internes non pertinentes et qu'il organise des réponses adaptées. On étudie l'attention et la perception qui rendent compte du travail nécessaire à la préparation de la réponse. Les troubles attentionnels sont étroitement liés à l'organisation de l'action.

ATTENTION ET PERCEPTION

Le temps de réaction à des stimulations simples est allongé chez le schizophrène. Dans les tâches de saisies perceptives (retrouver un stimulus dans un ensemble de stimuli), les schizophrènes réalisent des performances inférieures aux témoins. Cette altération a été mise en relation avec un trouble de la mémoire et plus précisément une incapacité à récupérer (ou à maintenir) en mémoire des informations nécessaires à la catégorisation des stimuli.

L'ATTENTION SÉLECTIVE

On a mis en évidence, chez certains schizophrènes, des difficultés pour sélectionner l'information pertinente mais également pour inhiber celle qui est inutile à la tâche. Par la suite, à la lumière de la distinction opérée entre traitements automatiques inconscients et traitements contrôlés conscients, on a pu établir que seules les procédures de traitements contrôlés sont modifiées chez le schizophrène. Or les opérations contrôlées impliquent un « coût » attentionnel mis en jeu lors de l'inhibition de la réponse automatique au profit d'une réponse contrôlée : la schizophrénie apparaît ici comme une pathologie du moindre coût.

LE LANGAGE

Différents composants interviennent dans la communication : lexical, syntaxique, sémantique et pragmatique. Il semblerait que chacun des composants du discours soit atteint dans la schizophrénie, mais à des niveaux différents. Ainsi, les compétences sémantiques et syntaxiques élémentaires ne sont pas altérées alors que la représentation sémantique intégrée est atteinte [Hardy-Bayle, 1997]. Ces atteintes multiples seraient corrélées à un trouble cognitif gérant l'organisation et le déroulement de l'action en situation. En fait, les schizophrènes ne respectent pas les règles de la conversation. Il ne tiendraient pas compte du contexte représenté par l'état mental et les intentions de l'interlocuteur.

LA MÉMOIRE

L'approche cognitive a permis d'affiner l'étude de la mémoire dans la schizophrénie. On peut distinguer cinq systèmes mnésiques [Danion, 1993] : la mémoire à court terme (incluant empan mnésique et mémoire de travail) et la mémoire à long terme, la mémoire épisodique (des événements personnels), la mémoire des contenus sémantiques (connaissances impersonnelles et générales), la mémoire procédurale (des actes, des habiletés motrices, perceptives et cognitives) et le système de représentation perceptive (support de l'amorçage perceptif). La mémoire épisodique et la mémoire sémantique sont regroupées sous le même terme de mémoire déclarative. La mémoire à court terme est un système à capacité limitée. On distingue également la mémoire explicite (qui requiert une remémoration consciente de l'information apprise) et la mémoire implicite (qui ne fait pas référence à l'apprentissage antérieur).

Dans la schizophrénie, la mesure de l'empan mnésique est normale, mais on note une perturbation de la mémoire de travail. On a montré un déficit dans l'encodage des données et particulièrement une absence de recours à une stratégie de mémorisation. La mémoire à long terme et la mémoire explicite sont généralement perturbées, contrairement à la mémoire implicite qui reste préservée.

LE CONTEXTE

L'étude de l'exploitation du contexte est pertinente car c'est par rapport à une représentation du contexte que s'effectue la sélection des informations et l'organisation de la réponse. En ce qui concerne l'exploitation contextuelle verbale, elle est explorée à l'aide des épreuves d'amorçage.

Chez les schizophrènes, des études montrent une préservation, voire une augmentation, des effets d'amorçage automatique qui se font au détriment des procédures attentionnelles coûteuses [Hardy-Bayle, 1992]. Cela témoigne d'une négligence du contexte par les patients ou bien d'un défaut d'interprétation contextuelle.

LES MODÈLES INTÉGRATIFS

L'ACTION

On s'intéresse à **l'organisation** et à la **représentation mentale** de l'action. Ces fonctions permettent de préparer, d'accompagner, d'adapter et de corriger l'action en cours (on pourrait dire « en temps réel ») en fonction des modifications de l'environnement, mais également de pouvoir attribuer à autrui une action ou une intention.

TROUBLE DE L'ORGANISATION ET DU CONTRÔLE DE L'ACTION

Si on considère les différents niveaux de l'organisation de l'action, on peut dire brièvement que chez le schizophrène, en ce qui concerne **l'apprentissage**, on décrit un trouble de l'habituation à un stimulus non pertinent (c'est-à-dire plus coûteux en attention qu'un stimulus pertinent pour acquérir une automatisation de la réponse). De plus, chez les patients en phase aiguë, l'inhibition latente (que l'on pourrait définir comme un parasitage de l'apprentissage induit par un stimulus préalablement habitué) est supprimée [Gray *et al.*, 1991]. Contre toute attente, le trouble cognitif mis en cause ne serait pas la reconnaissance progressive du stimulus mais plutôt une incapacité à exploiter la redondance des stimuli et un défaut de contextualisation de ce stimulus (toute information serait traitée comme si elle était nouvelle et indépendamment du contexte connu ou inconnu).

Différents modèles rendent comptent du trouble cognitif qui pourrait être en cause dans les différentes séquences altérées lors de l'organisation de l'action :

– Gray *et al.* [1991] postulent l'existence d'un système « comparateur » (système limbique) qui participerait au contrôle et à l'organisation de l'action en comparant, en permanence, les données perceptives et les anticipations générées à partir des représentations en mémoire à long terme. L'altération de ce système pourrait expliquer les symptômes positifs de la maladie (hallucinations, pensées incontrôlables). Dans le modèle de Gray les perturbations des connexions entre système limbique et ganglion de la base seraient corrélées à un dysfonctionnement dopaminergique.

– Frith [Frith et Corcaran, 1996] a décrit le système de l'initiation et du contrôle des actions volontaires. Ce système comporterait deux voies, intentionnelle et automatique, la première modulant et inhibant la seconde. Un trouble de ce système expliquerait les aspects déficitaires ou négatifs de la pathologie. Frith propose, par ailleurs, que le contrôle des actions volontaires repose sur le traitement d'une représentation interne de l'acte (copie d'efférence). Ce traitement de représentation serait perturbé chez le schizophrène. Dans ce modèle, le système de commande intégratif dépendrait de la boucle fronto-striatale.

– Le modèle de Widlöcher et Hardy Bayle [Hardy Bayle, 1992] regroupe sous le terme d'*« organisation et planification de l'action »* l'acte moteur, le langage, l'acte mental mnésique et perceptif. Il intègre ainsi, dans son explication de la schizophrénie, celles privilégiant un trouble de l'organisation de la réponse et les hypothèses privilégiant un trouble de la perception. La planification de l'action impliquerait le cortex préfrontal.

REPRÉSENTATION ET EXPÉRIENCE DE L'ACTION

Dans certaines conditions, les patients schizophrènes ont des difficultés à décrire l'action qu'ils viennent d'accomplir. La représentation mentale de l'action permet d'ajuster l'action « en temps réel » en fonction des modifications de l'environnement. Un déficit de la représentation mentale de l'action effectuée ou de l'action en cours, avec donc absence de rétrocontrôle (et d'adaptation), serait présent dans la schizophrénie [Frith, 1992]. Mais on peut aller plus loin et dire qu'il existe également, chez ces patients, un trouble dans l'attribution d'états mentaux et particulièrement d'intentions à autrui. Attribuer une intention à autrui, c'est se représenter son action mentale (théorie de l'esprit).

En définitive, le contrôle de l'action est corrélé, d'une part à une représentation mentale de l'action et, d'autre part, à un traitement des données perceptives évoluant avec l'action. Les perturbations cognitives observées dans la schizophrénie intéressent ces deux champs.

MODÈLES PSYCHOPATHOLOGIQUES COGNITIFS DANS LA SCHIZOPHRÉNIE

La recherche en psychologie cognitive apporte différents modèles psychopathologiques permettant de relier les données cognitives à la clinique de la schizophrénie.

Les hypothèses formulées portent sur des mécanismes cognitifs élémentaires, supposant un déficit focalisé, ou bien portent sur des mécanismes plus complexes, supposant alors un déficit plus global.

Par exemple, en ce qui concerne les atteintes élémentaires, l'atteinte du système attentionnel signerait pour Posner [1991] une atteinte du système de régulation de l'activité mentale.

De façon plus complexe, l'atteinte du système de contrôle, ou l'atteinte du système d'organisation ou de planification de l'action, ou l'atteinte du système prenant en compte le contexte ou bien encore l'atteinte du système de mémoire représentationnelle peuvent expliquer la pathologie : si on considère que le déroulement de l'action suit deux voies, l'une liée aux stimuli, l'autre volontaire, pour Frith [Frith, 1992] seules les actions volontaires sont atteintes. Pour cet auteur, le syndrome déficitaire résulterait d'une atteinte des actions volontaires, et le syndrome dissociatif d'une déficience du système de contrôle reliant l'action à l'intention de l'action. La prise en compte du contexte intéresse de nombreux travaux. Pour Cohen et Servan-Schreiber [1992], les patients éprouveraient une difficulté à maintenir le contexte (participation attentionnelle) en mémoire, ce qui pourrait expliquer les troubles cognitifs, en particulier attentionnels.

L'étude de l'intentionnalité concerne des niveaux de fonctionnement, ou états mentaux, encore plus complexes. Pour Frith [1996], l'intentionnalité se conçoit comme une représentation consciente de ses propres buts (son atteinte conduit à une désorganisation de l'action), une représentation de ses intentions (son atteinte conduit à des expériences anormales) et à une représentation des intentions d'autrui (son atteinte entraîne des idées délirantes de persécution). Les symptômes du premier rang (vol, impression et divulgation de la pensée...) pourraient reposer sur une méprise concernant les intentions d'autrui. Les troubles de l'adaptation sociale pourraient être reliés à des compétences limitées dans la reconnaissance des états mentaux d'autrui, le déficit des connaissances sociales et du jugement social pourrait, quant à lui, expliquer le retrait social. La compréhension des métaphores ferait défaut chez les schizophrènes par incapacité de l'appréhension de l'intention communicative de l'interlocuteur, alors que la compréhension de l'humour ou de l'ironie serait préservée chez les schizophrènes stabilisés. Les troubles de l'échange conversationnel seraient présents à tous les niveaux de la maladie s'intégrant dans un déficit global de prise en compte des besoins de l'auditeur. En fait, les difficultés d'attribution d'états mentaux à autrui seraient prépondérantes chez les patients schizophrènes présentant une forte désorganisation et incohérence du discours.

Les modèles de vulnérabilité permettent de placer les troubles cognitifs dans une perspective plus globale. Le modèle initial, de façon schématique, définissait la schizophrénie comme l'expression clinique de dysfonctions cérébrales et ou physiologiques génétiquement déterminées entraînant des anomalies du traitement de l'information. Ces anomalies constituant des marqueurs de vulnérabilité ne seraient pas cliniquement perceptibles et nécessiteraient une mise en évidence expérimentale. Nuechterlein [1992] a apporté un modèle intéressant sur les marqueurs de vulnérabilité. Son objectif est de distinguer des phénotypes maladies à partir de la description de marqueurs traits cognitifs mais également de rendre compte de l'interaction de ces facteurs avec les facteurs environnementaux dans l'évolution de la maladie. Il distingue des indicateurs stables de vulnérabilité (qui s'expriment quel que soit l'état du patient), des facteurs intermédiaires de vulnérabilité (présents en dehors de l'accès mais s'accentuant avec lui) et des indicateurs d'épisodes (qui précèdent l'épisode et disparaissent avec lui). Par exemple, des « traits » cognitifs, comme des troubles de l'attention sélective, seraient présents chez les sujets schizophrènes en l'absence de symptomatologie clinique, et chez les apparentés sains.

LIMITES DE L'APPROCHE COGNITIVE

L'approche cognitive pose encore des difficultés. D'une part, il existe de nombreux problèmes méthodologiques, du fait de l'approche expérimentale, dans le recueil, le traitement et l'interprétation des données. En effet, la multiplicité des approches expérimentales à l'aide de tests spécifiques diversifiés rend chaque étude cognitive singulière et difficilement comparable à une autre. D'autre part, dans son application à la schizophrénie, l'approche cognitive soulève plusieurs difficultés. En effet, la diversité des formes cliniques de cette pathologie et donc les incertitudes diagnostiques qui en découlent conduisent souvent à la constitution de groupes de patients très hétérogènes. De plus, les patients inclus sont souvent soumis à de nombreux traitements médicamenteux (neuroleptiques, anxiolytiques, hypnotiques), depuis de longues périodes quelquefois, lorsqu'ils entrent dans des études. En outre, les données cognitives sont influencées par différents facteurs tels que l'âge des patients, leur institutionnalisation, les périodes d'évolution de la pathologie, la qualité de la coopération des patients ou bien encore le niveau intellectuel.

Il faut souligner, par ailleurs, que cette approche n'apporte rien de nouveau en ce qui concerne les décompensations ou l'âge d'entrée dans la schizophrénie.

La tentation de donner une approche computive du cerveau peut exister si on ne prend pas garde à limiter les rapprochements trop simplistes entre expérimentation cognitive et clinique.

CONCLUSION : INTÉRÊT DE L'APPROCHE COGNITIVE DE LA SCHIZOPHRÉNIE D'UN POINT DE VUE THÉRAPEUTIQUE

La mise en évidence de l'efficacité des neuroleptiques dans le traitement de la schizophrénie a fait l'objet de nombreuses études depuis le début des années cinquante. Des outils d'évaluations cliniques, de plus en plus performants, ont vu progressivement le jour. Parmi ceux-ci les échelles de psychose, régulièrement employées actuellement, ont permis d'évaluer de façon pertinente les efficacités respectives de diverses stratégies thérapeutiques. L'intérêt des neuroleptiques dans la réduction des hallucinations ou des états d'agitation a ainsi été démontré. Au début des années 90, divers auteurs soulignaient l'intérêt d'utiliser des instruments d'évaluation diversifiés et de ne pas seulement se contenter d'échelles d'évaluations de la symptomatologie schizophrénique, mais également d'utiliser des échelles d'adaptation sociale ou de qualité de vie. Deux éléments venaient appuyer cette tentative d'approche multifactorielle de la pathologie : d'une part, le lien entre compétences sociales et symptômes négatifs de la maladie était établi, d'autre part, de nouveaux neuroleptiques dits atypiques montraient leur capacité à modifier les compétences sociales des patients.

Si pendant longtemps on avait utilisé comme critère d'efficacité des neuroleptiques, leur aptitude à supprimer ou à atténuer la symptomatologie positive, on abordait progressivement la question de la symptomatologie négative et on prenait en compte le fonctionnement social des patients.

En fait, l'altération des fonctions sociales est un des symptômes majeurs de la schizophrénie auquel les cliniciens s'intéressent de plus en plus avec la volonté marquée de maintenir les patients dans le champ social. Pour Buchanan *et al.* [1994] le déficit des fonctions sociales est directement relié à la symptomatologie négative de la pathologie schizophrénique. Or, l'apprentissage des habilités sociales dépend des fonctions cognitives ; de même le statut social semble être directement relié à la capacité de traitement contextuel. Différents travaux tendent à faire le lien entre troubles cognitifs et altération des fonctions sociales. La présence d'un déficit cognitif accentue les handicaps du schizophrène dans sa vie quotidienne, et plus que les symptômes positifs de la maladie, ce déficit pourrait prédire un déficit global d'adaptation. Pour Penn [1993], les fonctions cognitives sont reliées aux compétences sociales du schizophrène. Or, il faut l'admettre, si les neuroleptiques classiques améliorent les symptômes positifs de la maladie, ils n'atténuent que peu l'altération des fonctions sociales. De récents travaux concernant les neuroleptiques atypiques mettent en évidence une modification des compétences cognitives des patients traités par ces produits.

Évolution des systèmes de classification. Prise en compte des modalités évolutives

Pierre-Michel Llorca

Lorsque l'on aborde le problème du diagnostic et de la nosographie de la schizophrénie, on doit envisager trois faits importants :

– la schizophrénie n'est probablement pas un trouble unitaire,
– nous n'en connaissons pas les processus étiopathogéniques,
– les critères diagnostiques que nous possédons sont arbitraires et probablement amenés à changer lorsque notre compréhension de la maladie va s'affiner.

En psychiatrie, la plupart des catégories diagnostiques se situent à un niveau syndromique et non dans un registre de maladie.

Mais, même au niveau symptomatique, les difficultés sont nombreuses. Pour être le plus utile possible pour le diagnostic, un symptôme doit posséder trois qualités : une fréquence élevée (sensibilité), une bonne fidélité et un grand pouvoir discriminant (spécificité). Cet aspect constitue une des raisons majeures qui rend le diagnostic de schizophrénie très difficile. Les symptômes sont très nombreux, divers, de plus des entités nosologiques distinctes ont souvent été réunies. De même, l'évolution souvent chronique des troubles conduit à un enchevêtrement de symptômes, de fréquence variable sans que cela n'améliore la pertinence diagnostique.

Les textes fondateurs de la schizophrénie restent les références indiscutables à partir desquelles le modèle médical actuel s'est imposé. Dans ce modèle, diagnostic et pronostic sont confondus : ce diagnostic est destructeur, car il exprime simultanément une fonction pronostique d'évolution régulièrement déficitaire.

Kraepelin a approché la définition et la classification des troubles psychiatriques selon une perspective neurobiologique. Son but était, à partir de l'observation au long cours de larges populations de patients, de décrire les phénomènes cliniques et de les relier à des mécanismes neurobiologiques sous-jacents, cela permettant d'identifier des entités pathologiques spécifiques. Dans la définition kraepelinienne de la notion de démence précoce, l'évolution déficitaire représentait un critère majeur pour le diagnostic. Ce critère longitudinal reste présent dans les différentes versions de son traité, bien que les contours symptomatiques du concept même de démence précoce se soient modifiés en fonction de l'évolution de sa pensée. En effet, si la notion de démence précoce englobe dans une maladie unique trois formes cliniques (hébéphrénie, catatonie et forme paranoïde), c'est la position de la paranoïa (et en particulier du délire chronique à évolution systématique) qui se modifiera en particulier entre les sixième et huitième versions de son traité.

Cette approche évolue avec Bleuler qui envisage les troubles psychotiques selon une perspective plus psychologique. Il accorde de même beaucoup moins d'importance à l'évolution de la maladie. Pour lui, le diagnostic de schizophrénie peut être porté de façon transversale en fonction de la présence de certains symptômes (dissociation, troubles affectifs, troubles des associations). Toutefois, si la notion de déficit inéluctable n'est pas retrouvée, pour lui, quel que soit le type évolutif de la maladie (continu ou par poussée), celle-ci ne peut s'accompagner d'une restitution *ad integrum*.

Schneider souligne également l'importance de la présence de façon transversale de certains symptômes, et diminue l'importance pour le diagnostic de l'évolution du trouble. Les symptômes dits de premier rang qu'il regroupe (en particulier les manifestations hallucinatoires ou évoquant l'automatisme mental) sont considérés comme caractéristiques voire pathognomoniques. Bien que plusieurs études n'aient pas confirmé cet aspect pathognomonique, ils sont restés présents et prépondérants dans de nombreux systèmes diagnostiques.

Sur le plan nosographique les différentes classifications existantes dans les années 60 sont identifiées comme peu fiables et ne permettant pas de comparer les populations d'un pays à un autre. Plusieurs études confirment cet aspect.

La comparaison des pratiques diagnostiques américaines et anglaises démontre que le diagnostic de schizophrénie est posé deux fois plus à New York, le diagnostic de mélancolie l'étant quatre fois plus à Londres.

Ces différentes constatations, associées aux résultats décrivant les modalités d'évaluation et d'évolution de la schizophrénie dans neuf pays ont poussé à l'élaboration d'une clinique catégorielle, dont les principaux buts sont de :
– réduire l'importance des divergences concernant les diagnostics psychiatriques, en imposant des définitions moins floues et internationalement reconnues ;

– permettre aux cliniciens de se réapproprier une entité dont les contours se sont élargis depuis les années 50 sous l'influence notamment de la psychanalyse.

De plus, l'identification de catégories homogènes a pour but de favoriser la recherche à visée étiologique et dans le champ de la psychopharmacologie.

Cela a conduit au cours des années 70 à une prolifération de systèmes diagnostiques catégoriels tels que : le système de Feighner, *le New Haven schizophrenia index*, les *research diagnostic criteria*, le système Catego, et les critères de Taylor et Abrams. Malgré une volonté de définir des catégories de façon opérationnelle, leur application dans une population donnée de patients conduit à la définition de groupes très distincts.

Comme le rappellent Hardy-Bayle *et al.* [1996], l'élaboration d'une catégorie diagnostique comporte deux étapes :
– l'élaboration *a priori* de la catégorie basée sur un consensus des psychiatres,
– la vérification de la pertinence de la catégorie à l'aide de validateurs permettant de vérifier la validité externe et la validité discriminante.

L'évolution et notamment la réponse à un traitement est un des validateurs traditionnels de la clinique critériologique.

Le DSM-III fait de la détérioration l'un des trois critères diagnostiques, le critère B précisant : « *Détérioration à partir d'un niveau de fonctionnement antérieur dans des domaines tels que le travail, les relations sociales et les soins personnels.* » De même, les auteurs précisent, dans la présentation du trouble, que le retour au fonctionnement prémorbide est inhabituel, si rare en fait que pour certains il remettrait en cause le diagnostic.

Cette conception évolue dans la version révisée du DSM (DSM-IIIR, 1987). Le critère B précise « *pendant l'évolution du trouble, le fonctionnement est nettement inférieur au plus haut niveau atteint avant le début du trouble* ». En termes d'évolution, la possibilité de rémissions complètes est évoquée. L'évolution la plus commune serait celle d'exacerbations aiguës avec des phases intermittentes de rémission partielle. Toutefois, chez un certain nombre de sujets, la qualité des rémissions s'améliorerait au cours des années.

Le DSM-IV ne fait plus mention du déficit, mais évoque plusieurs modalités évolutives allant d'une rémission complète après un épisode unique à une évolution continue avec ou sans symptomatologie négative. Toutefois, dans les critères diagnostiques, il est fait mention de la nécessité d'un dysfonctionnement social et occupationnel, et ce pendant au moins 6 mois.

Pour la CIM 10, la notion de détérioration ne fait pas partie des critères nécessaires au diagnostic. C'est la présence d'un groupement de symptômes (idées délirantes, hallucinations, comportement catatonique...) pendant une durée minimum d'un mois qui permet de porter le diagnostic. L'évolution est considérée comme très variable et n'est pas obligatoirement chronique ou continue. Dans un certain nombre de cas, elle peut se faire vers une rémission complète ou quasi complète.

IMPORTANCE DE LA NOSOGRAPHIE SUR L'APPRÉHENSION DES MODALITÉS ÉVOLUTIVES

Une méta-analyse pratiquée par Hegarty *et al.* (1994) reprend 320 études de 1895 à 1992 portant sur l'évolution et le devenir des démences précoces puis des schizophrénies. Elle apporte des informations sur 51 800 patients répartis en 368 cohortes. Pour un suivi moyen de 5,6 ans, 40,2 % des patients étaient considérés comme améliorés. La définition de la notion d'amélioration est, comme le soulignent les auteurs, très hétérogène ; elle comprend une amélioration symptomatique majeure (voire une rémission totale des symptômes) mais également une amélioration du fonctionnement social. Les critères diagnostiques sont répartis en deux catégories : d'un côté des critères dits kraepeliniens (critères de Kraepelin, Langfeldt, Feighner, DSM-III et DSM-IIIR), relativement restrictifs, en particulier par l'inclusion d'une durée minimale d'évolution nécessaire, de l'autre des critères dits non-kraepeliniens (critères de définition de Bleuler, Leonhard, Schneider, Mayer-Gross, ICD 8, ICD 9, DSM-II, PSE/CATEGO, RDC), qui sont basés sur la présence de symptômes (notion de transversalité), sans durée minimale requise.

Entre 1895 et 1925, 27,6 % des patients étaient améliorés (on peut considérer que durant cette période les critères diagnostiques restent kraepeliniens et il n'y a pas de traitement).

Après 1930, les conceptions bleuleriennes sont plus utilisées dans les démarches diagnostiques et la convulsivothérapie commence à être employée ; on passe à 34,9 % d'améliorations.

Entre 1956 et 1985, on atteint 48,5 % d'améliorations durant une période où le diagnostic peut être porté de façon transversale et où les neuroleptiques sont utilisés de façon extensive.

Depuis 1986 et le développement d'une nosographie critériologique utilisant le DSM-III, plus contraignante, les améliorations redescendent à 36,4 %.

Pour les auteurs, on observe une évolution biphasique, avec un gain en termes de pronostic à partir des années 30 puis une décroissance dans les années 70.

Cette évolution pourrait être la conséquence de modifications historiques en terme de critères diagnostiques. En effet, l'utilisation de critères comprenant la notion d'une évolution nécessaire pour porter le diagnostic (ce que l'on retrouve dans les critères du DSM-III, IIIR) conduit à la sélection d'emblée de patients dont le pronostic est plus défavorable. De même, les patients présentant des troubles bipolaires diagnostiqués à tort ou des troubles schizo-typiques, sont, du fait de l'évolution nosographique, exclus des études les plus récentes. Il pourrait s'agir également de biais d'échantillonnage, les patients étudiés dans les différentes cohortes suivis en milieu hospitalier sont souvent ceux qui présentent la moins bonne réponse aux thérapeutiques médicamenteuses, ce qui pourrait expliquer des modalités évolutives souvent défavorables.

Mc Glashan [1988] a effectué, quant à lui, une revue sélective des études nord-américaines de suivi au long cours chez les patients schizophrènes. Les études sélectionnées devaient être récentes (en tout cas postérieures à l'apparition et à l'extension de l'emploi des neuroleptiques), d'une durée d'au moins dix ans et utiliser les critères diagnostiques opérationnels avec une définition précise de la schizophrénie. Cet auteur a sélectionné dix études. Malgré l'utilisation de critères opérationnels, cette revue montre l'hétérogénéité des modalités évolutives. En ce qui concerne les aspects thérapeutiques, il existe une importante variabilité de la réponse aux traitements pharmacologiques.

CONCLUSION

Comme nous l'avons évoqué, la clinique de la schizophrénie reste difficile à appréhender. L'évolution vers une clinique catégorielle, si elle s'avère parfois insatisfaisante d'un point de vue de la clinique quotidienne, reste une condition indispensable à la fois pour l'amélioration de la qualité des soins prodigués mais aussi dans la compréhension des mécanismes étiopathogéniques qui sous-tendent cette pathologie.

En effet, les critères diagnostiques que nous utilisons aujourd'hui regroupent des individus présentant des troubles hétérogènes tant sur le plan évolutif qu'étiopathogénique. Cette constatation doit être prise en considération à la fois dans l'élaboration de stratégies thérapeutiques et de perspectives pronostiques au quotidien mais aussi dans le contexte de la recherche dont le but est d'identifier sur des populations de patients des déterminants communs visant à progresser dans la mise en évidence des processus pathologiques en cours.

Échelles d'évaluation symptomatique des schizophrénies

Christophe Lançon,
Pierre-Michel Llorca

Plusieurs échelles d'évaluation symptomatique ont été développées dans les schizophrénies. Toutefois, si plusieurs échelles sont actuellement disponibles, leurs propriétés psychométriques sont souvent peu documentées.

DIFFICULTÉ DE CLASSEMENT DES SYMPTÔMES

Le contenu des items composant les dimensions négative et positive des différentes échelles développées est très variable. Si certains symptômes sont régulièrement classés comme appartenant à la dimension positive ou négative, certains sont classés suivant les échelles dans l'une ou dans l'autre de ces dimensions symptomatiques. Ce sont principalement les symptômes considérés comme négatifs qui varient le plus souvent d'une échelle à l'autre.

Par ailleurs, les critères de définition de ces items sont souvent différents d'un auteur à l'autre renvoyant à des conceptions diverses de ces manifestations pathologiques. Nous pouvons nous référer à la revue faite par de Leon *et al.* [1991] concernant ces difficultés de définition de certains symptômes négatifs.

ÉMOUSSEMENT AFFECTIF ET RALENTISSEMENT MOTEUR

L'émoussement affectif et le ralentissement moteur sont pour Crow les seuls symptômes négatifs « vrais ». Toutefois, le premier item pose le problème de ses critères de définition. Il est ainsi par exemple subdivisé dans le DSM-III et le DSM-III-R en émoussement des affects *(blunted affect)* renvoyant à une sévère réduction de l'intensité des affects et la platitude des affects *(flat affect)* renvoyant à l'absence de toute expression affective avec monotonie de la voix et immobilité faciale.

La fidélité inter-juge de cet item est aussi problématique, car elle est généralement mauvaise. Seuls les cas extrêmes permettent une bonne fidélité. Pour les patients les plus modérément atteints, il est plus difficile à évaluer compte tenu de la diversité des critères employés pour le caractériser. Cette faible fidélité inter-juge a conduit à exclure ce symptôme de certains systèmes diagnostiques comme les RDC.

Afin d'augmenter la fidélité inter-juge, il est proposé de s'appuyer sur des mesures objectives comportementales pour le caractériser. Trois types de comportements sont utilisés dans la majorité des études : la gestuelle, les caractéristiques de l'expression vocale et le contact visuel.

AFFECT INAPPROPRIÉ

L'affect inapproprié pose quant à lui à la fois le problème de la fidélité de sa mesure et celui de sa classification dans la dichotomie positive/négative. Ainsi pour Crow, il s'agit d'un symptôme positif alors qu'Andreasen l'a inclus dans la sous-échelle de la SANS évaluant l'émoussement affectif.

Dans la majorité des études, cet item possède une très mauvaise fidélité inter-juge. Les études de validation de la dimension négative suggèrent que cet item devrait être rattaché aux troubles de la pensée formelle plutôt qu'à la dimension négative de la maladie.

PAUVRETÉ DU DISCOURS ET DU CONTENU DU DISCOURS

Les items pauvreté et contenu du discours posent en fait le problème de leur définition dans les différentes échelles. Si l'on se réfère au DSM-III et au DSM-IIIR, il convient de distinguer la pauvreté du discours et la pauvreté du contenu du discours. Ces deux symptômes sont considérés comme des manifestations prodromiques ou résiduelles de la maladie schizophrénique. La pauvreté du discours est définie comme un discours adéquat sur le plan de la quantité de l'expression mais véhiculant peu d'informations car vague, plein de répétitions, ou utilisant des phrases stéréotypées. La pauvreté du discours est définie par une diminution de la quantité des propos conduisant à un discours spontané et à des réponses brèves et peu élaborées. Cette distinction est renforcée par certaines études comme celle de Liddle, qui, à partir d'une analyse factorielle, ont montré que l'item pauvreté du discours appartient à la même dimension que les troubles de la pensée formelle et l'affect inapproprié, alors que l'item pauvreté du contenu du discours se regroupe avec l'item émoussement affectif.

La distinction entre ces deux symptômes n'est cependant pas faite dans toutes les échelles et seules deux échelles font cette distinction : la SANS et la PANSS. Dans la SANS, pauvreté du discours et du contenu sont rattachées à la sous-échelle alogie. Dans la PANSS, une distinction est faite entre le manque de spontanéité et de débit du discours et la pensée stéréotypée. Il est toutefois difficile de superposer la définition de la pauvreté du discours faite dans le DSM-III ou la SANS et l'item pensée stéréotypée de la PANSS.

ANHÉDONIE

L'anhédonie constitue une des manifestations fondamentales de la schizophrénie pour certains auteurs. Elle se définit comme une difficulté à éprouver du plaisir. Si Bleuler, par exemple, en faisait un symptôme de schizophrénie, les systèmes de classification actuels ne la retiennent pas comme élément en faveur de la schizophrénie, mais plutôt comme un symptôme appartenant aux troubles de l'humeur. Pour de Leon, l'inclusion de cet item dans une échelle négative de la schizophrénie risque d'augmenter les recouvrements entre la mesure de la dimension négative et la dimension dépressive. Brown a par ailleurs montré que les patients schizophrènes éprouvaient plus d'émotions positives que les patients déprimés mais qu'ils rapportaient éprouver moins de plaisir.

Cet item pose par ailleurs des problèmes d'évaluation du fait du décalage important qui peut exister entre ce que rapporte le patient et l'observation objective qui peut en être faite. Cela est d'ailleurs confirmé par les différences retrouvées entre les auto-évaluations et les observations externes.

TROUBLES DE L'ATTENTION

Les troubles de l'attention ont été inclus dans certaines échelles d'évaluation symptomatique. Certains auteurs s'accordent toutefois pour penser qu'il s'agit en fait d'une construction théorique regroupant de multiples facteurs. Les critères d'évaluation de cet item varient ainsi d'une étude à l'autre. Pour certains, il s'agit d'un symptôme négatif comme dans la SANS alors que pour d'autres comme dans la PANSS, il s'agit d'un symptôme non spécifique.

Les diverses études réalisées ont retrouvé des corrélations diverses entre les troubles de l'attention et les symptômes positifs mesurés à l'aide de la SAPS ou de la

PANSS, avec les troubles de la pensée formelle ou certains symptômes négatifs à l'exclusion de l'émoussement affectif.

Il apparaît ainsi que les troubles de l'attention sont difficilement rattachables à une dimension symptomatique de la schizophrénie.

DIFFICULTÉ D'ÉVALUATION DES SYMPTÔMES NÉGATIFS

Plusieurs difficultés peuvent être discutées dans l'évaluation des symptômes négatifs. Ainsi, la majorité des symptômes psychiatriques nécessite une inférence et le jugement clinique est nécessaire à la cotation augmentant la probabilité d'erreur. Les symptômes apparaissent pour la majorité d'entre eux difficiles à standardiser.

Les symptômes négatifs constituent pour la plupart des auteurs les symptômes cliniques les plus difficiles à mesurer avec une bonne validité et une bonne fiabilité. Ces symptômes renvoient, dans la conception actuelle dichotomique défendue par Andreasen, à l'absence de comportement ou de fonctions qui sont normalement attendus chez le sujet normal. Toutefois, l'absence de ces comportements ou de ces conduites sur une courte période de temps n'est pas discriminante. Le caractère pathologique implique un jugement sur l'absence de ces conduites pendant une période de temps suffisante. Il n'existe cependant pas de consensus dans la littérature sur la durée de temps nécessaire pour pouvoir considérer l'absence d'une conduite comme pathologique. En l'absence de cette référence, les évaluateurs sont obligés de faire référence à leur propre expérience et à leur sens clinique.

Par ailleurs, la cotation de certains symptômes négatifs fait référence à l'observation des patients dans leur vie quotidienne par les soignants ou par des membres de leur famille. D'importantes limitations ont été soulevées concernant ces observations en dehors de la situation d'entretien, comme par exemple l'aptitude des équipes soignantes ou des familles à percevoir le caractère pathologique des conduites, sans parler des patients isolés sans famille. Certains symptômes négatifs font appel à l'évaluation des activités sociales et occupationnelles. Il peut parfois être difficile d'inclure dans une même étude des patients hospitalisés et ambulatoires. De même, la stabilité temporelle de ces symptômes peut être modifiée par le passage d'une structure hospitalière à un milieu ambulatoire sans nécessairement traduire de réelles modifications de la psychopathologie.

Un deuxième problème est constitué par l'absence de consensus sur les symptômes appartenant à la dichotomie positive/négative *(Tableau I)*. Ainsi, par exemple, Crow considère que seuls l'émoussement affectif et la pauvreté du discours constituent des symptômes négatifs vrais. Pour Andreasen, il existe au moins 20 symptômes dans leur échelle d'évaluation de la symptomatologie négative (SANS).

L'ensemble de ces difficultés peut réduire la fidélité inter-juge de ces instruments d'évaluation symptomatique.

TABLEAU I. CLASSIFICATIONS DES DIFFÉRENTS SYMPTÔMES SCHIZOPHRÉNIQUES RATTACHÉS À LA DICHOTOMIE POSITIVE/NÉGATIVE INCLUS DANS LES DIFFÉRENTES ÉCHELLES

Groupe I : symptômes régulièrement classés	
• Positifs	**• Négatifs**
. Délires . Hallucinations . Troubles positifs de la pensée	. Émoussement affectif . Pauvreté du discours . Anergie
Groupe II : symptômes régulièrement classés mais non régulièrement inclus	
• Positifs	**• Négatifs**
. Comportement bizarre . Agressivité/hostilité . Excitation . Logorrhée . Association par assonance . Distractibilité du discours . Discours illogique	. Retrait social . Anhédonie . Apathie . Retrait émotionnel . Ralentissement psychomoteur . Barrages . Augmentation de la latence des réponses . Manque d'inflexion vocale . Mauvaise hygiène et toilette . Manque d'assiduité au travail . Troubles des relations sociales
Groupe III : symptômes non régulièrement classés	
. Relâchement des associations . Discours incohérent . Discours circonlocutoire	. Affect inapproprié . Troubles de l'attention . Comportement moteur catatonique

SPÉCIFICITÉ DES SYMPTÔMES NÉGATIFS *(Tableau II)*

La question de la spécificité des symptômes négatifs renvoie à la validité du concept de syndrome négatif. Pour certains auteurs comme Carpenter, il convient de distinguer des symptômes négatifs primaires et secondaires.

Ainsi, la majorité des symptômes inclus dans les échelles d'évaluation de la dimension négative peuvent se rencontrer dans d'autres conditions pathologiques, comme par exemple la dépression post-psychotique, la dépression akinétique et la dépression pharmacogénique. En dehors des relations entre symptômes négatifs et troubles dépressifs (*cf.* chapitre : Dimension dépressive), d'autres conditions pathologiques peuvent mimer des symptômes négatifs :
– parmi les nombreux symptômes extrapyramidaux liés à la prescription des traitements neuroleptiques, l'akinésie peut souvent être confondue avec des manifestations négatives de la schizophrénie. L'akinésie peut ainsi produire, associée au ralentissement moteur, de nombreuses manifestations, comme par exemple une diminution des réponses émotionnelles, une diminution des relations sociales ou

TABLEAU II. SYMPTÔMES NÉGATIFS SECONDAIRES.

Symptômes négatifs	Dépression	Personnalité schizotypique	EPS	Institutionnalisation
• **Affect**				
. Émoussement affectif	+	+	+	+
. Anhédonie	+	?	+	?
. Affect inapproprié	+	+		
. Absence de réponse au stimuli	+	+	+	+
• **Éveil**				
. Avolition	+	+	+	+
. Anergie	+	?	+	+
. Hypersomnie	+		+	+
. Discours ralenti	+		+	?
. Pauvreté du discours	+		+	+
. Mouvements ralentis	+		+	+
• **Cognition**				
. Troubles de l'attention	+	+		+
. Ralentissement cognitif	+	+		+
• **Fonctionnement social**				
. Diminution des capacités de travail	+	+	+	+
. Retrait	+	+	+	+
. Absence de relations intimes		+		+

EPS : symptômes extrapyramidaux.

une diminution de la réactivité. Le ralentissement rencontré chez un patient schizophrène sous neuroleptiques classiques peut être à la fois une manifestation du processus schizophrénique et être secondaire à la prescription de neuroleptiques. De même, la diminution de l'expression faciale secondaire au syndrome parkinsonien des neuroleptiques est difficile à différencier de l'émoussement affectif rattaché au syndrome négatif ;

– certaines manifestations rencontrées chez les patients vivant de manière chronique en institution peuvent être confondues avec une dépression post-psychotique, de l'akinésie ou un syndrome négatif ;

– enfin certains symptômes négatifs peuvent aussi se rencontrer dans certains troubles de la personnalité comme la personnalité schizoïde décrite dans le DSM-III.

ÉCHELLES D'ÉVALUATION SYMPTOMATIQUES DE LA DICHOTOMIE POSITIVE/NÉGATIVE

On peut distinguer deux types principaux d'échelles d'évaluation de la symptomatologie positive/négative :

– des échelles non spécifiques (BPRS, échelle de Krawiecka),

– des échelles spécifiques (SANS/SAPS, Pogue-Gueile, Pearlson, PANSS).

Nous nous intéresserons aux seules échelles d'évaluation symptomatiques d'observation et nous n'avons pas pris en compte dans cette revue les échelles d'autoévaluation telles la *subjective experience of deficits in schizophrenia* développée par Liddle et Barnes et la *subjective deficit syndrome scale*.

Les échelles de qualité de vie comme par exemple la *quality of life scale* (QLS) seront développées ailleurs.

Enfin, la *schedule for the deficit syndrome* (SDS) ne peut être considérée comme une échelle d'évaluation symptomatique mais plutôt comme un instrument permettant la typologie des patients en déficitaire/non déficitaire.

On peut schématiquement distinguer :
– des échelles de psychopathologie générale dans lesquelles des symptômes positifs et/ou négatifs sont inclus,
– et des échelles plus spécifiques d'évaluation de la dimension négative.

BRIEF PSYCHIATRIC RATING SCALE (BPRS)

La BPRS a été développée à partir d'analyses factorielles effectuées à l'aide de la *Lorr's multidimensional scale for rating psychiatric patients* (MSRPP) et de la *inpatient multidimensional psychiatric scale* (IMPS). L'objectif était de fournir une évaluation rapide de la symptomatologie psychotique.

La BPRS a été tout d'abord utilisée chez les patients schizophrènes et comprenait dans sa version initiale 16 items. Le score total de cette version était considéré comme un index suffisant des changements des patients sous traitement neuroleptique. En 1974, afin de pouvoir évaluer d'autres états pathologiques, Overall ajoute deux items supplémentaires (excitation et désorientation) à la version initiale de la BPRS.

La cotation de l'échelle se fait après un entretien de 18 minutes comprenant une partie directive et non directive. Cet entretien est de type semi-structuré mais il n'existe pas de guide précis pour le faire. Chaque item comprend dans la version initiale sept niveaux de gravité, de 1 (absent) à 7 (intensité ou fréquence maximale). Chaque symptôme est désigné d'un terme précis suivi d'une définition. Toutefois, les niveaux de sévérité sont mal spécifiés et la période de référence pour la cotation des items est variable.

La version à 18 items a fait l'objet de nombreuses analyses factorielles. Malgré le nombre variable de sujets inclus d'une étude à l'autre et des différences dans les techniques d'analyse, cinq facteurs sont généralement isolés, appelés respectivement par Overall : anxiété/dépression (items 1, 2, 5 et 9), anergie (items 3, 13, 16 et 18), troubles de la pensée (items 4, 8, 12 et 15), activation (items 6, 7 et 17) et hostilité/méfiance (items 10, 11 et 14), et par Pichot : dimension délirante hallucinatoire (items 12, 15, 4, 11 et 8), facteur hébéphrénique (items 3, 16, 13, 14, 7 et 4), facteur paranoïaque (items 10, 11 et 14), facteur mélancolique-anxieux (items 9, 5, 2, 1 et 6) et facteur psychotique aigu (items 6, 7, 17 et 18). Le facteur anergie de la BPRS a été utilisé par certains auteurs comme une sous-échelle négative.

La BPRS peut être décomposée en deux sous-échelles. Un groupe de symptômes serait plus spécifique de la schizophrénie (retrait émotionnel, désorganisation conceptuelle, maniérisme et troubles de la posture, idées de grandeur, méfiance, hallucinations, contenu inhabituel de la pensée, émoussement affectif) et un autre groupe peu spécifique de la schizophrénie renverrait à un sous-score d'état schizo-affectif (préoccupations somatiques, anxiété, sentiments de culpabilité, tension, humeur dépressive, hostilité, ralentissement psychomoteur, non coopération, excitation, désorientation).

Afin d'améliorer les propriétés psychométriques de la BPRS, et plus particulièrement sa fidélité inter-juge, plusieurs versions modifiées ont été développées.

La BPRS, dans la perspective d'évaluer la dichotomie positive/négative, ne comporte qu'un faible nombre d'items se référant à la dimension négative de la schizophrénie. En effet, seuls les items de la BPRS émoussement affectif, retrait affectif et ralentissement moteur appartiennent à la dimension négative. Par ailleurs, ces items sont vraisemblablement des symptômes négatifs secondaires.

KRAWIECKA-MANCHESTER SCALE (KMS)

Cette échelle a été construite pour mesurer des changements lors de la prescription de neuroleptiques. Dans sa version originale, elle est constituée de huit items : dépression, anxiété, émoussement et affect inapproprié, ralentissement psychomoteur, délires, hallucinations, incohérence du discours et pauvreté du discours. Chaque item est coté de 0 (absent) à 4 (sévère). Les niveaux de sévérité sont clairement explicités. Son temps de passation est relativement court. L'échelle utilise des données issues de l'interrogatoire et de l'observation des patients en dehors de la situation de l'entretien.

Si l'on se réfère à la dichotomie positive/négative, seuls deux items de cette échelle constituent une dimension négative : la pauvreté du discours et l'émoussement affectif. Les items affect inapproprié, incohérence du discours, délires et hallucinations peuvent renvoyer à une dimension positive. Trois items sont considérés comme non spécifiques : anxiété, dépression et ralentissement moteur. Il semble cependant que les corrélations entre les items pauvreté du discours, émoussement affectif et ralentissement psychomoteur soient fortes, laissant supposer que ces items pourraient appartenir à la même dimension symptomatique.

ÉCHELLE DE LEWINE, FOGG ET MELTZER (LFMS)

Cette échelle se compose d'items issus de la *nurse's observation scale for inpatient examination* (Nosie-30) et de la *schedule for affective disorders and schizophrenia*

(SADS). Les items constitutifs de l'échelle ont été retenus *a priori*. Ont été ainsi retenus 8 items de la Nosie évalués sur une échelle à trois niveaux de gravité (absent, modéré, sévère) et 11 items de la SADS (fatigue, perte d'intérêt, perte d'intérêt sexuel, discours ralenti, diminution des mouvements, aspect déprimé, affect inapproprié, émoussement affectif, troubles des associations, pauvreté du contenu du discours et incohérence) cotés présent ou absent.

ÉCHELLE DE POGUE-GUEIL ET HARROW

Cette échelle d'évaluation des symptômes négatifs est dérivée de l'échelle d'évaluation des comportements de la *psychiatric assessment interview*. Cette échelle comporte trois aspects de la symptomatologie négative : émoussement affectif, pauvreté du discours et ralentissement psychomoteur. Chaque item est évalué sur une échelle de trois niveaux de gravité. La somme des items donne un score total. Aucune propriété psychométrique n'est documentée.

NEGATIVE SYMPTOM RATING SCALE (NSRS)

La *negative symptom rating scale* a été développée au *national institute of mental health*. Cette échelle comprend 10 items (comportant 7 niveaux de gravité) dérivés conceptuellement des états déficitaires décrits dans la littérature par des auteurs comme Pinel, Kraepelin ou Andreasen. Les auteurs se proposent de construire une échelle courte et concise évitant les redondances qu'ils retrouvent dans les instruments d'évaluation symptomatiques existant jusqu'alors. Le temps de passation de cette échelle est de 10 à 15 minutes.

Elle est subdivisée en 4 sous-échelles évaluant :

– les processus de pensée à l'aide de deux items (contenu du discours et jugement/décision) ;

– les cognitions à l'aide de trois items (mémoire, attention et orientation) ;

– la volition et la motivation à l'aide de trois items (hygiène, motivation et mouvement) ;

– l'affect à l'aide de deux items (réponse émotionnelle et expression relationnelle).

Les symptômes sont évalués au cours d'un entretien semi-structuré. Les informations recueillies doivent provenir chaque fois que cela est possible « des dires ou comportements du patient ». La période de référence pour l'évaluation de la présence ou de la sévérité des symptômes est celle de l'entretien. Il est toutefois possible de se référer aux données fournies par l'entourage. Il est demandé à l'évaluateur d'attribuer le score le plus haut possible correspondant au meilleur niveau de fonctionnement pendant l'entretien pour chaque item.

Certains items inclus (attention, désorientation) dans la NSRS posent le problème de leur appartenance au syndrome négatif.

NEGATIVE SYMPTOM ASSESSMENT (NSA)

La NSA a été développée afin d'évaluer la sévérité des symptômes négatifs. Cette échelle comporte 27 items et un item d'évaluation globale. Six catégories sont définies *a priori* : communication, affect/émotion, activité sociale, intérêt, cognition et activité psychomotrice. Il existe une version à 30 items incluant des items subjectifs ; mais cette version n'a pas été retenue compte tenu de ses faibles propriétés psychométriques. Les items ont des degrés de sévérité précis (de 1 à 6). Un entretien structuré de 40 à 45 minutes est nécessaire pour compléter cette échelle.

SCALE FOR THE ASSESSMENT OF NEGATIVE SYMPTOMS (SANS) ET *SCALE FOR ASSESSMENT OF POSITIVE SYMPTOMS* (SAPS)

Andreasen et Olsen ont développé initialement un instrument d'évaluation des manifestations négatives de la maladie : la *scale for assessment of negative symptoms* complétée d'une échelle d'évaluation des manifestations positives : la *scale for assessment of positive symptoms.*

La SANS constitue un des premiers instruments standardisés développés pour évaluer de manière spécifique les symptômes négatifs dans la schizophrénie. Le développement de cette échelle fait suite aux travaux initiaux d'Andreasen qui avait depuis longtemps travaillé à réhabiliter aux États-Unis la vision de Bleuler des schizophrénies. Afin de rendre plus facilement évaluable et de manière plus précise les troubles de la pensée qu'elle considère avec Bleuler comme un des éléments fondamentaux des schizophrénies, Andreasen a développé une échelle : la *scale for the assessment of thought, langage and communication* (TLC). À l'aide de cette échelle, elle a montré que les troubles de la pensée ne sont pas spécifiques des schizophrénies et qu'ils peuvent se subdiviser en deux sous-types distincts. Le premier, appelé troubles négatifs de la pensée formelle, regroupe la pauvreté du discours et de son contenu ; le second, appelé troubles positifs de la pensée formelle, comporte la tangentialité, les « déraillements », l'incohérence et la distractibilité du discours. À l'inverse des troubles négatifs de la pensée formelle qui seraient spécifiques de la schizophrénie, les troubles positifs de la pensée se rencontrent aussi dans les accès maniaques.

À côté des troubles de la pensée formelle dans une perspective bleulérienne, un deuxième groupe constitué par l'émoussement affectif a été plus particulièrement étudié par Andreasen. Elle a ainsi développé, en modifiant la *schedule for affective disorders and schizophrenia* (SADS), une échelle évaluant plus spécifiquement les troubles des affects. À l'aide de cette échelle, elle a pu montrer qu'il était possible, grâce à la fréquence et à l'amplitude de l'expression émotionnelle, d'évaluer de manière objective et reproductible les troubles des émotions dans les psychoses.

Comme pour les troubles de la pensée, l'émoussement émotionnel ne semble pas, pour cet auteur, spécifique des schizophrénies.

La construction de la SANS et de la SAPS a été sous-tendue par plusieurs considérations méthodologiques. Ces échelles ont été développées en essayant d'inclure des symptômes ayant une bonne fidélité. Afin d'augmenter la fidélité, les symptômes devaient reposer sur une observation objective. Les échelles peuvent fournir des évaluations fidèles et reproductibles à des instants différents. Les groupes symptomatiques définis pourront permettre d'identifier les mécanismes sous-jacents responsables de leur genèse.

Afin de décrire l'ensemble des manifestations négatives, Andreasen et Olsen ont ajouté aux troubles de la pensée et à l'émoussement affectif d'autres dimensions psychopathologiques. La SANS est ainsi constituée de cinq sous-échelles qui évaluent différents aspects de la symptomatologie négative : alogie, retrait affectif, avolition/apathie, anhédonie/retrait social et attention. Elle comprenait initialement 30 items, mais après quatre ans d'utilisation, 5 items correspondant à des évaluations subjectives ont été supprimés car ils présentaient une mauvaise fidélité inter-juges. Il reste dans la version actuelle 25 items regroupés au sein de 5 dimensions symptomatiques.

La SAPS a été développée dans une vision complémentaire de la SANS. Cette échelle comporte 34 items regroupés en 4 sous-échelles : hallucinations, idées délirantes, comportement bizarre, troubles de la pensée formelle non déficitaires. Les comportements moteurs catatoniques inclus dans la version initiale de la SAPS ont été rapidement écartés de la version actuelle du fait de leur rareté.

Chacun des items de ces deux échelles comporte des critères de définition précis avec 6 niveaux de sévérité (de 0 : absence à 6 : sévère-permanent). Les niveaux de sévérité des items font essentiellement référence à la fréquence des symptômes pour les manifestations positives et pour certains symptômes négatifs. Leur importance est aussi, pour certains items, prise en compte dans l'évaluation de la sévérité.

Il n'existe pas de guide d'entretien spécifique pour ces deux échelles, cependant Andreasen préconise d'utiliser un entretien semi-structuré et de se référer au manuel de cotation pour explorer chacun des items décrits à l'aide d'exemples.

Chaque sous-échelle peut être évaluée de deux manières : soit en faisant la somme des items la composant, soit en faisant une évaluation globale de cette sous-échelle. Deux scores peuvent être ainsi obtenus à partir de la SANS et de la SAPS : un score global *(composite score)* correspondant à la somme de tous les items et un score résumé *(summary score)* correspondant à la somme des évaluation globales des différentes sous-échelles.

Plusieurs études mettent en évidence trois facteurs dans cette échelle :
– un facteur comportant les manifestations négatives, appelé facteur négatif,
– un facteur regroupant les hallucinations et les délires, appelés facteur psychotique,

– et un facteur composé de la désorganisation du discours et du comportement et de l'affect inapproprié, appelé facteur désorganisé.

Les troubles de l'attention apparaissent rattachés à plusieurs facteurs.

POSITIVE AND NEGATIVE SYMPTOMS RATING SCALE (PANSS)

Kay *et al.* [1986] ont construit leur échelle en s'appuyant sur certaines critiques concernant la méthodologie des différentes échelles d'évaluation de la symptomatologie positive/négative existant jusqu'alors (SANS/SAPS, NSA, LFMS...). Ces auteurs dénoncent plusieurs difficultés méthodologiques de ces divers instruments :
– la majorité des échelles disponibles ne disposent pas d'un guide d'interview standardisé et le plus souvent il n'existe pas de critères précis et spécifiques pour différencier les niveaux de sévérité des items, en particulier pour les niveaux faibles et modérés. Ces difficultés perturbent la validité des instruments de mesure existants ;
– les symptômes négatifs secondaires et primaires ne sont pas distingués dans plusieurs échelles, ce qui pose la question de la validité de construit des différentes échelles d'évaluation de la symptomatologie négative. Par ailleurs, pour Kay [1991] il apparaît nécessaire que la sous-échelle négative possède le même nombre d'items que la sous-échelle positive afin d'améliorer la fiabilité de la mesure. Par exemple, la BPRS comprend 11 items renvoyant à la dimension positive et trois items pour la dimension négative ;
– les informations concernant la fidélité et/ou la validité des différentes échelles sont limitées ;
– il est impossible d'évaluer de manière concomitante des syndromes au plan typologique et dimensionnel ;
– la sensibilité au changement de ces diverses échelles n'est pas ou mal documentée ;
– la mesure de la psychopathologie générale (n'appartenant pas à la dichotomie négative/positive) et de son influence sur la sévérité des syndromes positif et négatif est absente.

La PANSS a été construite à partir de 18 items de la BPRS *(brief psychiatric rating scale)* et de 12 items de la PRS *(psychopathology rating schedule)*. Cette échelle se compose de 30 items répartis en 7 symptômes négatifs, 7 symptômes positifs et 16 symptômes de psychopathologie générale. Les auteurs ont défini un score composite, correspondant à la soustraction du score négatif au score positif qui représente la « valence » des patients.

Chaque item reçoit une définition et des critères stricts et détaillés définissant les degrés de sévérité allant de 1 à 7 (de 1 : absent à 7 : extrême). La sélection des items a été guidée par plusieurs considérations. Les items devaient être en accord avec le cadre théorique, c'est-à-dire avec la dichotomie positive/négative. Une troisième dimension appelée psychopathologie générale composée d'items non spécifiques a par ailleurs été définie.

Il ne devait exister *a priori* aucune ambiguïté concernant la classification des symptômes ; un des reproches faits à la SANS était d'avoir inclus dans les symptômes négatifs les troubles de l'attention qui peuvent être entre autres secondaires aux hallucinations. Les items devaient être, par ailleurs, représentatifs des différents domaines du fonctionnement psychique (cognitif, affectif et social) et pour faciliter les comparaisons, les échelles positives et négatives devaient contenir le même nombre de symptômes.

Le manuel de cotation de la PANSS comprend un guide d'entretien standardisé semi-structuré permettant d'évaluer de façon précise les différents items. Ce manuel a été traduit dans au moins 13 langues (français, allemand, italien, espagnol...).

La PANSS est actuellement parmi les échelles d'évaluation des schizophrénies celle qui possède l'étude la plus complète de ces propriétés psychométriques.

CONCLUSION

Les différents outils que nous venons d'évoquer nous ont semblés les plus pertinents pour l'appréhension de la dichotomie positive/négative que nous avons évoquée. Il en existe par ailleurs de multiples.

Cette multiplicité des instruments souligne la richesse de la clinique mais aussi la difficulté d'ordonner cette clinique dans la perspective d'un processus étiopathogénique commun identifiable, chaque auteur ayant tendance à construire son propre outil afin de valider sa construction théorique et ses hypothèses. Cet aspect représente la caractère tautologique de la démarche psychométrique actuelle. La connaissance des propriétés spécifiques des outils les mieux validés semble probablement la démarche la plus cohérente pour l'utilisation des échelles dans le cadre de la recherche clinique.

Aspects épidémiologiques

Pierre-Michel Llorca

L'épidémiologie est souvent considérée comme une discipline qui permet de décrire les conditions de survenue d'une maladie en termes de temps, de lieu, et de contexte. Ainsi, les données de l'épidémiologie descriptive ont pour but de fournir des informations nécessaires pour la planification en santé mentale. Mais l'épidémiologie est également une science fondée sur l'idée que les maladies ont des causes multiples et complexes et que déterminer ces causes permettrait d'avoir une action sur la prise en charge de ces pathologies. L'épidémiologie doit permettre également de répondre aux questions *Pourquoi ?*, *Comment traiter ?*, et *Comment prévenir ?* Cette voie, analytique, s'intéresse ainsi particulièrement aux facteurs de risque.

Les objectifs de l'épidémiologie associent :
- l'étude d'une maladie en termes de fréquence et d'incidence,
- sa distribution
- ses causes,
- ses modalités évolutives.

ASPECTS GÉNÉRAUX

La schizophrénie est une maladie dont la clinique est hétérogène, ce qui rend l'approche épidémiologique parfois difficile. Le diagnostic repose sur l'analyse clinique de symptômes nombreux et parfois complexes, sans notion de manifestations pathognomoniques identifiées. Comme nous l'avons évoqué dans l'introduction, la mise en place d'une clinique catégorielle au cours des années 1970 avec la définition de critères diagnostics opérationnels a permis une évolution majeure dans la description de la schizophrénie. Les critères de la CIM 10 et du DSM-IV sont à l'heure actuelle très répandus et reposent sur un consensus d'experts relativement large. Bien que proches, les définitions de la maladie pour ces deux systèmes ne sont pas totalement superposables. La durée minimale d'observation des symptômes est, par exemple, plus importante pour le DSM-IV, ce qui situe cette approche dans une conception kraepelinienne de la maladie. Malgré cette évolution, les progrès attendus ont été limités. De nombreuses formes cliniques restent encore aux limites du diagnostic et sont incluses dans certaines études et pas dans d'autres. L'utilisation des critères opérationnels de diagnostic n'a pas forcément apporté suffisamment d'éléments à la connaissance de l'épidémiologie de la schizophrénie.

À côté de ces classifications se sont également développés de nombreux outils destinés à l'élaboration du diagnostic qui sont également parfois peu comparables.

FRÉQUENCE ET INCIDENCE DE LA SCHIZOPHRÉNIE

Il existe une variabilité entre les études en ce qui concerne la fréquence et l'incidence de la schizophrénie, du fait notamment de la disparité des modalités d'évaluation et de caractérisation de la maladie. La fréquence d'une maladie est appréhendée par les taux de prévalence (nombre de personnes atteintes dans une population à un instant donné) et par les taux d'incidence (nombre de nouveaux cas dans une population définie sur période donnée).

La prévalence en Europe a été estimée à entre 2,5 et 3 pour 1 000 avec de faibles variations entre les estimations ponctuelles, annuelles ou sur la vie entière. Les différentes études de prévalence montrent qu'il n'existe pas de communauté dans le monde épargnée par la maladie. Toutefois la prévalence sur la vie entière varie de 0,9 à 3,7 % entre Taïwan et l'Inde. Pour une même étude [Keith *et al.*, 1991] qui retrouvent une prévalence moyenne de 1,5 % sur la vie entière dans une zone d'observation aux États-Unis, les résultats vont de 0,6 à 1,9 %. En utilisant des critères opérationnels stricts, l'incidence annuelle est de 0,25 pour 1 000 avec les critères de la CIM 9, de 0,17 pour 1 000 avec les critères RDC et de 0,09 avec les critères DSM-III, ce qui souligne la disparité entre les populations déterminées sur la base de critères différents.

Ces fluctuations des données peuvent être sous-tendues par des hypothèses concernant l'étiopathogénie de la schizophrénie. Toutefois, les difficultés méthodologiques que nous avons évoquées rendent le tableau un peu confus.

VARIATIONS GÉOGRAPHIQUES

Les études de ce type sont extrêmement difficiles à mener, nécessitant une homogénéité diagnostique, mais aussi une identification cohérente des sujets atteints. Or, celle-ci repose fréquemment sur l'identification des patients en fonction de leur contact avec le système de soins qui varie en fonction de multiples facteurs dont certains sont directement liés à l'offre de soins.

Une large étude multicentrique menée en 1978 a été en faveur d'une faible variation entre les pays lorsque la schizophrénie est définie de façon étroite (en retenant uniquement les cas correspondant aux critères CATEGO S+). Il existe une plus grande variation lorsqu'une définition élargie est employée. Le taux d'incidence serait dans ce cas deux fois plus élevé dans les pays dits en voie de développement.

En fait, ces variations seraient d'un grand intérêt si elles confirmaient qu'il existe une différence réelle du risque de survenue de la pathologie en fonction de la région. Comme nous l'avons évoqué précédemment, ceci permettrait de développer des hypothèses étiopathogéniques. En fait, ce sont surtout des raisons méthodologiques qui expliquent ces différences. En effet, les critères diagnostiques et l'accession aux soins, qui est souvent un critère de repérage de la maladie, sont éminemment variables en fonction de multiples déterminants, indépendants de la nature même de la pathologie. De même, la variation de l'espérance de vie selon les pays et les groupes sociaux, mais aussi la distribution des âges, sont des facteurs qui varient considérablement entre les différents pays et constituent des éléments qui doivent être considérés sur le plan méthodologique pour comparer les populations entre elles.

Pour certains, la seule véritable anomalie de la schizophrénie serait en fait l'uniformité de sa distribution géographique.

ÂGE ET SEXE

Les pics de début de la maladie se situeraient entre 15 et 25 ans chez l'homme et entre 25 et 35 ans chez la femme. Il existerait une latence clinique plus grande chez la femme entre le début de la maladie et sa découverte. Elle pourrait être liée à une demande d'aide plus tardive, à une tolérance sociale plus grande pour les femmes, peut-être secondaire à la différence des rôles sociaux, mais aussi à une expression clinique différente. La notion d'un seuil de vulnérabilité plus élevé chez les femmes a pu être également évoquée.

Le *sex ratio* de l'incidence varie en fonction de l'âge. Il est de deux hommes pour une femme entre 15 et 25 ans, puis il devient approximativement égal entre 25 et 35 ans et s'inverse entre 35 et 45 ans.

Sur le plan symptomatique, les hommes auraient plus de symptômes négatifs que les femmes, celles-ci ayant une meilleure adaptation sociale. L'évolution de la schizophrénie serait meilleure chez la femme que chez l'homme, avec notamment parmi les indicateurs, une durée moyenne d'hospitalisation plus courte. Les critères d'évaluation des modalités évolutives restent toujours disparates et justifient que l'on ne tire pas de conclusions trop hâtives de ces données observationnelles.

Au total, les hommes présenteraient :
- une adaptation prémorbide plus pauvre ;
- un âge de début plus précoce ;
- davantage de symptômes négatifs et de troubles cognitifs ;
- une évolution plus sévère ;
- un résultat thérapeutique moins bon ;
- des particularités neurobiologiques complexes.

VARIATION DE LA SCHIZOPHRÉNIE DANS LE TEMPS

Depuis 1957 plusieurs études ont tenté de mettre en évidence une diminution de l'incidence de la schizophrénie dans le temps, en particulier au cours du vingtième siècle. En fait, la méthodologie de telles études reste hasardeuse et s'il reste difficile d'éliminer cette hypothèse de façon brutale, de nombreux facteurs entrent en ligne de compte et doivent retenir notre attention :
- la modification de la longévité dans la population générale ;
- les migrations qui modifient considérablement l'homogénéité des populations observées ;
- la marginalisation d'un certain nombre de patients, dans un contexte social souvent difficile, qui échappent aux systèmes de soins, et de fait aux possibilités de recensement ;
- la modification des modalités de prise en charge (en particulier la diminution du nombre de lits) et l'augmentation des suivis strictement ambulatoires pour lesquels l'évaluation reste difficile ;
- les critères diagnostiques qui, comme nous l'avons évoqué à plusieurs reprises, se sont considérablement modifiés, les populations identifiées à l'heure actuelle étant probablement très différentes des groupes individualisés au cours du siècle dernier.

Ce sont probablement ces trois derniers paramètres qui rendent cette évaluation confuse.

Les études méthodologiquement les plus satisfaisantes ne semblent pas permettre de conclure. Toutefois, l'étude du risque morbide de schizophrénie, examiné par tranche d'âges de 5 ans dans une communauté donnée a mis en évidence une diminution nette du risque, en particulier chez les femmes. Les modifications d'un certain nombre de facteurs environnementaux, en particulier la diminution des facteurs de risque d'agressions neuro-développementales, pourraient être à l'origine de cette évolution.

VARIATIONS EN FONCTION DE LA SAISON DE NAISSANCE

Les sujets atteints de schizophrénie sont le plus souvent nés l'hiver et au début du printemps, et moins souvent à la fin du printemps et l'été. Dans l'hémisphère nord, les sujets atteints de schizophrénie sont souvent nés entre les mois de janvier et d'avril. Dans l'hémisphère sud, ils sont le plus souvent nés entre juillet et septembre. L'excédent relatif de cette période de naissance est modéré mais significatif (10 à 15 %) mais confirmé dans de multiples études. Toutefois, ce déséquilibre ne semble pas spécifique de la schizophrénie et existe dans d'autres catégories de troubles mentaux. Pour certains cette constatation serait liée à l'existence d'une agression hivernale non spécifique qui favoriserait la survenue non spécifique de plusieurs catégories de troubles mentaux.

Ces observations ont été reliées à l'hypothèse selon laquelle les sujets pourraient être soumis à des agressions notamment virales (et en particulier les virus de la grippe) pendant la grossesse (en particulier entre le 3e et 6e mois). Ces données ont suscité de nombreuses controverses en particulier méthodologiques, mais aussi concernant les hypothèses étiopathogéniques, l'association entre schizophrénie et virus *influenza* apparaissant comme peu spécifique et faible sur le plan quantitatif.

La notion d'agression a été également évoquée lorsqu'on a décrit une augmentation de la survenue de la schizophrénie chez les sujets nés en zone urbaine (certains ajustements socio-économiques ayant été faits). Ces résultats n'ont pas toujours été confirmés. En fait, l'urbanisation comme la classe sociale pourraient être des facteurs favorisant la survenue des troubles de façon synergique à d'autres stresseurs environnementaux.

Toutefois, ces observations épidémiologiques constituent une représentation du rôle de l'épidémiologie dans l'étude de la maladie dans tous ces aspects.

ASPECTS GÉNÉTIQUES

Le risque de survenue de la maladie chez les apparentés au premier degré de patients schizophrènes est de 3 à 7 %, ce qui est 5 à 10 fois plus élevé que dans la population générale. Le risque de développer une schizophrénie survient principalement parmi les enfants et la fratrie des schizophrènes. Les études de jumeaux et d'adoption ont confirmé cet aspect.

Ainsi, chez des jumeaux monozygotes, le risque qu'ils soient tous deux schizophrènes est de 50 % ; il est de 15 % chez les jumeaux hétérozygotes.

Les études d'adoption sont cohérentes avec ces résultats. Toutefois, comme nous l'avons vu, les données vont dans le sens de l'existence d'un rôle non seulement génétique mais aussi environnemental.

MODALITÉS ÉVOLUTIVES

De nombreuses études ont évalué l'évolution des patients schizophrènes au long cours. Celles menées par Bleuler [1972], Ciompi et Muller [1976] et Hubert *et al.* [1997], qui ont évalué des patients au long cours, sont très illustratives du caractère hétérogène de l'évolution des schizophrénies. Les échantillons observés étaient relativement importants, la durée d'observation et d'évolution également. Le concept de schizophrénie employé pour sélectionner les patients était parfois hétérogène ; Hubert *et al.* [1997] soulignent que, malgré l'utilisation des concepts bleulérien et schneiderien pour le diagnostic dans les études de Ciompi et la sienne, le type de patients observés semble proche sur le plan clinique.

Ces auteurs ont mis en évidence une évolution que l'on peut qualifier de favorable, de manière relativement cohérente entre les différentes études, dans près de 50 % des cas.

L'intérêt reste malgré tout la très longue durée d'observation des patients dans ces échantillons, ainsi que le caractère unique des évaluateurs permettant d'avoir des éléments diagnostiques relativement fiables et constants dans le temps.

Bleuler [1972] et Ciompi [1976] ont identifié 9 types évolutifs. Pour Hubert *et al.* [1997], les modes évolutifs seraient au nombre de 12.

Une revue de la littérature, menée par Davidson et McGlashan, en 1997, reprend l'ensemble des études catamnéstiques de la littérature. Pour ces auteurs, il existe une grande hétérogénéité de l'évolution de la schizophrénie et non pas une évolution strictement déficitaire. Par ailleurs, il distinguent plusieurs périodes dans l'évolution :

- une phase initiale de dégradation ;
- une phase de plateau ;
- une phase d'amélioration au cours de la période la plus tardive de l'évolution (deuxième et troisième décade).

Deux études apportent des informations plus spécifiques :

- une étude menée aux États-Unis compare des populations de schizophrènes 32 ans après une observation initiale, dans deux hôpitaux d'État (Maine et Vermont). Il existe une différence entre les deux populations, en ce qui concerne l'évolution et le pronostic : la mise en place, très précoce, de thérapeutiques neuroleptiques et de programmes de réhabilitation dans les hôpitaux du Vermont justifie un pronostic évolutif plus favorable ;
- une étude menée en Islande sur des patients principalement ambulatoires mettait en évidence une amélioration clinique au bout de 20 ans chez près de 30 % des sujets. L'intérêt de cette étude est de prendre en compte des patients suivis essentiellement en ambulatoire, qui sont considérés comme échappant souvent aux évaluations des modalités évolutives.

Il existe des différences dans les modalités évolutives entre les pays occidentaux et les pays dits « en voie de développement ». En effet, le pronostic général de la schizophrénie serait plus favorable dans ces derniers (les pays ou se sont déroulés des études pilotes de l'OMS étant principalement la Colombie, l'Inde et le Nigéria). Le fait d'être une femme représenterait un facteur favorisant en termes de pronostic, sauf au Nigéria. L'implication dans des activités religieuses est également un facteur de pronostic favorable.

Au cours du 20e siècle, l'apparition du neuroleptique et peut-être d'autres facteurs d'environnement, est un élément essentiel qui a modifié le pronostic évolutif dans le sens d'une amélioration.

Les problèmes méthodologiques posés par les différentes études sont multiples :
– les groupes étudiés présentent souvent un biais de recrutement (patients hospitalisés au long cours...) ;
– la variation des critères diagnostiques constitue un des biais de recrutement : une réévaluation de l'étude de Hubert *et al.* [1997] laisse à penser que 25 % des patients considérés comme des schizophrènes pourraient être considérés comme des schizo-affectifs ;
– il n'existe pas de moyens autre que rétrospectif de décrire les patients avant le premier contact avec une structure hospitalière ;
– la caractérisation des critères de guérison ou de devenir des patients est également très fluctuante en fonction des études et des périodes ;
– certaines études manquent des données élémentaires permettant de décrire la course de la maladie.

Comme le soulignent plusieurs auteurs, et malgré ces limitations, les différentes données épidémiologiques recueillies montrent plusieurs points concernant les modalités évolutives de la schizophrénie :
– avant la première admission, il existe des manifestations comportementales évoquant la « rupture de la trajectoire vitale » décrite par les auteurs classiques ;
– le début des troubles survient probablement de façon très précoce par rapport à l'identification des premiers symptômes ;
– elle ne semble pas suivre de façon systématique une évolution déficitaire ;
– l'évolution de la maladie est très hétérogène, ce qui laisse supposer des processus étiopathogéniques multiples ;
– les facteurs prédictifs de l'évolution sont difficiles à confirmer *(Tableau I)*.

MORTALITÉ

Il existe une surmortalité importante chez les patients schizophrènes par rapport à la population générale.

La principale cause de surmortalité dans cette population reste le suicide ; en effet, près de 13 % des patients décèdent par suicide. La mortalité par suicide dans cette population est plus de 20 fois plus élevée que dans la population générale, et de 40 fois plus élevée chez les patients schizophrènes présentant des manifestations dépressives. Le risque suicidaire est majeur durant les 10 premières années

TABLEAU I. FACTEURS PRÉDICTIFS DE L'ÉVOLUTION DE LA SCHIZOPHRÉNIE

Favorable	Défavorable
Survenue tardive	Survenue précoce
Sexe féminin	Sexe masculin
Mariage	Célibataire/sans partenaire affectif stable
Personnalité prémorbide sociable	Personnalité prémorbide schizoïde
Bon fonctionnement prémorbide	Mauvais fonctionnement prémorbide
Déclenchement des troubles dans un contexte réactionnel	Facteur de risque génétique
Prédominance de symptômes affectifs au début des troubles	Prédominance de symptômes négatifs au début des troubles
Faible niveau familial d'expression émotionnelle	Niveau familial d'expression émotionnelle élevé
Début brutal des troubles	Début insidieux des troubles
Habite dans un pays en voie de développement	Habite dans un pays industrialisé

d'évolution de la maladie, et ce d'autant plus que les patients présentaient un niveau de fonctionnement antérieur élevé. En termes de prise en charge, c'est au décours d'une hospitalisation que le risque est le plus élevé.

À côté de cet aspect, les causes naturelles de décès semblent dans certains cas sur-représentées. La mortalité a toutefois fortement diminué par rapport aux premières études, du fait probablement d'un meilleur accès aux structures de soins somatiques. Pour certains, les patients schizophrènes présenteraient une vulnérabilité à certaines pathologies, soit d'ordre biologique (il existe chez ces patients une fréquence accrue de survenue de l'épilepsie, du diabète et de l'obésité), soit d'ordre comportemental, avec un risque de décès du fait du l'infection par le VIH plus élevée ou de comorbidité avec certaines conduites addictives.

La consommation de psychotropes au long cours aurait également un rôle dans cette surmortalité, en particulier du fait de manifestations neurologiques favorisant les risques de fausses routes.

Des données contradictoires ont été rapportées concernant la mortalité par cancer chez les patients schizophrènes. Pour certains, il existerait une sous-représentation des décès par cancer chez ces sujets. Pour d'autres auteurs, et en particulier dans les études de cohortes récentes (Casadebaig et Philippe, 1999), on retrouverait une surmortalité par cancer dans cette population sans que cela ne permette des hypothèses étiopathogéniques très satisfaisantes.

CONCLUSION

Les données épidémiologiques actuelles soulignent le caractère extrêmement hétérogène de la schizophrénie. Les hypothèses tant génétiques qu'environnementales semblent pouvoir cohabiter. Toutefois, c'est dans le domaine de la clinique que des progrès majeurs restent à accomplir, car la constitution de groupes homogènes de patients tant en termes de symptômes que de modalités évolutives reste à perfectionner.

Par ailleurs, il faut noter que sur le plan évolutif, si la mortalité des patients schizophrènes reste élevée, le pronostic fonctionnel et social n'est probablement pas aussi sombre qu'il a pu être décrit. Les modalités thérapeutiques récentes favorisent également des perspectives plus encourageantes.

Aspects étiopathogéniques de la schizophrénie

Sylvain Grignon

Un appel Medline *sur les deux mots clés* schizophrenia *et* pathophysiology *ramène, en 2001, presque 6 000 références... Pourtant, comme le rappelait récemment un auteur influent, l'historique de la question recèle un véritable cimetière d'hypothèses : hasarder une brève synthèse sur ce sujet, c'est s'exposer à la certitude de l'arbitraire (contenu dans les 6 000 références mentionnées plus haut) et au risque d'un démenti ultérieur.*

L'abord empirique de la schizophrénie a permis des avancées notables dans l'épidémiologie – y compris génétique – de la maladie et dans la mise en évidence d'anomalies cérébrales structurales et fonctionnelles. Les résultats des recherches actuelles permettent de proposer les assertions suivantes :
– le cerveau des schizophrènes présente des anomalies structurales microscopiques et macroscopiques essentiellement localisées dans les cortex frontal, cingulaire et pariétal, la région hippocampique, les noyaux gris centraux et le thalamus *(figure 1)* ;
– il existe des anomalies démontrées au niveau de plusieurs systèmes neurochimiques, le plus étudié d'entre eux étant sans conteste le système dopaminergique ; corollairement, des syndromes expérimentaux mimant partiellement la symptomatologie schizophrénique ont été obtenus grâce à des médicaments d'impact dopaminergique, glutamatergique ou sérotoninergique, respectivement ;

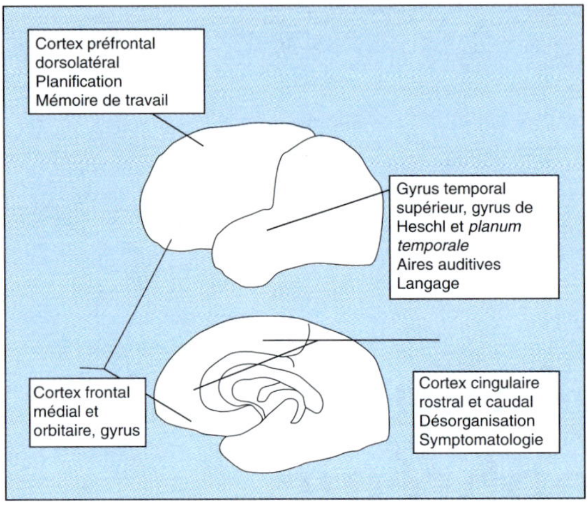

Figure 1. Régions anatomo-fonctionnelles corticales impliquées dans la schizophrénie.

– parallèlement, l'imagerie fonctionnelle a permis de préciser chez les schizophrènes la localisation des régions hypo- ou hyperfonctionnelles par rapport aux témoins ou des anomalies dans les *patterns* d'activation cérébrale.

L'ensemble de ces éléments s'intègre, et dans une certaine mesure, nourrit, un modèle étiopathogénique intégré de la schizophrénie, l'hypothèse neurodéveloppementale.

APPORTS DE L'ÉPIDÉMIOLOGIE

Cette question a récemment été exposée en détail [D'Amato et Karoumi, 1999].

Plutôt que de reprendre les aspects méthodologiques, il paraît intéressant d'exposer quelques données récentes qui présentent des évaluations quantitatives du risque relatif d'une part *(Tableau I)*, et du risque attribuable (la part de variance expliquée par le facteur de risque dans l'ensemble de la population) *(Tableau II)* d'autre part.

Cette série de résultats recense une majorité des facteurs actuellement proposés dans l'étiopathogénie de la schizophrénie et suggère quelques remarques complémentaires :

– les modèles génétiques courants font état d'une héritabilité de 70-80 %, supérieure donc au taux de concordance généralement admis chez les jumeaux monozygotes, de l'ordre de 48 %... ;

– on peut schématiquement distinguer néanmoins un risque « lourd » qui s'applique à une faible partie de la population, le risque génétique, et des risques environnementaux plus modérés qui s'appliquent à des populations plus importantes, et

TABLEAU I. DONNÉES REPRISES DE MCDONALD ET MURRAY [2000].

Facteur de risque	Risque relatif associé
Génétique	
jumeau monozygote malade	45
jumeau dizygote malade	5
Environnement précoce	
complications obstétricales	2
infection maternelle	2
naissance urbaine	1,4
saison de naissance (fin hiver et printemps)	1,1
Environnement tardif	
immigrant*	4
consommation de cannabis	2
événements vitaux défavorables	1,5

* Le risque rapporté ici concerne les immigrants afro-caribbéens de deuxième génération dans la région de Londres ; il n'est pas acquis que ce sur-risque considérable s'applique à toutes les populations migrantes.

TABLEAU II. MORTENSEN *ET AL.* 2000. ÉTUDE DE REGISTRE SUR L'ENSEMBLE DE LA POPULATION DANOISE.

Facteur de risque	Risque attribuable (%)
Schizophrénie chez un ou deux ascendants	3,8
Schizophrénie dans la fratrie	1,9
Schizophrénie chez ascendants ou fratrie	5,5
Lieu de naissance	34,6
Saison de naissance	10,5
Lieu et saison de naissance	41,4
Ensemble des variables ci-dessus	46,6

rendent compte du fait que la majeure partie des cas rencontrés apparaissent comme sporadiques ;
– il est peu probable enfin que les différents facteurs de risque interagissent de manière simplement additive. Pour ne citer qu'un exemple, le risque de développer dans les suites d'une complication obstétricale des signes évocateurs de pathologie cérébrale organique (par exemple un élargissement ventriculaire) augmente en fonction de la « charge génétique » schizophrénique (0, 1 ou 2 parents affectés) ; à l'inverse, la prévalence des complications obstétricales est négativement corrélée à la probabilité pour un schizophrène d'avoir un apparenté schizophrène [Cannon, 1998] : les complications obstétricales sont donc un facteur de risque pour les formes *sporadiques* de la maladie mais interagissent de manière *synergique* avec le risque génétique.

DES ANOMALIES CÉRÉBRALES MULTIPLES

ANOMALIES MORPHOLOGIQUES

LES ÉTUDES STÉRÉOLOGIQUES

Il n'existe pas de raréfaction neuronale globale dans le cerveau des schizophrènes. Une étude retrouve une raréfaction neuronale au niveau du cortex cingulaire alors que le cortex frontal ne semble pas présenter de telles anomalies. Le volume de l'hippocampe et des régions parahippocampiques serait diminué, malgré l'existence de rapports contradictoires. Au niveau des structures sous-corticales, plusieurs travaux montrent l'existence d'une perte neuronale et gliale conséquente (de l'ordre de 30 %), chez des schizophrènes traités, aux dépens du noyau dorso-médial du thalamus, entraînant une diminution de volume du noyau sans modification nette de la densité cellulaire. Il existerait des anomalies analogues des noyaux antérieurs ventral et médial. Une perte neuronale prononcée a également été observée au niveau du noyau accumbens, tandis qu'il existerait une augmentation de la densité neuronale au niveau striatal.

ANOMALIES CORTICALES DIFFUSES

D'une manière générale, il est admis que les anomalies histologiques retrouvées dans le cerveau des schizophrènes ne sont pas en faveur d'un processus neurodégénératif évolutif, en raison notamment de l'absence de gliose. Cette question sera rediscutée à propos des anomalies macroscopiques.

ANOMALIES RÉGIONALES

Harrison [1999] a publié une synthèse de la littérature neuropathologique publiée après 1980 en langue anglaise.

LOBE TEMPORAL (y compris hippocampe)

Sur 27 études, 6 ne montrent pas de différence significative entre patients et témoins. Quantitativement, il existe des modifications de *nombre* (trois études montrent une diminution qui peut atteindre - 10 à 37 %), de *densité* (trois études montrent une diminution et trois une augmentation + 20 à 30 %) ou de *taille* (quatre études montrent une diminution de - 10 %). Qualitativement, une majorité d'études retrouve des anomalies de l'orientation des neurones, une modification de l'organisation laminaire, notamment au niveau de l'hippocampe.

LOBE FRONTAL

Trois études sur quinze ne retrouvent aucune différence. La *densité* (interneurones et cellules pyramidales) est supérieure chez les patients dans cinq séries, et inférieure dans trois. Les résultats sont quantitativement importants (de + 70 % à - 30 %). La *taille* des neurones est affectée plus modestement (+ 9 % ; une étude), de même que leur *nombre* (une étude montrant une diminution). Qualitativement, il existe surtout diverses anomalies cytoarchitecturales qui semblent en règle renvoyer à des perturbations de la migration neuronale ou à une organisation anormale des couches corticales. Récemment, l'intérêt s'est notamment porté vers la plaque sous-corticale, qui est une structure transitoire, régressant normalement pendant l'embryogenèse, aux confins des substances grise et blanche. Une population particulière de neurones présents dans la plaque sous-corticale présente un intérêt particulier comme marqueur neurodéveloppemental, du fait de sa résistance particulière à l'apoptose qui élimine normalement la majeure partie des neurones de cette structure. Ces neurones sont positifs pour la nicotinamide-adénine dinucléotide diaphorase, qui est une forme de synthase de l'oxyde nitrique. Chez les contrôles, ces cellules sont localisées dans la substance blanche immédiatement adjacente à la couche corticale VI ; chez les patients schizophrènes, des anomalies de distribution ont été observées avec une redistribution au profit des couches profondes de la substance blanche, et au détriment de la couche superficielle de la substance blanche du lobe frontal, du compartiment externe de l'hippocampe ou du néocortex temporal.

ANOMALIES MACROSCOPIQUES : IMAGERIE STRUCTURALE ET ÉTUDES *POST MORTEM*

Une méta-analyse de la littérature publiée avant 1995 montre une diminution hautement significative de la taille du cerveau chez les schizophrènes. Les articles dépouillés comprenaient des études d'imagerie cérébrale (IRM et scanner) ou *post mortem*, permettant une évaluation de la surface, du volume et de la circonférence, ou une mesure linéaire du cerveau. La taille de l'effet est évaluée à - 0,26 : la moyenne pour les patients schizophrènes est donc inférieure d'environ un quart de déviation standard (DS) à la moyenne des contrôles.

La taille du compartiment intracrânien est inférieure d'environ un cinquième de DS à celle des contrôles [Ward *et al.*, 1996]. Ces résultats sont à rapprocher d'autres études qui montrent une diminution de 6 % du poids du cerveau chez les patients schizophrènes ou de la méta-analyse de Wright *et al.* qui montre une diminution de 4 % du volume de la substance grise, et de 2 % du cerveau entier.

L'existence d'un élargissement ventriculaire est désormais classique. La méta-analyse publiée en 2000 par Wright *et al.* le confirme : sur cinquante-huit études publiées avant 1998, après correction du volume cérébral global, l'augmentation du volume ventriculaire, évaluée à + 26 % par rapport aux contrôles sur les données non corrigées, se normalise (100 %). Toujours après correction, les anomalies les plus nettes sont observées pour le corps des ventricules latéraux (+ 16 %) et de la corne temporale gauche (+ 10 %).

On suppose depuis longtemps qu'il existe des anomalies régionales de volume. Les régions les plus régulièrement étudiées comprennent les lobes frontal et pariétal, l'hippocampe et la région para-hippocampique, y compris l'amygdale, et les régions sous-corticales (caudé, putamen, pallidum et thalamus). Les résultats de la méta-analyse de Wright *et al.* concernant ces régions sont rapportés dans le *Tableau III.*

TABLEAU III. MÉTA-ANALYSE DES VARIATIONS DU VOLUME CÉRÉBRAL CHEZ LES PATIENTS SCHIZOPHRÈNES [WRIGHT *ET AL.*, 2000].

Région anatomique	Volume relatif (% contrôlés) corrigé du volume cérébral
Lobe frontal	98
Lobe temporal	100
– Gyrus temporal antérieur supérieur gauche	93
– Gyrus temporal antérieur supérieur droit	98
– Gyrus temporal postérieur supérieur gauche	95
– Gyrus temporal postérieur supérieur droit	108
Hppocampe	98
Région parahippocampique	94
Amygdale	94
Noyau caudé	103
Putamen	106
Globus pallidus	124
Thalamus	97

L'examen de ces résultats montre des effets relativement modérés (moins de 10 % en général), hormis l'augmentation de volume du *globus pallidus*, pour lequel des effets iatrogéniques des antipsychotiques ne sont pas exclus. Néanmoins, le niveau d'analyse retenu – le lobe frontal dans son ensemble – masque certainement des anomalies pertinentes à des niveaux plus fins. Par exemple, le travail récent de Buchanan *et al.* [1998], réalisé en IRM, ne montre pas de différence significative entre schizophrènes et contrôles pour le volume de la substance grise frontale dans son ensemble ; en revanche, il existe une différence significative, de l'ordre de 10 %, dans la région frontale inférieure. Cela pose à l'évidence le problème de la standardisation des subdivisions neuroradiologiques dans le contexte de la schizophrénie, qui a récemment été abordé de manière particulièrement précise, pour les lobes frontal et pariétal, par l'équipe de N. Andreasen.

ANOMALIES FIXES OU ÉVOLUTIVES ?

Un des points centraux de l'hypothèse neurodéveloppementale repose sur la constatation généralement admise que les anomalies structurales, l'élargissement ventriculaire notamment, sont présentes dès l'apparition des troubles et évolutives par la suite (par opposition à un modèle *neurodégénératif* de la maladie). Cette notion reste largement vérifiée à deux restrictions près :
– *l'âge de début :* les formes à début très précoce (enfance ou début de l'adolescence) se caractérisent par une évolutivité plus importante des anomalies

morphologiques cérébrales, avec des taux de diminution corticale deux à quatre fois plus élevés que chez les contrôles ;
– *le mode évolutif :* parmi d'autres, Lieberman *et al.* ont étudié de manière prospective l'évolution des volumes cérébraux chez des contrôles et des schizophrènes ; les patients présentant une évolution défavorable sont caractérisés, sur un suivi de 2 à 3 ans, par une augmentation du volume des ventricules latéraux de l'ordre de 15 %, tandis que cet accroissement reste de l'ordre de 0,5 % chez les contrôles et les patients d'évolution favorable [Lieberman *et al.*, 2001].

LES APPORTS DE L'IMAGERIE FONCTIONNELLE

Incontestablement, l'imagerie fonctionnelle du système nerveux central a été, et reste, la source majeure d'avancées expérimentales dans le domaine de la physiopathologie des psychoses au cours des deux dernières décennies. Les techniques utilisées (tomographie par émission de positons (PET), tomographie d'émission monophotonique (SPECT) et imagerie par résonance magnétique fonctionnelle (fMRI) fournissent essentiellement trois types de renseignement :
– les mesures de débit sanguin et d'activité métabolique, qui sont considérées comme un marqueur d'activation neuronale régionale ;
– le métabolisme présynaptique de certains neurotransmetteurs ;
– la localisation ou les mesures de densité, évaluées par le potentiel de liaison (statique et dynamique), des neurorécepteurs lorsqu'existe un ligand approprié.

D'autres approches seront certainement développées dans les prochaines années.

L'HYPOFRONTALITÉ FONCTIONNELLE DES SCHIZOPHRÈNES

Cette anomalie a été retrouvée dès les premiers travaux d'imagerie fonctionnelle et occupe à l'heure actuelle une place importante dans les modèles physiopathologiques de la schizophrénie, et notamment de la symptomatologie négative. Schématiquement, la majorité des études retrouve une diminution du débit sanguin cérébral de base, exprimé soit relativement à d'autres régions cérébrales, soit en valeur absolue. L'intensité de cette diminution peut atteindre 27 %, mais elle n'est toutefois pas unanimement retrouvée.

Des anomalies plus intenses et plus constantes ont été mises en évidence dans un certain nombre de situations expérimentales sollicitant de manière préférentielle le lobe frontal, comme le *Wisconsin card sorting test* (WCST), le test de performance continue, la stimulation sensorielle somatique et la poursuite de figure géométrique. La région la plus régulièrement perturbée fonctionnellement est le cortex préfrontal dorsolatéral. Ces anomalies sont stables dans le temps et elles sont relativement indépendantes des traitements neuroleptiques.

Ces résultats restent ouverts à la discussion pour les raisons suivantes :

– les techniques utilisées sont en rapide évolution et les générations successives d'instruments et de procédures d'analyse rendent hétérogènes les résultats publiés ;
– la situation de repos est particulièrement mal définie sur le plan expérimental, d'autant plus que les temps d'acquisition sont plus longs, ce qui peut expliquer l'absence de reproductibilité de certains résultats ;
– la définition des contrôles pose problème à plusieurs niveaux : si les tests sont choisis pour leur aptitude à discriminer patients et témoins, l'effet plafond obtenu chez les patients peut constituer un artefact dans la genèse de l'hypofrontalité (inattention, démotivation) ; à l'inverse, si les tests sont choisis pour permettre une performance identique des deux groupes, la sollicitation du cortex préfrontal peut s'avérer insuffisante ; enfin, la comparaison des contrôles aux schizophrènes peut être biaisée par le déficit de performance générale de ces derniers.

Schématiquement, il semble que l'hypofrontalité puisse être démontrée chez les patients schizophrènes même lorsqu'ils sont comparés à des sujets de performance équivalente (maladie de Huntington ou sujets âgés) ou moindre (trisomie 21). De manière notable, les études de jumeaux monozygotes discordants pour le diagnostic montrent assez constamment une hypofrontalité comparative chez le jumeau malade [Berman et Weinberger, 1999].

En revanche, un certain nombre de résultats suggère que les paramètres du test influenceraient de manière critique le niveau d'activation du cortex préfrontal dorsolatéral et donc la discrimination patients/contrôles : ainsi, il a été récemment montré que les patients activaient significativement plus leur cortex préfrontal dorsolatéral gauche que les témoins dans une tâche de mémoire de travail (reconnaissance d'items), alors même que leur performance était moindre. Le niveau de difficulté de la tâche était dans ce cas choisi pour discriminer les deux groupes tout en restant d'un niveau de difficulté accessible aux patients.

En conclusion, il semble acquis, malgré ces restrictions de méthode, que les patients schizophrènes présentent une hypofrontalité *modérée* sur le plan structural, *moyenne* pour ce qui est du métabolisme de base, et *prononcée* dans des situations de test sollicitant le cortex frontal ; dans ce dernier cas, il n'existe plus que 40 % de recouvrement entre patients et témoins *(Tableau IV)*. Très clairement, ces anomalies fonctionnelles ne sont pas la conséquence mécanique d'une perte cellulaire qui reste controversée suivant les études, mais probablement d'un problème de connectivité intrinsèque (au cortex frontal) ou extrinsèque.

LES RELATIONS IMAGERIE/CLINIQUE : L'ANALYSE CORRÉLATIVE

Nous retiendrons les approches méthodologiques recensées par Liddle [2000].

En période de stabilisation symptomatique, il est possible de rechercher des corrélations entre imagerie et axes symptomatiques ayant une bonne stabilité

TABLEAU IV. LE CERVEAU FRONTAL DANS LA SCHIZOPHRÉNIE : ASPECTS QUANTITATIFS [ZAKZANIS ET HEINRICHS, 1999].

	Anomalies structurales (volume)	Anomalies fonctionnelles au repos	Anomalies fonctionnelles après activation
Taille de l'effet (DS)	- 0,36	- 0,64	- 1,13
Pourcentage de recouvrement	90	60	40

(distortion de la réalité, désorganisation et appauvrissement psychomoteur dans le cas présent). Lorsque les symptômes présentent une moindre stabilité (hallucinations essentiellement), il est possible soit de comparer les sujets à eux-mêmes en l'absence et en présence du symptôme, soit de demander au sujet de signaler l'apparition de celui-ci. Les problèmes méthodologiques sont évidemment multiples et la diversité des approches expérimentales ne simplifie pas la comparaison des résultats.

LA DIMENSION « DISTORSION DE LA RÉALITÉ »

Les travaux publiés retrouvent avec une certaine constance une augmentation du débit sanguin au niveau du lobe temporal médial (région hippocampique et parahippocampique), du cortex frontal inférolatéral, et du striatum ventral. La propension aux hallucinations serait associée à une diminution du débit sanguin cingulaire antérieur et du lobe temporal moyen [Liddle, 2000]. La survenue des hallucinations proprement dites a été associée à l'activation du gyrus temporal transverse (gyrus de Heschl, aire auditive primaire), du gyrus temporal moyen probablement impliqué dans le traitement du signal sémantique et du gyrus frontal moyen, qui peut être interprétée comme une réminiscence ou associée à la « valence affective » des hallucinations. Il existerait également des perturbations au niveau de l'aire de Broca (production verbale) associées à une anomalie de *monitoring* du discours intérieur, quoique ce point ne soit pas retrouvé dans les études de fMRI.

LA DIMENSION « DÉSORGANISATION »

Cette dimension symptomatique semble associée à une capacité réduite à inhiber des comportements inadaptés, et à une mauvaise performance au test de Stroop. Les anomalies mentionnées par Liddle (2000) comprennent une augmentation du débit sanguin cérébral au niveau du cortex cingulaire, et une diminution des débits frontal ventral droit et pariétal.

LA DIMENSION « APPAUVRISSEMENT PSYCHOMOTEUR »

Comme mentionné plus haut, ce syndrome est associé essentiellement à une hypofrontalité au niveau du cortex préfrontal dorsolatéral. Il existerait également une hypoactivité pariétale, associée à une hyperactivité sous-corticale (thalamus et striatum), ce qui confirme l'existence de problèmes de connectivité.

ASPECTS RÉCENTS DE L'HYPOTHÈSE DOPAMINERGIQUE DE LA SCHIZOPHRÉNIE

LA BASE PHARMACOLOGIQUE DE L'HYPOTHÈSE DOPAMINERGIQUE

Nous ne reprendrons que très brièvement l'historique de la question : l'hypothèse dopaminergique de la schizophrénie a été formulée après la mise en évidence de l'effet des neuroleptiques sur le *turnover* de la dopamine (augmentation des taux cérébraux des métabolites) : dans sa formulation la plus simple, la symptomatologie schizophrénique serait liée à un excès de dopamine, une stimulation excessive des récepteurs ou un fonctionnement excessif de certaines voies dopaminergiques.

Une première confirmation fut apportée par les travaux, entre autres, de Seeman *et al.*, montrant une corrélation étroite entre les doses de neuroleptiques utilisées en clinique humaine et la constante de dissociation de ceux-ci pour le récepteur dopaminergique D2 [Seeman, 1994].

Par ailleurs, la « psychose amphétaminique », indubitablement associée à une augmentation de la concentration synaptique de dopamine, semblait mimer certains aspects de la symptomatologie schizophrénique.

Enfin, les études *post mortem* des récepteurs D2 striataux confirmaient l'existence d'un sous-groupe de patients schizophrènes présentant une densité anormalement élevée [Seeman, 1994] dans la gamme 20-40 pmol/g contre 13 pmol/g chez les témoins.

Les objections formulées à l'égard de cette première formulation sont tout aussi classiques :

– il n'a jamais été possible de confirmer expérimentalement, de manière reproductible, une augmentation centrale des taux de dopamine ou de ses métabolites chez les schizophrènes ;

– les doses cliniques utilisées dans l'étude corrélative de Seeman sont liées à l'apparition des effets secondaires (et certainement pas à une efficacité parfaite !) ;

– le délai d'occupation des sites dopaminergiques par les neuroleptiques est très inférieur au temps nécessaire pour obtenir l'effet clinique maximum ;

– la symptomatologie liée à l'intoxication par les psychostimulants mime mal la symptomatologie positive de la schizophrénie, notamment les troubles du cours de la pensée, et pas du tout la symptomatologie négative ;

– l'action clinique et le profil neurochimique des antipsychotiques atypiques, et notamment de la clozapine, s'accordent mal avec l'hypothèse dopaminergique (il n'entre pas dans le cadre de cette revue de rappeler l'argumentation pharmacologique relativement sophistiquée développée par P. Seeman en soutien de l'impact dopaminergique primaire des antipsychotiques, y compris atypiques).

LE MODÈLE DE GRACE

Très schématiquement, Grace propose de réintégrer l'hypothèse dopaminergique de la schizophrénie dans le contexte des interactions cortico-sous-corticales : la libération de dopamine se fait selon deux modes distincts : 1) tonique, dans des gammes de concentration de l'ordre de 10 nM qui correspondent aux constantes de dissociation des récepteurs présynaptiques ; 2) phasique (gamme micromolaire) qui correspond essentiellement à une libération synaptique évoquée par des trains de dépolarisation. La stimulation tonique contrôlerait la sensibilité des récepteurs pré- et postsynaptiques, le niveau d'expression et d'activité de l'élément présynaptique, et notamment de la décarboxylase des acides aminés aromatiques. Étant admis que l'hypofrontalité des schizophrènes se manifeste notamment par une diminution d'activité de la voie cortico-striatale qui contrôle la libération tonique (*figure 2*, voie 2), il existerait dans la schizophrénie une hypersensibilité des neurones dopaminergiques liée à cette diminution de l'activité tonique, et par conséquent, une hyperactivité phasique.

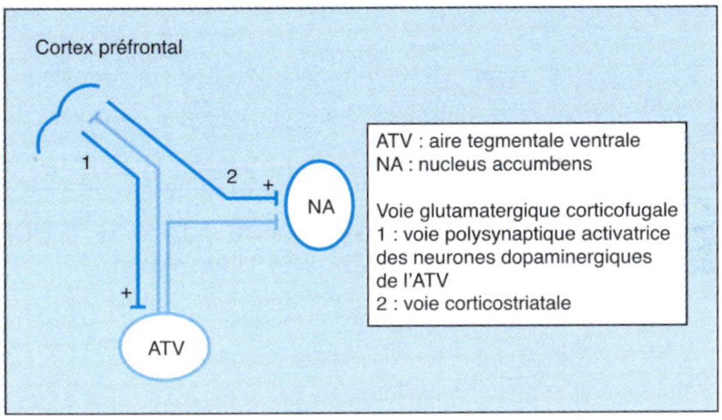

Figure 2. Le contrôle cortical sur la voie mésolimbique s'exerce sur les neurones de l'ATV par une voie polysynaptique (1) et par une stimulation présynaptique de la neurosécrétion au niveau du noyau accumbens (2), probablement sans synapse axo-axonique vraie, par l'intermédiaire d'un récepteur glutamatergique métabotropique [Tzschentke, 2001].

LES APPORTS DE L'IMAGERIE CÉRÉBRALE

Les techniques d'imagerie ont permis d'objectiver *in vivo* une augmentation de la transmission dopaminergique, et, dans des conditions qui semblent correctement contrôlées, de confirmer les anomalies décelées antérieurement sur la densité des récepteurs dopaminergiques de type D2.

MÉTABOLISME DE LA 6-^{18}F-DOPA

La capture présynaptique de DOPA peut être étudiée en PET scan grâce à la 6-^{18}F-DOPA *(figure 3)*. Le signal détecté au niveau du SNC reflète le passage hémato-encéphalique, la capture neuronale de la 6-^{18}F-DOPA, et la décarboxylation par la décarboxylase des acides aminés aromatiques qui apparaît comme l'étape régulée (mais non limitante) du processus.

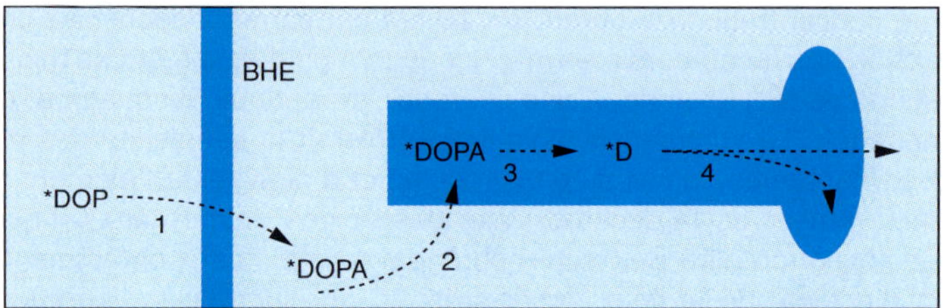

	1 Passage hémato-encéphalique	2 Capture neuronale	3 Décarboxylation	4 Stockage, libération et métabolisme de la DA
Dopamine Agonistes D1 et D2	/	/	↓	↓
Antagonistes D1 Neuroleptiques Déplétion DA	/	/	↑	↑

Figure 3. Évaluation du fonctionnement présynaptique par la 6-^{18}F-DOPA. BHE : barrière hémato-encéphalique ; *DOPA : 6-^{18}F-DOPA ; *DA : 6-^{18}F-dopamine.

Sur les études publiées à ce jour, une majorité (4/5) montre une augmentation de la capture striatale de 6-^{18}F-DOPA, ce qui paraît conforme aux prévisions du modèle de Grace. L'augmentation est franche (+ 15 à 25 %). On notera néanmoins l'existence d'un rapport contradictoire qui par ailleurs confirme la sensibilité de la méthode en montrant que les antipsychotiques normalisent (dans ce cas augmentent) la capture striatale antérieure du marqueur.

LA LIBÉRATION DE DOPAMINE ÉVOQUÉE PAR L'AMPHÉTAMINE

Cette méthode, dont le principe est rappelé sur la *figure 4*, permet d'évaluer le *pool* libérable de dopamine présynaptique. Après administration d'amphétamine, la libération de dopamine endogène déplace le radioligand ; la différence entre les deux signaux permettant d'évaluer le *pool* relargable. Les premiers résultats sont synthétisés dans le *Tableau V*. Les patients libèrent significativement plus de dopamine après amphétamine dans les trois séries. Par extrapolation à partir de données animales, Breier *et al.* [1997] évaluent la sensibilité de la méthode à 44:1, soit 300 % d'augmentation chez les patients par rapport aux témoins. Si la tendance paraît nette, les aspects quantitatifs demandent certainement à être confirmés...

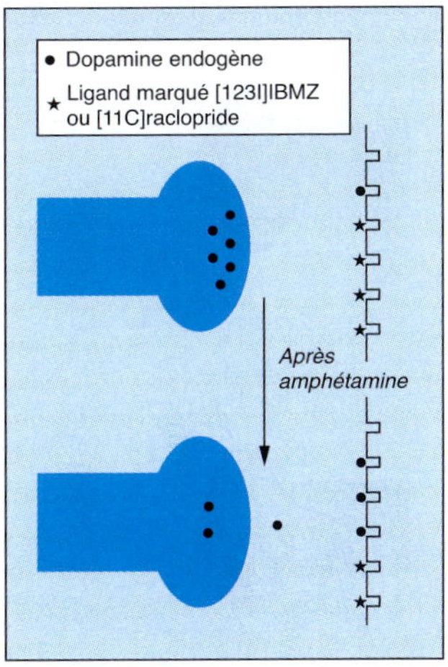

Figure 4. Évaluation du *pool* présynaptique de dopamine après amphétamine.

Par ailleurs, il existe une corrélation significative entre le déplacement du radioligand et le score à la *brief psychiatric rating scale* [Breier] ou à la sous-échelle positive de la *positive and negative symptom scale* [Laruelle *et al.*, 1996], ce qui apporte un argument suppplémentaire quant aux relations entre symptomatologie positive et hyperdopaminergie sous-corticale.

TABLEAU V. ÉVALUATION DU POOL DOPAMINERGIQUE EN IMAGERIE FONCTIONNELLE PAR L'AMPHÉTAMINE.

	Laruelle [1996]	Breier [1997]	Abi-Dargham [1998]
Contrôles/patients	15/15	12/11	15/15
Technique	SPECT	PET	SPECT
Ligand	[^{123}I]IBZM	[^{11}C]raclopride	[^{123}I]IBZM
Dose amphétamine	0,3 mg/kg	0,2 mg/kg	0,3 mg/kg
Déplacement (%) C	- 7,6	- 15,5	- 7,1
Déplacement (%) P	- 19,5	- 22,3	- 13,8

LA DENSITÉ DES RÉCEPTEURS DE TYPE D2

Les explorations statiques de la densité des récepteur D2 ont globalement confirmé l'existence d'une augmentation de densité des récepteurs D2 [Harrison, 1999, Zakzanis et Hansen, 1998].

Abi-Dargham *et al.* [2000] ont récemment publié une évaluation dynamique, après déplétion dopaminergique, du potentiel de liaison striatal des récepteurs D2 : la liaison du [^{123}I]IBZM a été étudiée avant et après ingestion pendant 48 h d'α-méthyl-para-tyrosine, qui déplète 70 à 80 % du *pool* de dopamine *(figure 5)*. Les patients étaient sevrés de neuroleptiques depuis trois semaines (10/18) ou n'en avaient

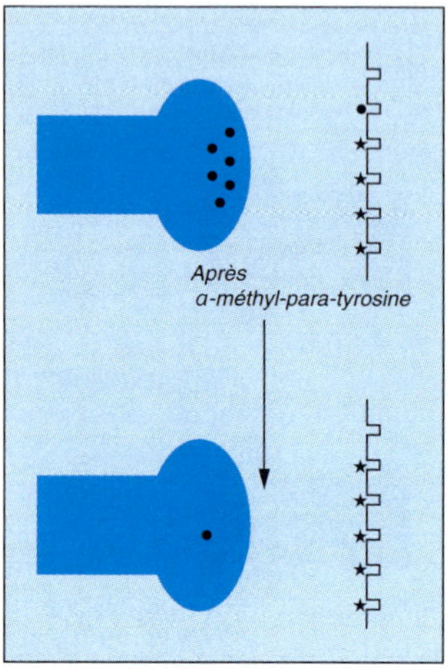

Figure 5. Évaluation du potentiel de liaison après déplétion par l'α-méthyl-para-tyrosine.

jamais reçu (8/18). Dans ces conditions, l'augmentation du potentiel de liaison est de 17 % chez les patients naïfs, de 20 % pour les patients en sevrage, contre 9 % pour les contrôles. Par conséquent, sur ce résultat isolé, il semble exister à la fois une augmentation du potentiel de liaison des récepteurs D2 (+ 12 %) et une forte augmentation (+ 100 %) des concentrations synaptiques de dopamine, chez les patients schizophrènes. À nouveau, les résultats semblent conformes à l'hypothèse de Grace.

LES AUTRES SYSTÈMES NEUROCHIMIQUES

GLUTAMATE

Le glutamate est l'aminoacide excitateur principal du système nerveux. Il agit sur des récepteurs *ionotropiques*, qui sont des canaux ioniques ligand-dépendants (récepteurs AMPA, kaïnate et NMDA) et *métabotropiques* (couplés aux protéines G). Les neurones glutamatergiques sont retrouvés dans la connectivité intrinsèque (par exemple, corticale) et extrinsèque (voies thalamo-corticale ou cortico-limbique par exemple) du système nerveux central. Par ailleurs, la phencyclidine, antagoniste du récepteur NMDA, mime plusieurs aspects de la symptomatologie schizophrénique.

Le récepteur AMPA est diminué au niveau temporal interne (hippocampe et région parahippocampique) tant au niveau de l'ARN messager que du récepteur. Il ne semble pas exister d'anomalies consistantes aux niveaux frontal et striatal.

Le récepteur du kaïnate semble augmenté au niveau cortical, diminué au niveau hippocampique, et inchangé au niveau striatal.

Le récepteur glutamatergique de type NMDA apparaît en théorie le plus « attractif » compte tenu des effets de la phencyclidine. Néanmoins, il ne semble pas exister d'anomalie très consistante dans la densité des sites NMDA, en dehors d'une augmentation des sites de liaison de la glycine, mais les résultats semblent dépendre du type de ligand utilisé.

Les niveaux de glutamate et d'aspartate, et de l'enzyme de synthèse correspondante, sont significativement abaissés au niveau cortical chez les schizophrènes.

GABA

Le système GABAergique est perturbé dans la pathologie schizophrénique. Il existe une diminution du niveau d'expression de l'enzyme *ad hoc*, la décarboxylase de l'acide glutamique, une diminution de la libération corticale de GABA, une diminution de l'expression du transporteur du GABA au niveau des synapses avec les cellules pyramidales de la couche V, et une expression accrue du récepteur $GABA_A$. L'ensemble de ces résultats converge vers un hypofonctionnement GABAergique frontal dans la schizophrénie.

MODÈLES PHARMACOLOGIQUES DE LA SCHIZOPHRÉNIE

Les modèles étudiés sont respectivement dopaminergique (psychostimulants) par augmentation des concentrations extracellulaires, sérotoninergique (hallucinogènes) par agonisme du récepteur $5HT_{2A}$, et glutamatergique par antagonisme du récepteur NMDA (phencyclidine). Les caractéristiques cliniques principales de ces modèles sont rapportées dans le *Tableau VI*. Les interactions entre les systèmes sont nombreuses, les plus significatives se produisant certainement pour les effets des agonistes sérotoninergiques, dont il est difficile de dissocier les effets directs de leur action sur la libération de la dopamine, et surtout de leur effet glutamatergique indirect au niveau cortical. Globalement, il apparaît que le modèle glutamatergique fournit le meilleur – quoique imparfait – reflet pharmacologique de la symptomatologie schizoprénique.

L'HYPOTHÈSE NEURO-DÉVELOPPEMENTALE

Les données de l'exposé précédent peuvent être reprises dans le cadre de l'hypothèse neurodéveloppementale de la schizophrénie :
– les anomalies cérébrales précoces constituent le facteur de susceptibilité majeur de la maladie ; on recense une susceptibilité génétique, qui croît en fonction de la charge génétique (nombre de parents affectés), et des facteurs environnementaux multiples (infectieux, obstétricaux, traumatiques, métaboliques et toxiques) dont

TABLEAU VI. MODÈLES PHARMACOLOGIQUES DE LA SCHIZOPHRÉNIE. ADAPTÉ DE KRYSTAL *ET AL.* 2000.

Symptômes	Hallucinogènes	Psychostimulants	Phencyclidine
– Positifs			
idées délirantes	+	++	+
hallucinations	++	+	+
distorsions perceptives	++	0	++
– Négatifs			
émoussement affectif	+	–	++
retrait	+	–	++
anhédonie	–	–	–
– Désorganisation	+	+	++
– Troubles cognitifs	+	+	++

certains s'exercent de manière élective pendant le deuxième trimestre de la grossesse ; ces anomalies contribuent en particulier à des perturbations de nombre, de trophicité et de position des neurones aux niveaux cortical et sous-cortical, ainsi qu'à des anomalies de connectivité du système nerveux central sans signes de gliose ou de processus évolutif ;

– les anomalies structurales sont présentes dès le diagnostic ; elles sont peu ou pas évolutives par rapport aux maladies neurodégénératives proprement dites ;

– l'étude des cohortes à risque montre que les patients, pendant la phase prémorbide, présentent des anomalies neurologiques, cognitives, comportementales et anatomo-radiologiques ;

– très schématiquement, la symptomatologie peut s'interpréter dans le cadre d'une *hypofrontalité fonctionnelle,* qui s'associe assez clairement au syndrome déficitaire, semble résulter directement du processus développemental, et d'une *désinhibition dopaminergique limbique* secondaire à la précédente et associée à la symptomatologie positive (il n'est toutefois pas clairement établi que le *primum movens* de la maladie, s'il existe, se situe au niveau frontal plutôt qu'au niveau thalamique ou hippocampique, comme le suggèrent les modèles animaux et la connectivité neuronale).

Sur un plan plus clinique, l'inventaire des facteurs de risque environnementaux et une meilleure évaluation du risque génétique permettent de mieux définir les groupes à risque ; par ailleurs, de nombreux travaux cherchent à évaluer, sur des cohortes longitudinales, les marqueurs précoces de vulnérabilité, qu'ils soient anatomo-radiologiques, électrophysiologiques, cognitifs ou cliniques. Dans l'état actuel de la question, ces stratégies de dépistage précoce ne peuvent s'appliquer à la population générale, en raison d'une spécificité trop faible ; par ailleurs, s'il est relativement acquis que l'intervention précoce dans la schizophrénie *constituée* améliore le pronostic symptomatique et peut-être fonctionnel, l'intervention thérapeutique visant les *schizotypes* (les sujets exprimant la *vulnérabilité* schizophrénique) [Lenzenweger, 1998], reste encore à évaluer.

HYPOFRONTALITÉ ET DOPAMINE (RÉFÉRENCES DANS TZSCHENTKE 2001)

Les projections dopaminergiques vers le cortex frontal sont issues essentiellement de l'aire tegmentale ventrale. Elles se font préférentiellement sur les couches profondes (V et VI) du cortex, notamment sur les cellules pyramidales et les interneurones GABAergiques. Les synapses sur les neurones pyramidaux sont probablement inhibitrices, à proximité des synapses glutamatergiques, et donc en situation de modulation réciproque. Les récepteurs dopaminergiques sont de type D1/D5 (activateurs de l'adénylate cyclase) et D2/D4 (inhibiteurs) dans un rapport de 4/1.

La fréquence de décharge des neurones dopaminergiques est plus élevée sur la voie mésocorticale qu'au niveau striatal, ainsi que l'efficacité du couplage excitation/neurosécrétion ; de plus, les capacités de recapture sont particulièrement faibles sur la voie mésocorticale ; enfin, les autorécepteurs frontaux régulent la libération de DA, sans effet sur la synthèse de DA ou la fréquence de décharge des neurones. En conséquence, la libération dopaminergique frontale est comparativement au nombre de terminaisons, plus forte au niveau frontal ; la DA peut diffuser à distance en raison de l'absence d'un système de recapture efficace, et les taux extracellulaires de DA se trouvent sous la dépendance préférentielle de la catéchol-O-méthyl transférase (COMT). Une série de travaux récents a montré une association entre un allèle de haute activité de la COMT (responsable donc d'une hypodopaminergie frontale) et la schizophrénie avec un risque relatif évalué à 1,5 [Li *et al.*, 1996]. Sous réserve de confirmation, ces résultats plaident dirctement en faveur d'une participation de l'hypodopaminergie frontale à la pathogénie de la shizophrénie.

La DA appliquée localement sur les cellules pyramidales semble exercer un effet inhibiteur soit direct soit par l'intermédiaire d'un interneurone GABAergique, quoique cet effet soit largement dépendant des conditions expérimentales et de la modulation glutamatergique, entre autres.

La relation entre le niveau d'activité dopaminergique et les fonctions frontales se présente comme un « U inversé » : un tonus dopaminergique moyen est associé à des performances cognitives optimales, tandis qu'une stimulation dopaminergique excessive, notamment des récepteurs de type D1, ou insuffisante, ainsi qu'un antagonisme D1 ou D2 perturbent ce fonctionnement optimal ; à l'inverse, la normalisation du tonus dopaminergique à partir d'un niveau de base perturbé tend à normaliser les performances cognitives. Dans ce contexte, Daniel *et al.* [1991] ont rapporté que l'amphétamine améliorait la performance de schizophrènes stabilisés au WCST et normalisait partiellement le métabolisme du cortex préfrontal dorsolatéral, notamment en rétablissant le parallélisme entre le niveau d'activation corticale et la difficulté de la tâche observé chez les sujets sains. On notera toutefois que d'autres voies de neurotransmission – glutamatergique et cholinergique notamment – sont certainement impliquées dans la modulation des fonctions frontales et pourraient constituer des cibles thérapeutiques acceptables dans le traitement de l'hypofrontalité dans la schizophrénie.

Place des différents traitements

Pierre-Michel Llorca

Les neuroleptiques appartiennent à une classe de psychotropes de découverte relativement récente. C'est en effet en 1952 que Delay et Deniker soulignent l'intérêt de l'utilisation prolongée de la chlorpromazine, synthétisée deux ans auparavant, dans le traitement des états d'agitation et les psychoses aiguës. Trois ans plus tard, ils proposent le terme de ***neuroleptiques*** (littéralement : « qui saisit les nerfs ») pour désigner ce type de produit et dès 1957 ils en donnent une définition en cinq critères indispensables :

1. Création d'un état d'indifférence psychomotrice ;
2. Diminution de l'agressivité, de l'agitation ;
3. Action réductrice des psychoses aiguës et chroniques ;
4. Effets secondaires neurologiques et neurovégétatifs ;
5. Action sous-corticale prédominante.

Dans cette définition, effets latéraux et effets antipsychotiques apparaissaient comme étroitement liés, à tel point que l'on considère qu'un produit est doué d'effets antipsychotiques dans la mesure où il possède des effets neurologiques secondaires. À partir de 1953, de nombreuses molécules dérivées de la chlorpromazine ont été mises sur le marché. On recense actuellement plus de cinquante neuroleptiques appartenant à environ dix familles différentes. Pour les auteurs français, tous les neuroleptiques n'ont pas la même action clinique. Les auteurs américains, en revanche, ont longtemps considéré que ces produits, qu'ils nomment plus volontiers antipsychotiques, étaient équivalents. Ces positions tendent à être révisées depuis la découverte de nouvelles molécules aux effets neurochimiques complexes qui ont en commun une faible capacité à induire des effets secondaires extrapyramidaux ou endocriniens tout en possédant une réelle action antipsychotique. Ces nouveaux neuroleptiques dits ***neuroleptiques atypiques***, dont la clozapine est le chef de file, ont apporté la preuve que même si tous les neuroleptiques peuvent, à dose suffisante, induire des symptômes extrapyramidaux, l'action thérapeutique n'est pas corrélée à l'importance de ces effets.

L'introduction des neuroleptiques atypiques dans la pharmacopée a considérablement modifié les pratiques thérapeutiques durant la dernière décennie. Il ressort de la plupart des stratégies thérapeutiques récentes un consensus quant à l'utilisation de ces produits en première intention. Toutefois, il serait imprudent de déconsidérer trop hâtivement la place de molécules plus anciennes, ou plus typiques, qui restent toujours d'utilisation courante. On insistera en particulier sur les neuroleptiques sédatifs qui gardent leur place dans le traitement des états d'agitation. Il faut également souligner l'intérêt des neuroleptiques classiques dispensés sous forme de traitement retard.

CLASSIFICATIONS

Différentes classifications ont été proposées pour ces molécules depuis les années soixante, sans qu'aucune d'entre elles ne se soit vraiment imposée.

CLASSIFICATION CHIMIQUE

Les antipsychotiques forment un groupe hétérogène composé de familles chimiques diverses n'ayant pas, ou peu, de parenté entre elles. Malgré cette hétérogénéité, P. Jansenn *(figure 1)* a mis en évidence un groupement commun à tous les neuroleptiques classiques (à l'exception de la réserpine) et que l'on retrouve dans les neuroleptiques atypiques. Cependant cette structure reste, pour Deniker, sommaire et restreinte.

On peut répartir les neuroleptiques en plusieurs groupes principaux qui diffèrent par leur structure chimique :

– les phénothiazines réparties en trois sous-groupes : aliphatiques (Largactil®, Nozinan®, Tercian®), pipérazinées (Moditen®, Trilifan®) et pipéridinées (Melleril®, Piportil®, Neuleptil®). Les phénothiazines aliphatiques sont faiblement pourvoyeuses d'effets extrapyramidaux à l'inverse des composés pipérazinées qui sont particulièrement aptes à induire des dyskinésies tardives. C'est dans ce dernier groupe qu'ont été décrits les premiers neuroleptiques dit ***incisifs*** ;
– les butyrophénones (Haldol®) ;
– les thioxanthènes (Clopixol®, Fluanxol®) ;
– les diphénylbutylpipéridines (Orap®) ;
– les dibenzodiazépines (Leponex®), dibenzooxazépines (Loxapac®) ;
– les benzamides substitués (Solian®, Dogmatil®, Tiapridal®) ;

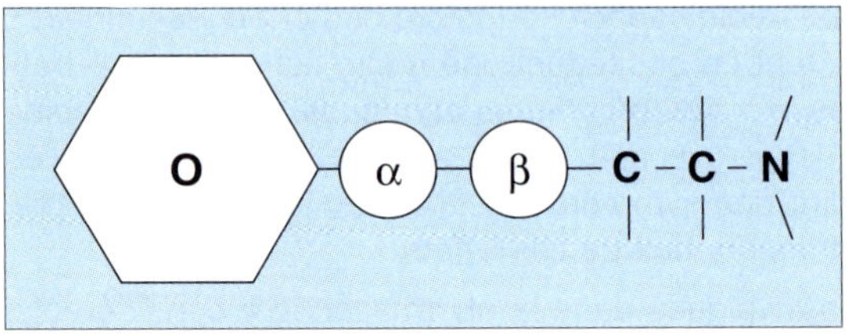

Figure 1. Structure chimique commune aux neuroleptiques d'après Jansenn.

– les réserpines et apparentés dont l'intérêt est uniquement historique. C'est en effet à partir de la découverte de l'action de la réserpine, qui déclenche une déplétion des granules de réserve de dopamine, de sérotonine et de noradrénaline que l'on a mis en évidence l'influence des neuroleptiques sur les monoamines cérébrales.

En pratique courante, les implications de cette classification sont limitées par l'absence de lien constant entre la famille chimique et le type d'effet. De plus, l'arrivée des neuroleptiques atypiques, qui ne constituent pas une famille, rend son utilisation de moins en moins pertinente.

CLASSIFICATIONS SELON L'EFFET CLINIQUE

Plusieurs auteurs ont tenté d'ordonner les neuroleptiques en fonction du spectre d'activité clinique observé, à savoir leur spécificité sur différents types de symptômes. Ces classifications sont anciennes, empiriques, mais retrouvent une certaine actualité à l'heure où les psychiatres nord-américains commencent à abandonner la notion d'une équivalence stricte entre les produits (avec, par exemple, des recommandations de prescription en « équivalent-chlorpromazine »).

CLASSIFICATION DE LAMBERT ET RÉVOL (1960) *(figure 2)*

Elle répartit de façon didactique les neuroleptiques sur un axe entre un pôle sédatif (sédation non spécifique) et un pôle incisif ou réducteur (réduction spécifique de la symptomatologie psychotique : délire, hallucinations...). Les principales critiques faite à cette classification étaient liées à l'imprécision du terme ***incisif***, à l'absence de prise en compte de la dimension athymormique de la schizophrénie et à son aspect trop réducteur.

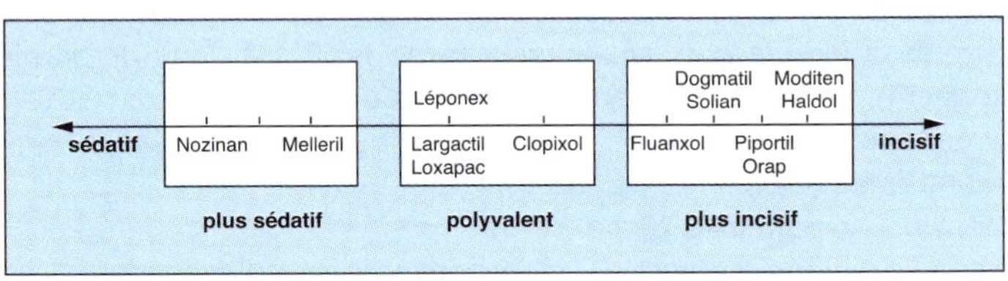

Figure 2. Classification de Lambert et Révol.

CLASSIFICATION DE P. PICHOT (1960)

Elle propose un modèle descriptif tridimensionnel : dimension d'action sur l'angoisse psychotique, dimension d'action sur l'athymie apathie et dimension d'action sur le délire et les hallucinations.

CLASSIFICATION DE DENIKER ET GINESTET (1961, COMPLÉTÉE EN 1977)

Cette classification est basée sur un modèle bipolaire divisé en quatre groupes : composés sédatifs (neuroleptiques anti-anxieux et anti-excitatoires), composés désinhibiteurs (neuroleptiques actifs sur les formes déficitaires), composés moyens et composés polyvalents (anti-anxieux, anti-excitatoires et désinhibiteurs.

CLASSIFICATION DE BOBON

Bobon a proposé une description de chaque produit par six axes gradués (étoile de Liège) correspondant à des actions thérapeutiques (effets ataraxique, antimaniaque, antidélirant, antiautistique) ou indésirables (adrénolytiques, extrapyramidaux).

D'autres classifications ont été proposées, on retiendra pour mémoire la classification selon le modèle psychopathologique de Kapsambélis et Ginestet qui s'intéresse aux effets angolytiques, thymoleptiques et psycho-réorganisateurs des neuroleptiques. En l'absence de classification consensuelle pratiquement utilisable, il paraît plus pertinent de prendre en compte pour chaque produit les trois principaux types d'action, détaillés plus loin.

MODE D'ACTION DES NEUROLEPTIQUES : UNE SPÉCIFICITÉ BIOCHIMIQUE

Les neuroleptiques induisent plusieurs modifications biochimiques centrales :
- ils augmentent la vitesse de renouvellement de la dopamine ;
- ils inhibent la stimulation de l'adényl-cyclase membranaire dopamine dépendante ;
- ils déplacent les agonistes dopaminergiques de leurs sites de liaison spécifiques ;
- ils augmentent les concentrations circulantes de prolactine.

Ces effets rendent compte de l'activité biochimique principale des neuroleptiques, à savoir un blocage des récepteurs centraux à la dopamine. La transmission dopaminergique se fait par l'intermédiaire de deux grandes familles de récepteurs : D1 et D2 (D2, D3, D4). Le blocage des récepteurs dopaminergiques dans les corps striés (aboutissement des voies nigrostriatales) est à l'origine des effets neurologiques extrapyramidaux. Le blocage des récepteurs dopaminergiques au niveau hypothalamo-hypophysaire est responsable des effets endocriniens des neuroleptiques. Le blocage des récepteurs dopaminergiques au niveau du système limbique (aboutissement des voies mésolimbiques) et au niveau du cortex (aboutissement des voies mésocorticales) en particulier cingulaire ou préfrontal, expliquerait les effets antipsychotiques et régulateurs de l'humeur et de la vigilance des neuroleptiques. Il a d'abord été proposé que les récepteurs D2, dont le blocage explique l'action cataleptique, jouaient un rôle prépondérant dans l'action antipsychotique des neuroleptiques. De plus, le blocage de récepteurs D2 présynaptiques par de faibles doses de neuroleptiques pourrait induire une libération de dopamine et prévenir ainsi les symptômes déficitaires, conséquence d'une hypoactivité dopaminergique. Cependant, on a progressivement admis, en étudiant le profil pharmacologique de nombreux neuroleptiques et en particulier des neuroleptiques atypiques, que d'autres récepteurs dopaminergiques, en particulier D1, D3 et D4, pourraient participer à l'action antipsychotique des neuroleptiques.

Par ailleurs, ces médicaments interagissent également avec d'autres systèmes de neuromédiation cérébrale (cholinergique, adrénergique, histaminique, sérotoninergique...). Ces phénomènes sont à l'origine d'effets repérables, désirés ou non (atropiniques, adrénolytiques, antihistaminiques...) qui ont donné lieu à des tentatives de regroupements selon le type d'action prédominant. Ceux-ci ne se recoupent pas complètement avec la classification par structure chimique, ni avec la totalité des effets cliniques, ce qui en limite la portée pratique. On citera notamment l'action antagoniste 5HT2 retrouvée pour pratiquement tous les neuroleptiques mais de façon beaucoup plus marquée pour les neuroleptiques atypiques. Cet antagonisme qui libérerait les neurones dopaminergiques centraux de leur inhibition tonique sérotoninergique présenterait des effets antidéficitaires et préviendrait des effets extrapyramidaux.

EFFETS THÉRAPEUTIQUES DES NEUROLEPTIQUES ET DES ANTIPSYCHOTIQUES

EFFET SÉDATIF

La sédation est l'un des tous premiers effets connus et exploités des neuroleptiques. Elle a modifié la prise en charge des états d'excitation ou d'agitation psychomotrice de toutes origines, qu'il s'agisse d'une agitation délirante, d'un état maniaque, confusionnel ou de tout autre trouble psychiatrique ou organique nécessitant une sédation rapide. Cette sédation peut être obtenue avec n'importe quel neuroleptique, mais avec des posologies et à des vitesses variables selon le produit. Les phénothiazines sont particulièrement sédatives (Tercian®, Nozinan®) et permettent un soulagement anxiolytique important notamment sur l'angoisse psychotique, dans l'urgence. Ces molécules posent le problème d'effets hypotenseurs marqués et leur utilisation nécessite donc une surveillance tensionnelle adaptée. D'autres produits sont plus maniables, comme la loxapine (Loxapac®), mais demeurent moins sédatifs. On rattache également à l'action sédative l'efficacité des neuroleptiques sur les manifestations impulsives et agressives.

EFFET ANTIPSYCHOTIQUE

Cet effet, encore appelé incisif, réducteur ou anti-productif, consiste en une diminution progressive, allant de quelques jours à plusieurs semaines de traitement, d'une symptomatologie de type délirant et/ou hallucinatoire. Ces effets sont moindres sur les délires chroniques systématisés par exemple de type paranoïaque, que chez les patients schizophrènes. Il est nécessaire d'insister sur le délai d'apparition de cette activité, imposant un maintien de la thérapeutique durant un temps minimal, le premier effet obtenu étant un simple effet ataraxique.

EFFET ANTIDÉFICITAIRE

Il a été très tôt remarqué que les patients schizophrènes traités par neuroleptiques sortaient progressivement de l'état de mutisme et d'apragmatisme total (« autisme ») qui caractérise le cours naturel de la maladie. La réduction de l'activité délirante facilite bien sûr la réouverture du sujet vers la vie sociale, mais il existe aussi un effet propre des neuroleptiques sur les symptômes dits « négatifs » de la schizophrénie tels que le retrait social et affectif, l'anhédonie, l'apragmatisme. Cet effet a été qualifié de désinhibiteur, psychostimulant ou encore anti-autistique, mais le terme *antidéficitaire* a l'avantage d'être descriptif et donc plus neutre au regard des diverses conceptions de la maladie.

Il faut noter la notion de bipolarité de l'action de certaines molécules, en particulier les benzamides telles que l'amisulpride (Solian®). Pour certains auteurs, ces composés posséderaient à faible dose une action antidéficitaire et à forte dose une action antiproductive.

Ces effets antidéficitaires semblaient plus marqués avec les antipsychotiques. Toutefois, cette action ainsi que les doses à employer pour l'obtenir restent controversées et demandent des études complémentaires.

EFFETS PROPRES DES NEUROLEPTIQUES ATYPIQUES

Ces produits possèdent les propriétés des neuroleptiques classiques, hormis la sédation qui ne survient qu'à dose trop élevée pour une application clinique. L'effet antipsychotique semble aussi important qu'avec les molécules classiques. L'efficacité antidéficitaire est un de leurs principaux avantages par rapport aux neuroleptiques classiques, dans la mesure où ces symptômes conditionnent le pronostic d'intégration sociale des patients. Elle est en voie de confirmation dans la littérature, en dépit d'obstacles méthodologiques. Certains travaux récents font également état de la potentialité thymorégulatrice des neuroleptiques atypiques au cours de la schizophrénie, et en tout cas de l'absence des effets dépressogènes parfois attribués aux neuroleptiques. Enfin, une action positive sur les altérations cognitives liées à la schizophrénie (mémoire, attention, apprentissage...) a été démontrée pour ces nouvelles molécules et fait l'objet de nombreuses évaluations actuelles.

ASPECTS PHARMACOLOGIQUES

NOTIONS DE PHARMACOCINÉTIQUE

Les neuroleptiques sont principalement résorbés au niveau de l'intestin grêle et atteignent pour la plupart leur pic plasmatique rapidement, dans un délai allant de 30 mn à 6 h pour certains. Les demi-vies d'élimination varient de quelques heures à quelques jours. Pour les formes à libération prolongée cette demi-vie peut aller de 100 à 200 h pour le penfluridol (Semap®), seul neuroleptique à action prolongée en prise *per os*, jusqu'à 18 à 30 jours pour la forme retard de l'halopéridol (Haldol Decanoas®). La fixation aux protéines plasmatiques est très variable d'un produit à l'autre. La fixation dans tous les tissus liposolubles est forte et peut être retrouvée longtemps après une prise unique. La barrière fœtoplacentaire est facilement franchie mais le passage dans le lait maternel est faible. Le catabolisme est complexe et différent d'une molécule à l'autre. L'élimination se fait par les urines et les fèces.

TOLÉRANCE – EFFETS INDÉSIRABLES

EFFETS INDÉSIRABLES PSYCHIQUES

Le *syndrome d'indifférence psychomotrice* repéré comme propriété intrinsèque des neuroleptiques constitue un effet indésirable dans la mesure où il mime ou aggrave certains symptômes psychotiques. Il consiste en un état de passivité, asthénie, désintérêt, qui peut être amélioré par une réduction de posologie.

La *somnolence*, parfois recherchée en induction du sommeil, peut s'avérer réellement gênante lorsqu'elle perturbe l'activité diurne des patients. Elle dépend de la posologie et du choix de la molécule.

Les *accès d'angoisse* et les *réactivations délirantes* peuvent survenir en cas de traitement excessivement désinhibiteur, auquel cas il convient d'en augmenter la posologie ou de changer de traitement. Ces troubles sont à différencier d'un échappement au traitement et bien sûr d'une mauvaise observance.

Les *symptômes dépressifs* classiquement décrits ne semblent pas plus fréquents chez les sujets schizophrènes traités par des neuroleptiques, qui pourraient même avoir un effet protecteur. Leur diagnostic doit être prudent, le tableau d'akinésie provoqué par les neuroleptiques pouvant suggérer un ralentissement dépressif.

Les *accès confuso-oniriques* sont rares, survenant plutôt chez les sujets âgés et avec les molécules ayant une action anticholinergique, ce qui est le cas de la plupart d'entre elles à l'exception de l'halopéridol (Haldol®). Ces troubles régressent à l'arrêt du traitement en cause. Ils sont en revanche fréquents avec les correcteurs anticholinergiques prescrits dans le cadre des syndromes extrapyramidaux dus aux neuroleptiques.

L'ensemble de ces effets indésirables psychiques est beaucoup plus rarement observé avec les neuroleptiques atypiques.

EFFETS INDÉSIRABLES NEUROLOGIQUES

Les *effets extrapyramidaux* observés sont différents selon leur chronologie d'apparition.

Les effets aigus sont rares avec les antipsychotiques, mais doivent, dans l'absolu, être rapportés au nombre de patients traités encore relativement faible. Les éventuels effets retardés ne seront connus qu'au cours de l'observation de pharmacovigilance.

Les plus précoces à survenir sont les *dystonies ou dyskinésies aiguës* (dès les 36 premières heures), souvent lors de l'instauration du traitement. Elles semblent corrélées au taux plasmatique. Souvent spectaculaires, très angoissantes pour le malade, ces manifestations comportent des spasmes ou contractures musculaires involontaires, plus ou moins soudains et prolongés. Ils peuvent affecter l'ensemble du corps mais prédominent dans la sphère cervico-céphalique : torticolis, plafonnement du regard, protrusion de la langue sont les phénomènes les plus fréquents. Ces crises nécessitent un traitement urgent *(cf. infra)* conduit avec une attitude rassurante et explicative.

Les *syndromes parkinsoniens* parfois appelés « parkinsonisme » se caractérisent par une akinésie (contribuant à l'aspect figé des patients), un tremblement de repos et d'action parfois très invalidant pour les gestes de la vie quotidienne, une hypertonie musculaire de type plastique (signe de la roue dentée), une perte des mouvements automatiques (balancement des bras à la marche), un réflexe nasopalpébral inépuisable.

L'*akathisie* est l'incapacité à maintenir même brièvement une position stable. Ce trouble peut aller d'une sensation discrète mais désagréable d'impatience motrice jusqu'à une déambulation forcée incoercible (tasikinésie) pouvant être confondue avec l'agitation psychotique. L'akathisie survient chez près de la moitié des patients, plus ou moins tardivement.

Survenant parfois longtemps après ou au cours d'un traitement généralement prolongé et à forte posologie, les *dyskinésies tardives* se présentent sous la forme d'un syndrome hyperkinétique involontaire. Elles possèdent fréquemment une composante bucco-linguo-masticatoire (mâchonnement, mouvements d'enroulement de la langue...) et plus rarement le syndrome axial et périphérique (syndrome choréoathétosique des membres, balancement du tronc...). On y associe le « syndrome du lapin » (tremblement rapide de la région labiale). Leur gravité tient à la gêne considérable occasionnée dans les relations sociales, et à la difficulté de leur traitement (non codifié actuellement). Leur classique irréversibilité serait relative, certaines dyskinésies tardives pouvant régresser en quelques mois voire quelques années après l'interruption du traitement. Elles seraient plus fréquentes chez la femme, les sujets âgés, et les patients non schizophrènes. Leur prévention reste un point capital du traitement antipsychotique.

Les *crises d'épilepsie* provoquées uniquement par un traitement neuroleptique sont exceptionnelles, et la survenue d'une crise inaugurale sous neuroleptique ne dispense pas d'un bilan étiologique. Toutefois la plupart des neuroleptiques et antipsychotiques abaissent sensiblement le seuil épileptogène. Une épilepsie connue et traitée ou simplement un terrain à risques justifient donc une prescription prudente (posologie atteinte progressivement, surveillance clinique rapprochée).

Le *traitement* des effets extrapyramidaux est abordé au chapitre « Modalités d'emploi ».

AUTRES EFFETS INDÉSIRABLES

Une grande partie des effets indésirables fréquemment rencontrés lors de l'utilisation de neuroleptiques classiques est liée à leurs propriétés pharmacologiques.

Les *hypotensions artérielles*, surtout orthostatiques, sont liées aux effets adrénolytiques. Parfois très gênantes (sensation d'étourdissement) voire dangereuses (chutes chez le sujet âgé), elles nécessitent une surveillance en début de traitement, et tendent à diminuer après deux à trois semaines. Si elles persistent, on peut prescrire un correcteur comme la dihydroergotamine, l'heptaminol ou la néosynéphrine, souvent assez efficaces.

Les *effets anticholinergiques* se manifestent par une *sécheresse de bouche* désagréable, pouvant entraîner des caries en traitement prolongé, et éventuellement justiciable d'un traitement par sialagogue : Sulfarlem S25®. Une *mydriase* est présente et associée à des troubles de l'accommodation en début de cure ; la pression intra-oculaire peut s'élever, nécessitant une surveillance en cas de glaucome. La *constipation* est fréquente, elle ne doit pas faire recourir systématiquement aux laxatifs mais plutôt à des mesures hygiéno-diététiques appropriées. Négligée, elle peut aboutir à un syndrome occlusif parfois chirurgical. Une *dysurie* peut apparaître également, favorisée par un obstacle urétroprostatique (adénome), mais ne doit être imputée au seul traitement neuroleptique qu'après un bilan urologique. Ces effets anticholinergiques sont plus fréquents avec les phénothiazines.

Une discrète *hyperthermie* est fréquemment observée, de mécanisme central, sans lien avec un tableau de syndrome malin.

Des *troubles de l'activité sexuelle* (baisse de libido, anorgasmie...) peuvent être attribués au traitement mais avec une intrication probable de la pathologie par elle-même.

L'hyperprolactinémie est liée aux effets antidopaminergiques des neuroleptiques au niveau hypophysaire ; elle doit être recherchée en cas de dysménorrhée voire de syndrome aménorrhée-galactorrhée et chez l'homme en cas de gynécomastie (parfois accompagnée de galactorrhée). Un bilan étiologique est requis ainsi que, bien souvent, un changement de molécule.

La *prise de poids*, de mécanisme discuté, est fréquente, survenant préférentiellement en début de traitement. Elle est réversible à l'arrêt, et assez souvent lors du changement de molécule (plus fréquente avec les benzamides et l'olanzapine).

INCIDENTS ET ACCIDENTS

Les problèmes *cutanés et oculaires* sont dominés par le risque de photosensibilisation parfois sérieux : coloration mauve du visage en ailes de papillon chez les patients sous chlorpromazine à haute dose après forte exposition solaire. Des précautions simples (chapeau, crème protectrice) restent indiquées en saisons chaudes et dans les régions à fort ensoleillement. Des dépôts pigmentaires cristalliniens, cornéens et rétiniens ont été également rapportés, justifiant un examen ophtalmologique régulier en zones exposées. Par ailleurs, des accidents allergiques cutanés, de gravité variable, ont été observés chez les personnes manipulant les neuroleptiques.

Des effets *hématologiques*, comme une discrète leucopénie avec lymphocytose relative, sont fréquents et ne doivent pas faire interrompre le traitement. Des cas d'agranulocytose gravissime ont été rapportés mais sont en fait exceptionnels. En ce qui concerne la clozapine (Leponex®) il existe en revanche un danger de granulocytopénie évalué à 1 à 2 %, qui doit être pris en compte lors la décision de prescription. La surveillance de l'hémogramme est obligatoire pour la délivrance du produit, hebdomadaire pendant les 18 premières semaines de traitement, puis mensuelle.

Les accidents *digestifs* sont de deux ordres : les occlusions par atonie intestinale *(cf. supra)* et les hépatites toxiques. Il s'agit en général d'hépatites cholestatiques (1 à 5 % des patients traités) souvent infracliniques et réversibles, plus rarement d'hépatites cytolytiques, plus graves.

Le classique *syndrome malin* est rare (moins de 0,5 % d'incidence) mais reste redouté en raison de la forte mortalité qu'il entraîne : 20 % spontanément mais encore 10 % avec un traitement adapté. Survenant plus volontiers chez un sujet jeune, en début de traitement neuroleptique surtout injectable et à action prolongée, il peut toutefois apparaître dans n'importe quelle situation y compris lors de l'utilisation hors du champ de la psychiatrie (antiémétique, par exemple). Il se caractérise par un tableau *clinique* associant une hyperthermie sans cause retrouvée, sueurs profuses, pâleur, hypertonie extrapyramidale importante, hébétude, signes de déshydratation, hypotension, tachycardie. La *biologie* retrouve une élévation des enzymes (CPK, LDH, transaminases) et une hyperleucocytose qui ne doit pas faire perturber le diagnostic (contexte d'hyperthermie). En 24 à 48 heures, si le neuroleptique n'est pas interrompu, des troubles de la vigilance apparaissent tandis que la température continue de croître accompagnée de troubles cardio-vasculaires et respiratoires.

Il s'agit d'une urgence médicale nécessitant des mesures de réanimation symptomatiques et un traitement spécifique ; parmi ceux qui ont été proposés, figurent le dantrolène (Dantrium®), la bromocriptine (Parlodel®), l'amantadine (Mantadix®).

La gravité potentielle de ce syndrome malin justifie la surveillance de la température lors de l'instauration d'un traitement neuroleptique, et la suspension d'un traitement dès la survenue d'une hyperthermie inexpliquée. Par mesure de précaution également, un traitement ne doit pas être débuté d'emblée sous forme retard sans avoir été testé *per os* au préalable.

INTERACTIONS MÉDICAMENTEUSES

Il existe peu d'interactions spécifiques aux neuroleptiques et antipsychotiques. Le moindre doute concernant une coprescription justifie toutefois la recherche d'informations précises par produit. La prescription concomitante de lévodopa doit être proscrite hormis dans des indications extrêmement spécifiques pour certains produits. Le risque de majoration de la sédation amène à déconseiller l'absorption d'alcool et nécessite la prescription prudente de tout autre sédatif ou dépresseur du système nerveux central (psychotrope ou non). L'aggravation d'effets secondaires peut être provoquée par une association, comme par exemple un traitement antihypertenseur venant s'ajouter à l'hypotension orthostatique. De même les effets anticholinergiques de différents médicaments se potentialisent : tricycliques, antihistaminiques H1, disopyramide. Les effets extrapyramidaux pourraient être aggravés par les inhibiteurs de recapture de la sérotonine (fluoxétine, paroxétine).

CONTRE-INDICATIONS

On considère classiquement que les neuroleptiques n'ont pas de contre-indications absolues, mais dans de nombreux cas une prescription prudente est requise.

Parmi les situations cliniques contre-indiquant l'utilisation des neuroleptiques on retiendra les maladies neurologiques comme la maladie de Parkinson ou la sclérose en plaques. Toutefois, dans ces situations cliniques, la survenue concomitante d'une pathologie psychotique justifie l'emploi des antipsychotiques et en particulier de la clozapine. Il en est de même dans les comas toxiques notamment alcooliques et barbituriques. L'épilepsie justifie des précautions, évoquées au chapitre des effets secondaires neurologiques.

Le glaucome par fermeture de l'angle et les troubles obstructifs urétroprostatiques ne constituent pas une contre-indication absolue mais doivent faire éviter des molécules très anticholinergiques telles que les phénothiazines aliphatiques et la clozapine (Leponex®).

Les porphyries rendent l'utilisation impossible également à l'exception de la chlorpromazine (Largactil®).

Le phéochromocytome contre-indique les benzamides qui sont accusés de provoquer des poussées hypertensives.

Un antécédent d'agranulocytose ou de neutropénie de toute étiologie contre-indique la clozapine (Leponex®).

MODALITÉS D'EMPLOI

INDICATIONS PSYCHIATRIQUES CLASSIQUES

Les indications majeures et indiscutées sont les états psychotiques aigus et chroniques.

Parmi les psychoses d'évolution chronique, la schizophrénie est la pathologie où l'effet des neuroleptiques est le plus constant. Ces effets thérapeutiques modifient considérablement le pronostic en terme de symptomatologie mais aussi de possibilité d'intégration sociale de ces sujets.

Les psychoses hallucinatoires chroniques bénéficient du traitement neuroleptique également avec une bonne efficacité sur les hallucinations.

Les délires paranoïaques restent peu ou pas accessibles à cette chimiothérapie, qui demeure indiquée pour ses effets sédatifs et anti-agressifs. Le traitement permet parfois cependant d'obtenir une relative mise à distance du délire et contribue à limiter le risque de passage à l'acte.

Les états psychotiques aigus du type bouffées délirantes aiguës sont des indications claires des neuroleptiques, qui permettent le plus souvent l'amendement rapide des troubles délirants et hallucinatoires. Le traitement peut être instauré dans l'urgence, dans l'attente d'un autre diagnostic potentiel (trouble de l'humeur avec symptômes psychotiques, par exemple).

Les phases aiguës de la psychose maniaco-dépressive nécessitent fréquemment le recours à un neuroleptique à titre adjuvant :
- pour calmer l'agitation maniaque, éventuellement en association avec un traitement antimaniaque spécifique (lithium ou acide valproïque) ;
- pour limiter le risque de passage à l'acte et permettre une sédation sur la douleur morale des phases mélancoliques, durant le délai d'action des antidépresseurs.

AUTRES INDICATIONS

Les neuroleptiques trouvent également leur place dans le traitement de nombreux troubles psychiques non spécifiques ou plutôt « transnosographiques » : angoisse majeure, agitation, agressivité, insomnie rebelle. Certaines molécules, telles l'alimémazine (Théralène®) et la cyamémazine (Tercian®), possèdent un intérêt dans ces indications. Si les neuroleptiques ont pour avantage de ne pas induire de pharmacodépendance comparable à celle des benzodiazépines, ce type d'indications doit rester limité compte tenu du risque de dyskinésie tardive.

Certaines indications classiques comme les troubles obsessionnels graves (propéricazine : Neuleptil®), les manifestations psychosomatiques (sulpiride : Dogmatil®) ou encore l'impulsivité psychopathique (thioridazine : Melleril®) sont en voie de désuétude du fait de nouvelles stratégies thérapeutiques.

En neurologie, les indications des neuroleptiques couvrent les syndromes confusionnels (adjoints au traitement étiologique), la maladie de Gilles de la Tourette (tics incoercibles), certains mouvements choréiformes. Il faut noter l'utilisation des neuroleptiques atypiques, en particulier de la Clozapine®, dans certaines formes de maladies de Parkinson (associées à des troubles psychotiques). Le Risperdal® semble posséder une efficacité dans le traitement des dyskinésies tardives. Des indications anciennes dans le traitement de certaines algies rebelles, des nausées et vomissements ou hoquets rebelles semblent remises en cause par de nouveaux médicaments dépourvus d'action centrale et mieux tolérés.

CONDUITE DU TRAITEMENT

MISE EN PLACE DU TRAITEMENT

Le produit est choisi en fonction de la symptomatologie prédominante, de la réponse clinique et de la tolérance initiale. Le grand nombre de produits disponibles fait intervenir l'expérience du praticien, la bonne connaissance de quelques neuroleptiques étant préférable au maniement approximatif d'une large gamme.

La mise en place du traitement nécessite l'évaluation des contre-indications relatives évoquées. Cela passe par un examen clinique mais également un ECG, si besoin un fond d'œil, voire dans certains cas un EEG.

La voie injectable peut être utile en début de traitement chez un patient agité ou si les troubles ne permettent pas une coopération suffisante pour la prise *per os*. Dans ces situations on recherche fréquemment une sédation par l'adjonction soit d'un autre neuroleptique plus spécifiquement sédatif (phénothiazine, chlorpromazine), soit d'une benzodiazépine (préconisée notamment en association avec les neuroleptiques atypiques).

En dehors de ces phases, la monothérapie neuroleptique doit être de règle, du fait de ses nombreux avantages. Outre sa simplicité, qui favorise la compliance, elle permet une évaluation rigoureuse de la tolérance et de l'efficacité. La sécurité d'emploi est donc renforcée, les ajustements de posologie ou les changements de molécule mieux argumentés. Un délai de trois semaines à dose constante est nécessaire pour juger de l'efficacité d'un traitement ou pour décider d'une modification de celui-ci.

Dans tous les cas, le traitement, ses objectifs et ses effets secondaires lorsqu'ils surviennent, doivent être expliqués au patient. Cette attitude est le gage de la confiance indispensable à une meilleure observance ultérieure, souvent en défaut chez les patients psychotiques.

PLACE DES ANTIPSYCHOTIQUES

Depuis quelques années les antipsychotiques atypiques nouvellement commercialisés, rispéridone (Risperdal®) et olanzapine (Zyprexa®) ainsi que les nouvelles modalités d'utilisation de la clozapine (Leponex®) visant au contrôle du risque hématologique de ce produit, ont sensiblement modifié les stratégies thérapeutiques. En effet, ces produits induisent significativement moins d'effets neurologiques indésirables. La rispéridone et l'olanzapine se présentent donc comme des alternatives possibles en première intention pour tout épisode psychotique aigu ou lors de la confirmation d'un diagnostic de schizophrénie. La clozapine, du fait de ses restrictions d'utilisation, reste limitée à une prescription de deuxième *intention*, c'est-à-dire dans les schizophrénies résistantes au traitement ou lors d'une intolérance neurologique marquée à un traitement neuroleptique.

LE CHOIX DU TRAITEMENT : LES STRATÉGIES THÉRAPEUTIQUES

L'apparition des neuroleptiques atypiques a conduit à un rapide aménagement, durant les cinq dernières années, des différentes recommandations et guidelines employées dans le traitement de la schizophrénie. Pour les plus récentes, leur utilisation, de façon indifférente, est préconisée en première intention du fait du faible risque d'induction de dyskinésies tardives. Des posologies minimales doivent être utilisées. Les échecs thérapeutiques doivent conduire à l'utilisation d'un autre neuroleptique atypique ou de la clozapine en cas d'échecs répétés en troisième ou quatrième intention. Pour certains auteurs qui font alors discuter l'intérêt de la clozapine, l'utilisation de l'Haldol® ne doit pas se faire à une posologie supérieure à 15 mg/j. L'emploi des neuroleptiques classiques devient de plus en plus restreint. Ils semblent toujours garder leur pertinence lors d'une rechute chez un sujet ayant correctement répondu auparavant à un neuroleptique classique, à dose faible, et n'ayant présenté aucun effet indésirable neurologique patent. On pourra également utiliser les neuroleptiques à formes retard pour des patients faiblement compliants ou bien pour des sujets pouvant présenter une hétéro-agressivité marquée en cas de rechute. L'emploi des neuroleptiques classiques dans une indication de sédation ou d'anxiolyse est débattu. Il faut de nouveau souligner la faible nocuité neurologique des phénothiazines aliphatiques (Largactil®, Nozinan®, Tercian®) qui semblent conserver leur pertinence d'utilisation dans le traitement des états d'agitation. À terme, la pertinence de l'utilisation de tel ou tel neuroleptique se fera en fonction du ratio bénéfice/risque, et même si les neuroleptiques atypiques semblent largement modifier la donne thérapeutique, c'est après une période d'utilisation au long cours de ces molécules que l'on pourra clairement établir des stratégies optimales. Il conviendra alors de réaliser des algorithmes thérapeutiques « à la carte » tenant compte de la forme de schizophrénie à traiter mais également du contexte, en particulier des aspects immédiats de la maladie et de son évolution.

TRAITEMENT AU LONG COURS

Il est actuellement préconisé, afin de prévenir le risque de rechute, de traiter par neuroleptiques ou antipsychotique pendant :
- six à douze mois pour un épisode psychotique aigu isolé ;
- un à deux ans après un premier épisode schizophrénique ;
- cinq ans au moins lors d'une schizophrénie confirmée avec plusieurs épisodes féconds.

En pratique, il est licite de ne pas diminuer la posologie d'un traitement efficace avant trois mois de stabilité. Il n'y a pas de consensus sur l'intérêt d'un traitement continu à dose faible plutôt qu'un traitement discontinu et repris aux premiers signes de récidive.

Une forme à *action prolongée* (NAP) peut être indiquée dans certaines situations, avec pour avantage une meilleure évaluation de la compliance. La limite en est le risque lié à la présence du produit dans l'organisme parfois plusieurs semaines après l'administration. Ces formes sont à réserver aux patients dont la dangerosité est connue, dont les rechutes sont graves, dont le suivi est difficile (marginalisation, voyages pathologiques fréquents...) ou qui le demandent expressément.

SURVEILLANCE ET TRAITEMENTS ADJUVANTS

La surveillance en début de traitement doit systématiquement porter sur les manifestations neurologiques (hypertonie, dystonies aiguës), la tension artérielle, le transit intestinal, la température. Quelle que soit la durée d'un traitement par neuroleptiques ou antipsychotiques, on doit rester attentif à la survenue des effets secondaires décrits plus hauts et engager si nécessaire des bilans complémentaires. Divers traitements adjuvants peuvent être prescrits pour corriger l'hypotension orthostatique, la sécheresse de bouche ou encore la constipation, mais de manière brève afin de ne pas surcharger les prises médicamenteuses, et en association avec les règles hygiéno-diététiques correspondantes.

Le traitement des effets secondaires neurologiques est souvent indispensable, au moins temporairement, en raison de symptômes handicapants. Les dystonies aiguës sont traitées rapidement et efficacement par un correcteur anticholinergique, généralement injectable puis éventuellement relayé *per os*. Leur emploi, en aucun cas systématique, devrait être limité aux troubles très sévères depuis que le risque *d'induction de dyskinésies tardives* en association avec les neuroleptiques a été confirmé. Ces médicaments présentent par ailleurs des contre-indications et effets latéraux atropiniques, comme l'indique leur appellation. Les formes commercialisées sont la tropatépine (Lepticur®, 10 mg en cp et ampoule IM), le bipéridène (Akinéton Retard®, cp à 4 mg), et le trihexyphénidyle (Artane®, cp de 2 et 5 mg et ampoules IM à 10 mg et Parkinane Retard® gel à 2 et 5 mg).

Le parkinsonisme répond un peu moins à ces correcteurs et peut justifier une baisse prudente de la posologie. Les troubles hyperkinétiques y sont insensibles ; ils peuvent répondre aux benzodiazépines (lorazépam : Temesta®) ou à la clonidine

(Catapressan®) mais seul le propranolol (Avlocardyl®) à dose faible (40 mg/j) a une efficacité démontrée.

Il n'y a pas actuellement de traitement satisfaisant des dyskinésies tardives, qui sont en outre aggravées par les anticholinergiques.

CAS PARTICULIERS

Chez l'enfant, la prescription de neuroleptiques doit rester rare et reposer sur une discussion tenant compte des autres méthodes thérapeutiques, ainsi que des risques endocriniens et cognitifs de la chimiothérapie, d'autant que son efficacité est en général limitée. Par ailleurs, la toxicité des neuroleptiques étant plus importante que chez l'adulte du fait de l'immaturité du métabolisme, les doses doivent être fractionnées dans la journée. Enfin, il s'agit d'une des rares indications des dosages plasmatiques de neuroleptiques.

Chez la femme enceinte, l'utilisation doit être limitée aux indications impératives liées à l'état psychique de la mère, et à une posologie minimale. Au premier trimestre, seules les phénothiazines aliphatiques ont clairement montré une tératogénicité morphologique, mais les données sont globalement rares, en particulier pour les produits récents. Les risques de tératogenèse comportementale restent impossibles à évaluer à ce jour. En fin de grossesse, de manière dose-dépendante, les neuroleptiques entraînent une hypotension préjudiciable à l'oxygénation fœtale et un risque d'ictère, de troubles respiratoires et de syndrome extrapyramidal néonataux. Enfin l'allaitement sous neuroleptiques est déconseillé.

Les sujets âgés sont particulièrement exposés à certains effets secondaires des neuroleptiques, aux conséquences aggravées par l'âge. Ainsi, la sensibilité aux effets anticholinergiques se traduit par des syndromes confusionnels, des rétentions urinaires et des occlusions intestinales plus fréquentes et plus graves. Les effets sédatifs sont également majorés et doivent être pris en compte dans le choix du produit et de la posologie. Les hypotensions peuvent entraîner des chutes et donc des fractures aux conséquences parfois catastrophiques. Enfin, les dyskinésies tardives irréversibles semblent plus fréquentes. En pratique, il est recommandé d'utiliser la moitié de la posologie usuelle.

Les sujets insuffisants hépatocellulaires sont exposés au risque de surdosage en neuroleptiques, justifiant des posologies réduites et des prises espacées. L'insuffisance rénale nécessite également une certaine surveillance.

RÉFÉRENCES MÉDICALES

Les références médicales encadrent la pratique libérale en France. La dernière parution de novembre 1998 concernant les stratégies thérapeutiques dans les schizophrénies, pose trois conclusions :

1. il n'y a pas lieu d'administrer d'emblée, à titre préventif, des correcteurs anticholinergiques lors de la mise en route d'un traitement neuroleptique, sauf chez les malades à risques (personnes âgées, antécédents de syndrome parkinsonien...) ;
2. il n'y a pas lieu, du fait des dangers potentiels (augmentation du risque d'effets secondaires atropiniques), d'associer deux correcteurs anticholinergiques ;
2. il n'y a pas lieu, dans le traitement d'entretien de la psychose, d'associer deux neuroleptiques, même s'ils sont à polarités distinctes, sauf si leur prescription est argumentée et périodiquement réévaluée.

Ces recommandations envisagent l'utilisation des anticholinergiques et la notion d'association de neuroleptiques. Elles soulignent le fait que les associations de neuroleptiques puissent être pertinentes dans un contexte clinique spécifique mais ne sont pas suffisamment argumentées sur le plan scientifique et doivent être réévaluées régulièrement.

CONCLUSION

Les neuroleptiques ont révolutionné la prise en charge et le pronostic de la schizophrénie autrefois assombri par l'autisme et le confinement asilaire. L'amélioration symptomatique qu'ils procurent permet d'accroître le rôle et l'efficacité des autres prises en charge de type sociothérapiques et psychothérapiques. Les progrès récents et en cours avec de nouvelles molécules visent les schizophrénies résistantes et l'amélioration de la qualité de vie sous traitement. Ces médicaments gardent un intérêt dans certaines indications majeures (états d'agitation, schizophrénies nécessitant un traitement retard...) et dans d'autres pathologies mais alors le risque potentiel de dyskinésies tardives pour nombre d'entre eux doit en faire discuter la prescription.

Apport des antipsychotiques

Pierre-Michel Llorca

Les stratégies thérapeutiques médicamenteuses dans les psychoses sont définies par diverses recommandations qui définissent un cadre thérapeutique consensuel basé tant sur les données récentes de la littérature que sur l'expérience clinique de leurs auteurs ou de certains experts. Les plus récentes se modifient à l'heure actuelle du fait de l'apparition et de l'emploi de plus en plus important des antipsychotiques.

NOTION DE NEUROLEPTIQUE ATYPIQUE

Il s'agit d'une notion parfois floue qui recouvre des définitions :
– pharmacologique, en fonction de l'interaction préférentielle avec certains systèmes de neurotransmission ;
– clinique, avec en particulier la faible induction, pour certaines molécules, de symptômes neurologiques.

Elles sont toutefois souvent insatisfaisantes : la catégorie des antipsychotiques atypiques est un vaste fourre-tout dans lequel le seul point commun est probablement la meilleure tolérance (essentiellement neurologique) de ces molécules par rapport aux neuroleptiques dits classiques. Parmi les molécules concernées, on peut citer la clozapine, la rispéridone, l'olanzapine, le sertindole, la quétiapine, la ziprazidone.

L'apparition de molécules dites atypiques est associée à des progrès de la recherche dans trois directions :

1. une meilleure connaissance des mécanismes d'action de ces molécules, en particulier en ce qui concerne l'interaction avec les systèmes de neurotransmission ;

2. la mise au point de nouvelles stratégies en psychopharmacologie préclinique qui permettent d'identifier des molécules actives dans la schizophrénie dont le mécanisme d'action est différent de celui des neuroleptiques dits classiques ;

3. la mise au point de nouvelles stratégies en psychopharmacologie clinique, passant en particulier par la définition de cibles thérapeutiques plus spécifiques et plus limitées, et par l'étude de l'effet de ces molécules aux niveaux sémiologique, cognitif, social, vécu subjectif.

C'est à partir de ce dernier point que nous allons évoquer l'intérêt et la spécificité des nouveaux antipsychotiques dans le cadre de leur tolérance neurologique mais aussi de leur impact sur la symptomatologie négative et thymique ainsi que dans les troubles cognitifs de la schizophrénie.

ANTIPSYCHOTIQUES ET TOLÉRANCE NEUROLOGIQUE

L'induction d'effets secondaires neurologiques est un élément de la définition princeps du concept de neuroleptique. Toutefois, certains ont souligné l'importance majeure de la tolérance neurologique dès la première prise de traitement, sur le plan du vécu subjectif qui conditionne la compliance du sujet à la prise en charge et à la thérapeutique.

CLOZAPINE

Dès les études initiales, la clozapine a montré une capacité à induire moins de manifestations extrapyramidales que les neuroleptiques classiques. Différentes études ont par la suite confirmé cette meilleure tolérance neurologique. Dans un premier temps, l'existence d'une balance entre le blocage sérotoninergique 5 HT2 et le blocage dopaminergique D2 a été évoquée pour expliquer la faible induction d'EPS. Toutefois des données de PET-scan semblent montrer que les patients recevant des neuroleptiques classiques présenteraient des manifestations extrapyramidales à partir d'un taux de 75 à 80 % d'occupation des récepteurs D2. La clozapine n'entraînerait une occupation de ces récepteurs que dans un pourcentage compris entre 20 et 66 %, ce qui explique la bonne tolérance neurologique de ce médicament. Parmi les neuroleptiques atypiques, la clozapine semble être l'un des mieux tolérés d'un point de vue neurologique.

RISPÉRIDONE

Les trois études pivots concernant la rispéridone démontrent la supériorité de cette molécule, sur le plan de la moindre induction d'EPS, par rapport à l'halopéridol. La question des posologies de rispéridone et de la tolérance neurologique de cette molécule doit être discutée. En effet, lorsqu'on utilise des doses allant jusqu'à 12 mg/j cette différence perd sa significativité.

Pour certains auteurs, la rispéridone possède un profil extrapyramidal intermédiaire entre les antipsychotiques, tels que la clozapine et les neuroleptiques conventionnels. De plus, elle induirait autant d'akathisie que ces molécules dites « classiques ».

OLANZAPINE

Cette molécule possède également un profil clinique significativement favorable par rapport aux produits de référence et en particulier par rapport à l'halopéridol en termes d'induction de manifestations extrapyramidales. Cela est confirmé par les différentes études de référence en particulier dans trois intervalles de doses employées (2,5 à 7,5 mg/j – 7,5 à 12,5 mg/j – 12,5 à 17,5 mg/j). Toutefois, l'emploi de posologies plus élevées semble induire plus de manifestations neurologiques.

En termes de comparaison avec la rispéridone, les données sont contradictoires.

AUTRES NEUROLEPTIQUES ATYPIQUES

La quétiapine, le sertindole et la ziprasidone possèdent des profils de tolérance extrapyramidale comparables avec une nette supériorité par rapport aux neuroleptiques classiques et en particulier l'halopéridol.

Deux études récentes apportent des informations complémentaires concernant la tolérance neurologique des nouveaux antipsychotiques :

1. l'étude transversale de Voruganti *et al.* [2000] compare quatre groupes de patients, l'un (n = 44) traité par des neuroleptiques dits classiques (sans que les molécules ne soient spécifiées), et trois groupes traités respectivement par rispéridone (n = 50), olanzapine (n = 48), quétiapine (n = 42) et clozapine (n = 46). Ces auteurs montrent une meilleure tolérance des trois neuroleptiques atypiques sur le plan des manifestations extrapyramidales mais aussi en termes d'attitudes subjectives vis-à-vis des traitements ;
2. la méta-analyse pratiquée par Leucht *et al.* [1999] montre de façon indirecte (en évaluant dans les différentes études, la consommation de traitements antiparkinsoniens) la meilleure tolérance neurologique de la rispéridone, l'olanzapine, la quétiapine et le sertindole par rapport aux neuroleptiques dits conventionnels. Ces auteurs ont révisé quatre études portant sur l'olanzapine, six sur la quétiapine, neuf

sur la rispéridone et deux sur le sertindole. Toutefois, pour ces auteurs la rispéridone aurait un profil de tolérance intermédiaire.

Plusieurs problèmes méthodologiques doivent être soulignés :
– tout d'abord l'emploi de l'halopéridol comme comparateur, à des doses souvent supérieures à 10 mg/j. Il serait intéressant de pouvoir comparer ces molécules avec des molécules telles que la chlorpromazine dont la tolérance neurologique est certainement meilleure que celle de l'halopéridol ;
– la posologie employée par ces molécules : pour la rispéridone, et à un degré moindre pour l'olanzapine, les manifestations neurologiques observées varient en fonction de la dose administrée. Seules les données d'observation à grande échelle par le biais de la pharmaco-vigilance pourront nous donner des informations sur l'induction de telles manifestations en utilisation courante.

Dans un calcul bénéfice-risque concernant l'utilisation de ces nouvelles molécules, il faut tenir compte, en regard de cette bonne tolérance neurologique, de l'existence d'autres effets indésirables gênants (comme la prise de poids pour l'olanzapine) voire graves (comme l'agranulocytose pour la clozapine).

ANTIPSYCHOTIQUES ET SYMPTOMATOLOGIE NÉGATIVE

La symptomatologie négative présentée par les patients au cours de l'évolution des schizophrénies a des conséquences majeures sur le pronostic. Il faut distinguer la symptomatologie négative primaire qui représente une des dimensions essentielles de la maladie et la symptomatologie négative secondaire, conséquence des symptômes positifs, thymiques, voire de l'akinésie induite par les neuroleptiques classiques.

Les symptômes négatifs primaires sont très peu améliorés par les neuroleptiques ; les antipsychotiques posséderaient une potentialité d'action plus intéressante sur cette cible symptomatique.

CLOZAPINE

Les données de la littérature sont contradictoires. Pour certains, la clozapine présenterait un intérêt dans le traitement des symptômes négatifs secondaires mais n'aurait aucune efficacité spécifique dans le traitement des symptômes négatifs primaires.

Ces résultats sont contestés par d'autres auteurs, pour lesquels on observerait une efficacité directe de cette molécule sur la symptomatologie négative primaire.

Il faut souligner dans toutes ces études les nombreuses difficultés méthodologiques liées en particulier à la taille des échantillons étudiés mais aussi aux outils employés pour l'identification des symptômes négatifs primaires et secondaires.

RISPÉRIDONE

En utilisant la technique statistique dite de *Path analysis*, pour étudier et comparer l'action de la rispéridone et celle de l'halopéridol sur la symptomatologie négative dans une population de 523 patients schizophrènes chroniques en phase d'exacerbation aiguë, Möller *et al.* [1995] ont retrouvé un effet direct sur la symptomatologie négative (évaluée à l'aide de la PANSS) de la rispéridone significativement supérieur à celui de l'halopéridol.

Ces résultats ne font que souligner une tendance et restent insuffisants sur le plan méthodologique, en particulier dans la définition de la symptomatologie négative. Par ailleurs, le problème de la dose employée pour obtenir une efficacité significative sur cette symptomatologie n'est pas traité.

OLANZAPINE

Tollefson *et al.* [1997], ont employé la même technique statistique de *Path analysis*, pour étudier et comparer l'action de l'olanzapine et celle de l'halopéridol sur la symptomatologie négative dans une population de 335 patients schizophrènes chroniques en phase d'exacerbation aiguë (durée du traitement : 52 semaines).

Ils retrouvent un effet direct sur la symptomatologie négative (évaluée à l'aide de la SANS) de l'olanzapine significativement supérieur à celui de l'halopéridol.

Comme pour la rispéridone, les mêmes réserves méthodologiques peuvent être faites et ces résultats doivent être utilisés avec précaution.

L'action de ces molécules sur la symptomatologie négative semble donc intéressante. Un élément important reste dans la définition mais aussi dans l'évaluation de la symptomatologie négative. En effet, du fait de leur faible induction d'effets secondaires neurologiques, voire de leur action sur la symptomatologie dépressive rencontrée dans la schizophrénie, ces molécules ont une action sur la symptomatologie négative secondaire. Toutefois, comme nous l'évoquions, la définition et surtout les modalités d'évaluation de la symptomatologie négative dite primaire ne font pas l'objet d'un consensus entre les différents auteurs. Dans ces conditions, l'impact des antipsychotiques reste pour l'instant sujet de controverses et insuffisamment documenté.

ANTIPSYCHOTIQUES ET TROUBLES DE L'HUMEUR

La pathologie dépressive s'observe avec une fréquence élevée au cours de l'évolution schizophrénique (25 à 75 %).

Les neuroleptiques atypiques présenteraient un intérêt par la moindre induction de manifestations dépressives, voire par l'existence d'une véritable action antidépressive spécifique sur la symptomatologie dépressive observée au cours de l'évolution des schizophrénies.

CLOZAPINE

Différentes études montrent une modification de la symptomatologie dépressive au cours de l'évolution chez des patients schizophrènes traités par clozapine.

Il existe peu d'études spécifiques :
– Miller *et al.* [1994] utilisent l'HDRS et mettent en évidence une amélioration non significative des symptômes dépressifs dans une population de patients schizophrènes ;
– Meltzer et Okayli [1995] montrent une amélioration de la suicidalité sur une population de patients traités par clozapine en comparaison aux neuroleptiques classiques.

Par ailleurs, plusieurs études de cas mettent en évidence une activité de la clozapine chez des patients présentant des dépressions résistantes ou chez des patients schizoaffectifs présentant une symptomatologie dépressive marquée.

RISPÉRIDONE

Marder *et al.* [1994] rapportent une efficacité significative de la rispéridone sur le facteur anxiété-dépression de la PANSS dans une population de 513 patients schizophrènes en phase d'exacerbation aiguë traités par rispéridone (durée : 8 semaines).

Il s'agit toujours d'une tendance qui doit être confirmée.

OLANZAPINE

Tollefson *et al.* [1998] ont mené une étude en double aveugle portant sur 1 996 patients schizophrènes, troubles schizophréniformes et schizoaffectifs et comparant l'olanzapine (n = 1336) à l'halopéridol (n = 660) (durée : 6 semaines). Ils ont utilisé la MADRS.

Ils observent une amélioration significativement supérieure induite par l'olanzapine par rapport à l'halopéridol sur la symptomatologie dépressive, avec une efficacité spécifique dans le sous-groupe de patients présentant une symptomatologie dépressive avec score de la MADRS supérieur à 16. Cet effet se maintient à 52 semaines.

IMPACT SUR LES TROUBLES SCHIZOAFFECTIFS

Dès 1933, Kasanin propose le terme de psychose schizoaffective. Les neuf patients décrits par cet auteur présentent une symptomatologie mêlant symptômes thymiques et symptômes psychotiques. Paradoxalement, les cas rapportés seraient probablement décrits à l'heure actuelle (en utilisant les critères de l'ICD 10 et du DSM-IIIR) comme des troubles bipolaires ou des épisodes dépressifs majeurs à composante psychotique.

Les différentes descriptions nosographiques présenteront successivement le trouble schizoaffectif comme une forme de schizophrénie, une forme de trouble de l'humeur, un état de transition entre schizophrénie et trouble de l'humeur, une maladie homogène et autonome, un syndrome hétérogène recouvrant différents états de schizophrénie ou de trouble thymique. Cette variabilité témoigne de la difficulté pour les différents auteurs à mettre en œuvre les critères descriptifs du trouble schizoaffectif. L'utilisation des critères diagnostiques de recherche (RDC) pour les troubles schizoaffectifs est, en général, associée à une faible fiabilité intercotateurs ; le trouble schizoaffectif est fréquemment diagnostiqué avec la schizophrénie.

Dans le DSM-IIIR et le DSM-IV, l'accent est mis, dans les critères diagnostiques, sur la dissociation temporelle entre symptômes thymiques et schizophréniques, ces derniers devant être présents deux semaines en l'absence des premiers. De même, les troubles thymiques doivent être présents pendant une partie substantielle de la durée totale des périodes actives et résiduelles de la maladie. Dans la CIM 10, en revanche, c'est la concomitance des deux types de symptômes plutôt que leur dissociation qui est soulignée. La variabilité de ces critères diagnostiques est un des éléments qui rendent les données de la littérature souvent difficiles à utiliser et à comparer. De plus chez les patients, il est souvent difficile de réunir l'ensemble des éléments, et en particulier dans l'anamnèse les différents facteurs permettant de parler de trouble schizoaffectif.

On cherche également à distinguer les troubles de l'humeur en fonction de la polarité des épisodes thymiques, identifiant ainsi des patients schizoaffectifs dépressifs et des schizoaffectifs bipolaires. Ces derniers seraient, tant en ce qui concerne l'évolution que les antécédents, un groupe plus homogène proche des troubles bipolaires.

Ainsi, pour les cliniciens les données issues de la recherche dans ce champ peuvent fournir des indications quant à l'identification diagnostique de ces troubles ou quant aux aspects thérapeutiques, mais il s'agit d'indications imparfaites du fait de la difficulté à constituer des populations homogènes.

Il s'agit toutefois d'un diagnostic qui est très souvent posé. Près de 19 % des patients hospitalisés dans les hôpitaux psychiatriques de l'état de New York recevaient ce diagnostic, ce qui avait des conséquences directes sur les traitements médicamenteux. La prévalence de ce trouble pourrait s'établir à 16 % ± 12 % en réunissant les données de différentes études qui utilisaient des critères diagnostiques comparables à ceux du DSM-IV. L'évolution de ce trouble est généralement considérée comme meilleure que celle de la schizophrénie mais moins bonne que celle des troubles de l'humeur. Le taux de suicide chez ces patients est proche de celui qui est observé dans les troubles thymiques.

En dépit de ces aspects, le traitement pharmacologique des troubles schizoaffectifs n'a pas été étudié de façon aussi extensive qu'a pu l'être celui de la schizophrénie ou des troubles thymiques. Nous allons reprendre dans un premier temps les différentes études concernant l'emploi de la clozapine, de la rispéridone mais aussi de l'olanzapine, du sertindole et de la ziprasidone en ce qui concerne le traitement des troubles schizoaffectifs, puis nous évoquerons les recommandations récentes concernant ces thérapeutiques.

CLOZAPINE

La clozapine, premier antipsychotique développé, est réservé, dans son emploi, aux formes résistantes de la schizophrénie et aux patients présentant une intolérance neurologique aux neuroleptiques classiques. Six études (cinq ouvertes dont deux rétrospectives, et une en double-aveugle) ont exploré l'efficacité de cette molécule dans le traitement des patients schizoaffectifs [McElroy *et al.*, 1991 ; Lindstrom, 1989 ; Naber and Hippius, 1990 ; Stefanowicz, 1990 ; Malhotra *et al.*, 1993 ; Banov *et al.*, 1994]. Dans les deux études rétrospectives [Lindstrom, 1989; Naber and Hippius, 1990] la clozapine était fréquemment administrée en association (avec d'autres neuroleptiques ou des thymorégulateurs ou des antidépresseurs), ce qui rend difficile l'évaluation de l'action directe de cette molécule. L'étude de Malhotra *et al.* [1993] en double aveugle portant sur quatre semaines mettait en évidence une amélioration modérée à marquée chez 36 % des sujets. En regroupant ces données, McElroy *et al.* [1999] mettent en évidence une meilleure réponse chez les patients schizoaffectifs en comparaison aux patients schizophrènes.

On peut rapporter également l'étude prospective ouverte de Suppes *et al.* [1999] qui étudie sur une période d'un an une population de 38 sujets présentant un trouble bipolaire ou un trouble schizoaffectif recevant soit la clozapine en association avec leur traitement antérieur, soit leur traitement habituel. Dans cette population, l'ajout de clozapine permet une amélioration supérieure par rapport aux thérapeutiques habituelles. En revanche, les sujets schizoaffectifs répondent mieux à une posologie plus élevée de clozapine que les patients bipolaires.

L'ensemble de ces données reste insatisfaisant méthodologiquement mais indique un probable intérêt de cette molécule dans les troubles schizoaffectifs.

RISPÉRIDONE

Cinq études ouvertes et deux en double aveugle ont été menées pour évaluer l'action de la rispéridone dans les troubles schizoaffectifs [Hillert *et al.*, 1992 ; Dwight *et al.*, 1994 ; Keck *et al.*, 1995 ; Madhusoodanan *et al.*, 1995 ; Sajatovic *et al.*, 1996 ; Ceskova and Svestka, 1993 ; Müller-Siecheneder *et al.*, 1998]. Bien que portant sur des effectifs relativement faibles (hormis l'étude de Keck *et al.* qui porte sur 81 patients), ces études montrent une efficacité de la rispéridone chez les patients schizoaffectifs quelle que soit la polarité thymique de ces troubles.

Toutefois pour Keck *et al.* [1995], la rispéridone serait plus efficace chez les patients schizoaffectifs à polarité dépressive. De même, l'étude de Müller-Siecheneder *et al.* [1998] montrait une efficacité comparable de la rispéridone à une combinaison halopéridol-amitriptyline chez 46 patients schizoaffectifs à polarité dépressive.

Par ailleurs, Dwight *et al.* [1994] et Sajatovic *et al.* [1996] ont décrit la survenue, chez certains patients schizoaffectifs de type bipolaire, d'un virage maniaque de l'humeur sous traitement par rispéridone.

L'étude de Ceskova et Svestka [1993] comparait la rispéridone à l'halopéridol et mettait en évidence chez les 13 patients schizoaffectifs de l'étude une efficacité comparable, pour les auteurs, de ces deux molécules.

Comme la clozapine, la rispéridone semble posséder une efficacité dans cette population avec peut-être un intérêt spécifique chez les sujets schizoaffectifs à polarité dépressive.

OLANZAPINE

L'étude de Tollefson *et al.* [1998] a comparé l'efficacité de l'olanzapine à celle de l'halopéridol chez 300 patients schizoaffectifs. Chez les patients présentant une symptomatologie dépressive prédominante (évaluée à l'aide de la MADRS), l'olanzapine a présenté une efficacité significativement supérieure sur la symptomatologie thymique. Cette efficacité est retrouvée chez les patients schizoaffectifs de type bipolaire, mais avec une moindre amplitude.

SERTINDOLE

Dans une étude [Hirschfeld, 1996] portant sur 402 patients schizoaffectifs, le sertindole a montré une efficacité sur l'amélioration clinique globale de ces sujets à deux mois. Toutefois, 70 % de l'échantillon (281 patients) recevaient du divalproex en association. La réponse se maintenait à un an. Toutefois, l'association du sertindole à une molécule ayant un potentiel normothymique rend délicate l'analyse de l'effet direct de ce composé.

ZIPRASIDONE

Une étude menée par Keck *et al.* [1998] montre une efficacité de la ziprasidone comparativement au placebo dans une population comprenant 87 schizophrènes et 52 schizoaffectifs en phase aiguë. L'échantillon de schizoaffectifs n'est pas analysé spécifiquement mais, à la dose de 120 mg/j, cette molécule semble présenter une efficacité significative sur la symptomatologie dépressive observée chez ces patients.

Non encore disponible sur le marché, elle doit être évaluée plus spécifiquement dans cette indication. Elle posséderait des propriétés intéressantes dans le traitement des patients schizoaffectifs.

Comme le suggèrent McElroy *et al.* [1999], bien que basées sur des données limitées sur le plan méthodologiques, différentes recommandations peuvent être évoquées pour le traitement des patients schizoaffectifs :
– les symptômes psychotiques et thymiques doivent être considérés de façon équivalente tant en termes d'évaluation que de traitement. Il est dans ce cas important de tenir compte de la relation temporelle de survenue entre ces deux types de manifestations. Il semble par ailleurs important de préciser la polarité thymique du trouble schizoaffectif, tant sur le plan de l'évolution spontanée que des possibilités thérapeutiques ;
– il convient d'employer des composés ayant une double action antipsychotique et thymique. Dans ce cadre, l'utilisation des antipsychotiques dits atypiques semble d'un intérêt majeur. Cet avantage est renforcé par leur bonne tolérance neurologique et en particulier dans le but d'éviter la survenue de dyskinésies tardives.

Si, comme nous venons de l'évoquer, les antipsychotiques semblent intéressants en première intention dans les troubles schizoaffectifs, il ne faut pas oublier l'absence d'études au long cours permettant d'évaluer l'action prophylactique éventuelle de telles molécules chez des sujets schizoaffectifs de type bipolaire. Dans ce cadre, l'emploi des normothymiques reste une option thérapeutique à envisager.

Ces molécules semblent être exemptes de potentiels dépressogènes. En outre, elles posséderaient une efficacité sur la symptomatologie thymique observée au cours des schizophrénies. C'est là un de leurs intérêts par rapport aux neuroleptiques classiques. Toutefois, des difficultés méthodologiques, notamment liées au recouvrement symptomatique existant entre symptômes dépressifs, symptômes négatifs et manifestations akinétiques doivent nous conduire à une certaine prudence dans l'utilisation des résultats des différentes études.

ASPECTS COGNITIFS

Il faut souligner d'emblée la complexité liée à l'évaluation des troubles cognitifs induits (ou améliorés) par des traitements psychotropes. En effet, les troubles induits peuvent se confondre avec les symptômes de la maladie traitée ; de plus les patients consomment souvent plusieurs psychotropes et l'imputabilité de chaque produit est difficile à préciser, ensuite les études réalisées chez les sujets sains ne sont superposables qu'avec prudence sur la pathologie, enfin la diversité des tests cognitifs étudiés favorise la discordance des résultats souvent observée.

Plusieurs revues de la littérature répertorient les différentes études concernant l'impact cognitif des neuroleptiques atypiques, toutefois :
- l'utilisation de médications concomitantes altère les fonctions cognitives (traitements anticholinergiques par exemple) et parasite les interprétations ;
- la méthodologie employée ne fait que trop rarement appel à des études de comparaison de traitements en double aveugle ;
- la durée des études doit être assez longue pour voir apparaître des effets cognitifs. Les études courtes sont donc à proscrire ;
- les périodes de *wash-out* apparaissent souvent comme trop brèves.

CLOZAPINE

Chez le sujet sain la clozapine semble altérer les performances cognitives en diminuant le niveau d'attention de concentration et d'habilité psychomotrice. Ce produit induit des tracés électroencéphalographiques similaires à ceux induits par des traitements anticholinergiques [Sharma, 1999].

McGurck [1999] et Meltzer [1999] ont recensé 12 études concernant les effets cognitifs de la clozapine dans la schizophrénie. Ces études diffèrent largement les unes des autres (patients résistants ou non, posologie de la clozapine, traitements concomitants), mais ont toutes des échantillons réduits et 11 d'entre elles sont réalisées en ouvert. Les groupes de patients étudiés étaient généralement résistants (10 études), et la posologie de la clozapine était en moyenne de 350 mg/j. La durée de l'étude était en moyenne de 10 semaines (six semaines à trois ans). Les fonctions cognitives étudiées étaient la facilité d'élocution (fluence verbale explorant la mémoire sémantique), l'attention (en particulier dans les performances perceptives et motrices), l'apprentissage et la mémoire verbale et visuelle (mémoire épisodique), les fonctions exécutives et enfin la mémoire de travail.

La majorité des études révèlent une amélioration significative (jusqu'à une normalisation parfois) de la fluence verbale. Hagger *et al.* [1993] ont étudié les fonctions cognitives de 36 patients schizophrènes résistants traités par clozapine. Ils ont montré une amélioration significative, après six semaines de traitement, de la fluence verbale. Après six mois de traitement, ce gain était maintenu et ils ont noté par ailleurs un accroissement des capacités attentionnelles. Lee *et al.* [1994] ont comparé les effets cognitifs de la clozapine, chez des patients schizophrènes résistants et non résistants au traitement, à ceux des neuroleptiques classiques. Dans cette étude, la clozapine a montré sa supériorité par rapport aux neuroleptiques classiques pour favoriser l'amélioration des performances cognitives attentionnelles et mnésiques (en dehors de la mémoire de travail), en particulier chez les non-résistants. À l'inverse, il semble que les patients les plus résistants soient ceux qui montrent les améliorations cognitives les moins marquées [Meltzer et McGurk, 1999]. Buchanan *et al.* ont mis en évidence une amélioration significative des tests cognitifs concernant l'attention, la mémoire, les fonctions exécutives et visuospatiales, après un an de traitement par clozapine (étude ouverte).

La clozapine ne semble pas posséder d'effet démontré sur l'apprentissage et la mémoire visuelle et sur la mémoire de travail. Pour certains auteurs, cette dernière serait même altérée par la clozapine. Hagger *et al.* [1993] notent une altération de la mémoire de travail au bout de six semaines de traitement).

Dans une étude portant sur 17 patients, Goldberg *et al.* [1993] n'ont pas montré d'effet significatif de la clozapine sur les tests cognitifs, malgré l'amélioration significative de la symptomatologie. Les résultats de cette étude, en contradiction avec les précédents, peut être due aux différences de taille des échantillons entre les différentes études, aux différents tests neuropsychologiques employés ou bien encore à l'utilisation de médications concomitantes dans l'étude de Goldberg.

En conclusion, même si aucune étude n'a pu mettre en évidence d'amélioration des performances dans tous les domaines de la cognition [Meltzer et McGurk, 1999], leurs résultats plaident **en faveur d'un effet bénéfique** de la clozapine sur les performances cognitives. Les effets hétérogènes de cette molécule sur les performances cognitives pourraient être liés à ses propriétés anticholinergiques [Sharma, 1999].

RISPÉRIDONE

Meltzer et McGurk [1999] ont recensé huit études portant sur les effets de la rispéridone sur les fonctions cognitives. Parmi ces études, trois ont été réalisées en double aveugle (*versus* halopéridol), une en *cross-over* (*versus* clozapine). La durée de l'étude varie de quatre semaines [Rossi *et al.*, 1997] à six mois [Stip et Lussier, 1996]. La posologie moyenne utilisée de rispéridone se situe autour de 6,5 mg/j. Environ 123 patients ont été étudiés avec des échantillons allant de 13 à 29 patients.

Gallhofer *et al.* [1996] ont exploré les fonctions cognitives de patients schizophrènes traités de façon inaugurale (premier épisode) par rispéridone ou zotépine ou de patients chroniques présentant un épisode de décompensation traité par rispéridone, zotépine ou clozapine. Les deux groupes étaient comparés à des patients non traités lors d'épisodes similaires. Les patients traités par les neuroleptiques atypiques montraient une amélioration significative de leurs performances cognitives, en particulier dans le domaine de la vigilance. Chez les patients traités, ceux qui présentaient un premier épisode montraient une amélioration plus importante que les patients chroniques présentant une phase d'exacerbation. Ces même patients montraient des performances aux tests cognitifs similaires aux sujets contrôles sains. La mémoire de travail n'était pas affectée par les traitements neuroleptiques. Green *et al.* [1997], dans une étude en double aveugle portant sur

59 patients schizophrènes résistants au traitement, traités par rispéridone ou par halopéridol, ont mis en évidence un effet bénéfique de la rispéridone supérieur à celui de l'halopéridol sur la mémoire de travail.

Globalement, toutes les études mettent en évidence une amélioration statistiquement significative de certaines mesures des capacités cognitives. Ainsi, le temps de réaction et les performances perceptives et motrices sont améliorés (l'attention sélective est améliorée, mais non la capacité à diviser son attention) [Stip et Lussier, 1996 ; Rossi *et al.*, 1997]. De même, les fonctions exécutives sont significativement accrues. Du point de vue de la mémoire, la mémoire de travail, l'apprentissage et la mémoire verbale sont améliorés. Le contrôle moteur est également amélioré. La fluence verbale et l'apprentissage moteur ne sont pas modifiés par le traitement dans ces différentes études. Les améliorations décrites semblent indépendantes de l'amélioration des symptômes positifs ou négatifs. En fait, cette question n'est pas encore tranchée. En effet, si pour certains, l'amélioration des performances cognitives rend compte directement de l'efficacité du traitement sur les symptômes négatifs [Rossi *et al.*, 1997], pour d'autres [Meltzer *et al.*, 1999] cette amélioration ne peut simplement être la résultante d'une amélioration symptomatique. Berman *et al.* [1996] ont mis en évidence dans une étude ouverte portant sur 10 patients schizophrènes âgés traités par rispéridone une amélioration des performances cognitives globales (MMSE) associée à une amélioration des symptômes négatifs sans qu'une corrélation significative ait pu être établie. Plusieurs études seraient nécessaires afin d'éclaircir cette question.

Weiser *et al.* ont réalisé en 2000 une étude intéressante, portant à la fois sur l'amélioration des performances cognitives des patients schizophrènes et sur la réduction des effets extrapyramidaux. Ils voulaient savoir si l'amélioration des performances cognitives, en particulier psychomotrices, observée sous traitement neuroleptique atypique, pouvait être due à la réduction des effets extrapyramidaux. Dans une étude portant sur 76 patients schizophrènes ou entrant dans le cadre d'un trouble schizophréniforme, ils ont étudié les performances cognitives (à l'aide d'un test visuomoteur) des patients traités respectivement sous halopéridol, rispéridone et olanzapine. Les résultats obtenus montrent d'une part que les patients traités par rispéridone présentent des effets extrapyramidaux similaires à ceux traités par halopéridol et supérieurs à ceux traités par olanzapine, et d'autre part que les performances aux tests visuomoteurs sont améliorées chez les patients sous rispéridone à l'instar de ceux sous olanzapine, comparativement aux patients sous halopéridol. Cette étude suggère donc que l'amélioration des performances cognitives est indépendante de la réduction des effets extrapyramidaux.

On note, en résumé, une action positive de la rispéridone sur la mémoire de travail, c'est-à-dire une spécificité différente de l'action de la clozapine qui touche la mémoire sémantique.

OLANZAPINE

Chez le sujet sain âgé, pour Beuzen *et al.* [1999], l'olanzapine posséderait des effets délétères précoces à l'instar de l'halopéridol mais qui céderaient rapidement. Cette étude, en double aveugle, portant sur 14 sujets âgés met en évidence une altération précoce (le premier jour de traitement) de la vigilance, du temps de réaction ou bien encore de certaines tâches de mémoire. Cette altération que l'on retrouve lorsque les sujets reçoivent de l'halopéridol s'estompe très rapidement. Pour les sujets recevant l'halopéridol l'altération s'accentue.

On retrouve l'étude de Weiser *et al.* [2000], qui a mis en évidence une amélioration des performances cognitives aux tests visuomoteurs chez des patients schizophrènes traités par olanzapine comparativement à l'halopéridol.

En ce qui concerne les patients schizophrènes, deux études peuvent être citées ici. Une première rapportée par Meltzer et McGurck [1999], réalisée sur 20 sujets schizophrènes dont 10 patients résistants. La durée de l'étude est de six semaines. La posologie d'olanzapine est en moyenne de 12,5 mg/j. Après exploration des fonctions cognitives, les auteurs concluent que l'olanzapine possède un effet notable sur le temps de réaction, les fonctions exécutives, l'apprentissage et la mémoire verbale et la facilité d'élocution et qui semble être supérieur à celui qui est rapporté pour la clozapine ou la rispéridone. Cette dernière donnée a été vérifiée dans une étude de 12 mois en double aveugle portant sur 66 sujets. Dans cette étude [Purdon *et al.*, 1999], les effets cognitifs de l'olanzapine se sont montrés supérieurs à ceux de l'halopéridol ou de la rispéridone.

AMISULPRIDE

Seules des études chez le volontaire sain ont été réalisées. Elles montrent une quasi-absence d'altération des performances cognitives sous traitement, comparativement à l'halopéridol qui diminue ces performances [Ramaekers, 1999 ; Peretti *et al.*, 1997].

QUÉTIAPINE

Pour ce neuroleptique atypique, Stip [1996] a rapporté une amélioration importante des performances cognitives chez un patient traité avec 700 mg/j de quétiapine. Une étude en double aveugle de Velligan *et al.* [2000], portant sur 58 patients schizophrènes traités par quétiapine *versus* halopéridol, a mis en évidence une amélioration des performances cognitives sous quétiapine (600 mg/j).

ZIPRASIDONE

Serper et Chou [1997] ont rapporté une amélioration des performances attentionnelles dans une étude portant sur neuf patients schizophrènes.

Ainsi, la plupart des études rapportent des améliorations cognitives chez les patients schizophrènes traités par des neuroleptiques atypiques. Keefe *et al.* [1999] ont souligné la diversité de ces études et l'aspect limité de plusieurs d'entre elles. Ils proposent un certain nombre de critères permettant de réaliser une étude pertinente. Parmi ces critères on peut citer la nécessité de préciser de façon claire le statut pharmacologique des patients à l'inclusion, d'utiliser des batteries de tests cognitifs appropriés, de réaliser des études en double aveugle avec des échantillons de patients adéquats, de préciser la durée de l'étude ou bien encore de pouvoir distinguer les améliorations cognitives des autres améliorations cliniques. Par ailleurs, ils [Keefe *et al.*, 1999] ont réalisé une méta-analyse de 15 études portant sur l'amélioration cognitive des patients schizophrènes traités par des neuroleptiques atypiques, et ont pu conclure que ces molécules, comparativement aux neuroleptiques classiques, améliorent les performances cognitives des patients. Pour ces auteurs, les améliorations portent surtout sur la fluence verbale, les fonctions motrices fines et les fonctions exécutives. Les *patterns* spécifiques de chaque neuroleptique atypique sont difficiles à définir du fait du nombre limité d'études en double aveugle, mais il semble que la clozapine améliore les compétences motrices et la fluence verbale et que la rispéridone améliore l'attention et les fonctions exécutives [Keefe *et al.*, 1999].

LES CONSÉQUENCES

Les différentes études rapportées ici, et qui méritent d'être développées, ouvrent des perspectives thérapeutiques non négligeables. Si, comme on commence à le concevoir maintenant, l'efficacité d'un traitement neuroleptique peut être estimée sur la base des capacités cognitives d'un patient et non de ces symptômes [Meltzer *et al.*, 1999], de nouvelles voies de recherche clinique, en matière de prévention par exemple, sont ouvertes. De plus, puisque les déficits cognitifs sont au premier plan dans les facteurs de risques liés à une désadaptation sociale, le traitement de ces déficits qui devient aujourd'hui possible, représente un enjeu majeur. Étant donné les valences respectives, sur des domaines cognitifs distincts, des différents neuroleptiques atypiques, on peut prévoir d'adapter les prescriptions en fonction du déficit cognitif observé. Ceci suppose, bien sûr, de posséder des outils adaptés pour cerner ces déficits. On pourrait même envisager, à terme, d'associer différents traitements dans une perspective de traitement intégré. En définitive pourquoi ne pas penser traiter spécifiquement un patient en fonction d'une *check list* de paramètres altérés ? Cette liste comprendrait les symptômes positifs, les symptômes négatifs mais également les altérations cognitives spécifiques. Le thérapeute devrait alors choisir un traitement adéquat en terme d'efficience et de bénéfice/risque. Il pourrait associer alors deux voire trois traitements neuroleptiques distincts antiproductifs, pro-cognitifs et sédatifs. Plusieurs difficultés majeures demeurent. Ainsi, il faudrait faire, pour chaque patient, la liste des désordres cognitifs spécifiques et infra-cliniques et relier ces désordres à des polarités thérapeutiques précises. Différentes études restent à mener tant du point de vue cognitif que du point de vue thérapeutique.

CONCLUSION

Les recommandations concernant l'élaboration des stratégies thérapeutiques permettent une position consensuelle des praticiens dans la prise en charge des patients schizophrènes au long cours. L'apparition des antipsychotiques modifie considérablement la manière dont on peut envisager les thérapeutiques médicamenteuses dans la schizophrénie. Il faut souligner le rôle grandissant des neuroleptiques atypiques et en particulier de la rispéridone et de l'olanzapine en ce qui concerne les traitements de première intention du fait de leur tolérance et de leurs caractéristiques d'efficacité. Ces molécules posséderaient des impacts thérapeutiques – en particulier dans la sphère cognitive – qui modifient la perspective au long cours de la prise en charge des patients.

Recommandations pour le traitement des troubles schizophréniques

Pierre-Michel Llorca

Différentes recommandations ont été publiées au cours des dernières années concernant le traitement des différentes maladies psychiatriques. Plusieurs recommandations sont disponibles dans la littérature internationale en ce qui concerne la prise en charge des troubles schizophréniques :

– *Expert Consensus Guidelines Series* [Frances, 1996] ;

– *Pratice Guideline for the Treatment of Patients with Schizophrenia* de l'Association des Psychiatres Américains [1997] ;

– *Schizophrenia Patients Outcomes Research Team* (PORT) *Treatments Recommendations* [Lehamn, 1998] ;

– *Canadian Clinical Guidelines for the Treatment of Schizophrenia* [1998] ;

– *Standards of care and clinical algorithms for treating schizophrenia* [Smith et Docherty, 1998] ;

– *The Texas Medication Algorithm Project* (TMAP) : *Schizophrenia Algorithms* [Miller, 1999] ;

– *Prescribing Guidelines. Bethleem and Maudsley NHS Trust* [Taylor *et al.*, 1999].

L'objectif principal de ces différentes recommandations est d'augmenter la qualité du traitement des schizophrénies en accord avec les différentes données de la littérature scientifique. Pour ces différentes recommandations, il est nécessaire, avant de mettre en place un traitement, de s'assurer du diagnostic de troubles schizophréniques. Les différentes stratégies de traitement préconisées comportent pour la majorité d'entre elles un volet pharmacologique et un volet concernant la prise en charge psychothérapeutique et psychosociale. Du fait du manque relatif des données « valides » concernant la prise en charge psychosociale et les diverses psychothérapies dans la prise en charge des troubles schizophréniques, c'est dans le cas des traitements pharmacologiques que le niveau d'accord dans les différents consensus de recommandations est le plus élevé.

La méthodologie présidant à l'élaboration des recommandations de traitement dans les troubles schizophréniques est relativement identique. Il est ainsi demandé à un groupe d'experts de définir des recommandations de traitement à partir des différentes données disponibles dans la littérature internationale et des différentes recommandations disponibles.

Ainsi, l'*Expert Consensus Guideline Series* est un projet initié par Frances *et al.* [1996] ayant pour objectif de développer des recommandations pour le traitement des principaux troubles psychiatriques (troubles bipolaires et schizophrénies principalement). Les recommandations pour les troubles schizophréniques ont été publiées en 1996 puis réactualisées en 1999 dans le *Journal of Clinical Psychiatry*. La méthodologie utilisée repose sur l'élaboration de recommandations, à partir des données de la littérature, soumises à un comité de 99 experts ayant travaillé sur le traitement des troubles schizophréniques. Dix recommandations principales sont proposées : trois pour le traitement des épisodes aigus, quatre pour le traitement de maintenance et trois recommandations générales (évaluation médicale, traitements adjuvants, traitements des effets secondaires).

Les recommandations de l'Association des psychiatres américains [*Practice guidelines for the treatment of patients with schizophrenia*, 1997] ont été initialement écrites par un groupe d'experts reconnus pour leur compétence dans le traitement des schizophrénies, à partir de plus de 580 articles de la littérature. Ces recommandations ont ensuite été soumises pour révision et adoptées par l'assemblée de l'APA. Des recommandations ont ainsi été faites pour les différentes phases du traitement des schizophrénies à la fois pour le traitement pharmacologique et pour les autres types de prise en charge. Trois niveaux de fiabilité clinique sont individualisés pour ces recommandations :
- recommandé avec une bonne fiabilité clinique ;
- recommandé avec une fiabilité clinique modérée ;
- recommandé dans certaines circonstances.

Les *Schizophrenia Patient Outcome Research Team* (PORT) *Treatment Recommendations* [1988] ont été développées sur l'initiative de la *Health Care Policy and Research* et du *National Institute of Mental Health*. Ce projet a pour objectif de proposer des recommandations pour les traitements de la schizophrénie à partir des éléments de la littérature scientifique. Ces recommandations s'organisent selon sept rubriques principales : médicaments antipsychotiques, traitements adjuvants (anxiété, dépression...), électroconvulsivothérapie, intervention psychologique, intervention familiale, réhabilitation et traitement communautaire. Concernant le traitement pharmacologique des schizophrénies, 18 recommandations sont proposées. Trois niveaux différents d'accord sont proposés suivant les données publiées pour chaque recommandation.

Les *Canadian Clinical Practice Guidelines for the Treatment of Schizophrenia* [1988] ont été élaborés à partir des principales données de la littérature. Trois chapitres principaux sont individualisés : phase aiguë, phase de stabilisation et phase chronique.

Pour le *Standards of care and clinical algorithms for treating schizophrenia* [1998], les auteurs [Smith et Docherty, 1998] reprennent les différents guidelines [APA, 1997 ; *The Expert Consensus Guideline Series : Treatment of Schizophrenia* dans sa version de 1996, *The Schizophrenia Patient Outcome Research Team* (PORT) *Treatment Recommendations*, 1998] et tentent de dégager les points communs et les attitudes thérapeutiques qui en découlent.

Le projet intitulé *The Texas Medication Algorithm Project* (TMAP) : *Schizophrenia Algorithms* [1999] est consacré à l'élaboration d'algorithmes thérapeutiques dans le domaine de la prise en charge d'un certain nombre de pathologies psychiatriques, dont la schizophrénie, en se basant sur l'emploi des différentes molécules. Ces stratégies sont applicables à tous les stades de la maladie, sans identifier de distinction entre phase aiguë, et phase dite stable.

Ces algorithmes sont basés sur la définition de la réponse clinique. En effet, c'est en fonction de l'observation ou non d'une réponse clinique que la décision de modification d'une thérapeutique est prise. Pour les auteurs, c'est l'évaluation de la symptomatologie positive et négative qui constitue le repère clinique essentiel. Ils considèrent que la prise en compte de la symptomatologie dite « cognitive » n'est pas pertinente dans ce cadre. L'emploi de quatre items de la BPRS pour la symptomatologie positive (hostilité, contenu inhabituel de la pensée, hallucination et désorganisation conceptuelle) et de quatre items extraits de la NSA et de la SANS pour la symptomatologie négative (augmentation du temps de réponse, réduction des émotions, diminution des conduites sociales, incurie) pourrait permettre une évaluation standardisée et reproductible de ces deux dimensions symptomatiques. L'amélioration qui doit être observée sur ces scores est définie en fonction de l'histoire thérapeutique du patient et en particulier des différents traitements antipsychotiques reçus précédemment.

Les recommandations du *Bethleem and Maudsley NHS Trust [Prescribing Guidelines, 1999]* s'attachent à préciser de façon claire les modalités d'emploi des thérapeutiques médicamenteuses chez les patients souffrant de troubles psychiatriques et notamment de schizophrénie.

Elles se présentent sous forme d'algorithmes correspondant à différentes situations cliniques et de tableaux qui reprennent les différents antipsychotiques disponibles et les posologies à employer voire les indications d'association ou les effets indésirables les plus prévisibles.

Le plus significatif de ces guidelines est représenté par les principes généraux énoncés sous forme de but recherché et de standards d'emploi des molécules.

But :

Pour les auteurs, il s'agit d'améliorer la qualité de prescription des molécules de tous les antipsychotiques mais surtout d'étendre l'emploi des nouvelles molécules des patients les plus difficiles vers les patients dans les phases les plus précoces de la maladie.

Standards :

– la monothérapie doit rester la règle ;

– les neuroleptiques classiques ne doivent pas être employés dans une indication de sédation ou d'anxiolyse ;

– la dose minimale efficace doit toujours être employée ;

– des doses supérieures à 15 mg/j d'halopéridol ne doivent pas être employées (si elles sont nécessaires, elles justifient l'évaluation de l'indication de la clozapine) ;

– les anticholinergiques doivent être utilisés uniquement en cas de manifestations extrapyramidales et de façon limitée dans le temps du fait de leurs conséquences cognitives ;

– les antipsychotiques atypiques doivent être envisagés uniquement dans leurs indications spécifiques.

En cas de premier épisode et surtout lors d'une rechute dans le cas d'une évolution au long cours, les différents antipsychotiques atypiques sont indiqués en première intention (sauf la clozapine) sans critères de choix particulier. En cas de manifestations extrapyramidales aiguës, les auteurs préconisent l'olanzapine ou la quétiapine, ainsi que dans les cas d'hyperprolactinémie difficile à contrôler. Dans les formes où la symptomatologie négative est prépondérante, l'olanzapine, la rispéridone et l'amisulpride semblent les plus intéressantes. La clozapine reste réservée aux formes résistantes ou en cas de dyskinésies tardives invalidantes ou d'altération cognitives majeures.

Comme dans toutes les recommandations, les formes retard sont indiquées en cas de faible observance.

En cas de rechute lors d'une évolution chronique, l'algorithme fourni justifie en première intention de vérifier la compliance mais aussi d'identifier et de diminuer les facteurs de stress extrinsèques. Comme dans les recommandations de la conférence de consensus belge de 1989, cette rechute ne doit pas être systématiquement rapportée à l'inefficacité de la thérapeutique antipsychotique mais doit être l'occasion d'une réévaluation de la prise en charge.

Ces guidelines fournissent des tables d'équivalence en termes de doses entre les différentes molécules et entre les formes parentérales et injectables. Ces données sont extraites de la littérature et doivent être prises avec circonspection, car il ne s'agit pas véritablement d'études pharmacologiques d'équivalence.

Les auteurs fournissent également des tableaux de coût des différents antipsychotiques (en livres/patient/30 jours) afin de fournir une base de comparaison entre ces molécules.

PRINCIPALES RECOMMANDATIONS POUR LE TRAITEMENT DES SCHIZOPHRÉNIES

Nous exposerons plus particulièrement dans cette partie les différentes recommandations concernant les stratégies de traitement pharmacologique proposées dans le traitement des schizophrénies. La majorité des recommandations individualisent au moins deux phases différentes de traitement : le traitement des épisodes aigus et le traitement de maintenance. Certaines recommandations publiées individualisent le traitement de complications comme la dépression ou de conduites pathologiques spécifiques (polydipsie, violence...).

TRAITEMENT D'UN ÉPISODE AIGU

OBJECTIF

L'objectif principal de cette phase de traitement est de contrôler l'émergence des symptômes psychotiques et des troubles du comportement afin de permettre un retour rapide à un bon niveau de fonctionnement psychosocial.

CHOIX DE LA MOLÉCULE

L'utilisation de médicaments antipsychotiques constitue la stratégie principale de traitement quelles que soient les recommandations. Tous les antipsychotiques classiques sont reconnus d'une efficacité équivalente dans le traitement des épisodes aigus. Le choix du traitement doit le plus souvent être guidé par les éléments suivants :

- la voie d'administration ;
- la réponse aux traitements antérieurement reçus par le patient ;
- l'apparition d'effets secondaires ;
- le choix du patient et ses préférences ;
- la prédominance de certaines manifestations cliniques (symptômes positifs et/ou négatifs, anxiété...).

Pour les recommandations de l'APA [1997] les antipsychotiques classiques constituent le traitement de première intention des épisodes aigus. Si l'utilisation d'une forme retard est envisagée, il est recommandé de choisir un antipsychotique ayant à la fois une forme orale et une forme retard. La rispéridone et les autres neuroleptiques atypiques (olanzapine, sertindole, quiétapine) peuvent aussi être utilisés en première intention pour le traitement d'un épisode aigu.

Pour le PORT [Lehman, 1998], tous les antipsychotiques, sauf la clozapine peuvent être utilisés en première intention pour le traitement d'un épisode aigu.

Les recommandations de l'*Expert Consensus Guidelines* [Frances, 1996] sont un peu plus précises quant aux stratégies thérapeutiques d'un épisode aigu. La présence de manifestations positives prédominantes oriente vers la prescription d'antipsychotiques classiques incisifs comme l'halopéridol ou la rispéridone. Si les manifestations négatives de la maladie sont prédominantes ou si le patient a rechuté après avoir interrompu un traitement neuroleptique classique à cause de l'existence d'effets secondaires, il est préconisé d'utiliser la rispéridone en première intention.

Les recommandations canadiennes [1998] distinguent le traitement des patients faisant leur premier épisode des patients faisant une rechute. Pour le traitement des patients faisant un premier épisode, il est préconisé d'utiliser les neuroleptiques atypiques. Pour les autres patients lors d'un épisode aigu, tous les neuroleptiques (à l'exception de la clozapine) peuvent être utilisés.

POSOLOGIES RECOMMANDÉES *(Tableau I)*

Pour l'APA [1997], les posologies journalières recommandées varient de 300 à 1 000 mg/j en équivalent chlorpromazine, soit par exemple 5 à 20 mg/j d'halopéridol ou de 4 à 6 mg de rispéridone. Chez les patients non répondeurs, il est conseillé de faire des taux sanguins avant d'envisager un changement de molécule. L'utilisation de *méga-doses* est déconseillée.

Pour le PORT [Lehman, 1988], les posologies recommandées d'antipsychotiques varient de 300 à 1 000 mg/j en équivalent chlorpromazine. Chez les patients faisant leur premier épisode, les posologies doivent être de 300 à 500 mg/j en équivalent chlorpromazine.

Pour les recommandations de l'*Expert Consensus Guidelines* [Frances, 1996], les posologies journalières sont identiques à celles de l'APA. Toutefois, il n'existe pas dans ces recommandations de différenciation entre les posologies utilisées pour le traitement de l'épisode aigu et le traitement d'entretien.

TABLEAU I. POSOLOGIES RECOMMANDÉES DES ANTIPSYCHOTIQUES POUR LE TRAITEMENT DE L'ÉPISODE AIGU ET LE TRAITEMENT DE MAINTENANCE (D'APRÈS LE PORT, 1998 ET L'APA, 1997).

Antipsychotiques	Aigu	Maintenance
Chlorpromazine	300-1000	300-600
Chlorprothixene	300-1000	300-600
Fluphenazine	6-20	6-12
Halopéridol	6-20	6-12
Loxapine	30-100	30-60
Thiothixene	15-50	25-30
Clozapine	200-600	200-800
Rispéridone	2-10	2-10
Sertindole	12-20	12-20

DURÉE DE TRAITEMENT ET NON-RÉPONSE AU TRAITEMENT

Pour les recommandations de l'APA [1997], si aucune réponse n'est obtenue après quatre à six semaines de traitement, il est conseillé devant la persistance de manifestations positives de remplacer un antipsychotique conventionnel par de la rispéridone ou, si le patient reçoit déjà de la rispéridone, l'utilisation de clozapine peut alors être proposée. Si des manifestations négatives persistent, il est recommandé de remplacer un neuroleptique conventionnel par de la rispéridone. Si le patient reçoit déjà de la rispéridone ou si aucune réponse n'est obtenue, il est possible d'associer un antidépresseur ou d'avoir recours à la clozapine.

Pour l'*Expert Consensus Guidelines* [Frances, 1996], après initiation de traitement il convient d'attendre de trois à huit semaines pour évaluer l'efficacité du traitement. Lorsqu'il existe une réponse partielle, il convient d'attendre 5 à 12 semaines. La rispéridone peut alors être envisagée lorsqu'il persiste une absence de réponse ou une réponse partielle.

Pour le PORT [Lehman, 1988], il est recommandé de traiter pendant au moins six semaines avant d'envisager une réponse partielle.

TRAITEMENT DES MANIFESTATIONS ASSOCIÉES

Pour l'*Expert Consensus Guidelines* [Lehman, 1996], la présence de troubles anxieux, d'une agitation ou d'une insomnie doit être traitée par l'adjonction de benzodiazépines plus que par l'emploi de neuroleptiques sédatifs. De même, pour les recommandations de l'APA [1997] et le PORT [Lehman, 1998], la présence de troubles anxieux et/ou d'une agitation nécessite la prescription de benzodiazépines.

En cas d'hostilité mal contrôlée par les neuroleptiques, l'adjonction de lithium ou de carbamazépine est aussi proposée (APA, PORT).

TRAITEMENT DES EFFETS SECONDAIRES

Pour les recommandations de l'APA [1997], chez les patients jeunes, l'utilisation d'antiparkinsoniens à visée prophylactique doit être discutée. La présence d'effets extrapyramidaux impose une diminution des posologies. Si celle-ci est inefficace, l'emploi d'anticholinergique est nécessaire pour traiter une dystonie et ou un syndrome parkinsonien.

Pour l'*Expert Consensus Guidelines* [Frances, 1996], le traitement des manifestations extrapyramidales doit comporter initialement une diminution des posologies de neuroleptiques. Si celle-ci s'avère inefficace, il convient devant une bradykinésie ou une rigidité persistante de changer le neuroleptique pour de la rispéridone. En cas d'akathisie persistante, l'adjonction de propanolol ou le passage à la rispéridone est discuté. L'existence de dyskinésies tardives et d'un syndrome malin constitue une indication de la clozapine.

Pour le PORT [Lehman, 1998], l'utilisation d'antiparkinsoniens doit être envisagée au cas par cas.

Pour les *Canadian Clinical Practice Guidelines* [1998], l'emploi de neuroleptiques atypiques réduit de manière importante l'apparition de manifestations extrapyramidales aiguës. Ces recommandations distinguent le traitement des manifestations extrapyramidales aiguës et chroniques. Face à l'apparition de manifestations extrapyramidales aiguës, il est recommandé, avant d'utiliser un médicament antiparkinsonien, de diminuer les doses de neuroleptiques ou de changer de médicament. La présence d'une akathisie nécessite la prescription de benzodiazépines ou de propanolol. La chronicité des manifestations extrapyramidales doit faire envisager la prescription d'un neuroleptique atypique.

TRAITEMENT D'ENTRETIEN

Certaines recommandations distinguent un traitement d'entretien et un traitement de maintenance.

DURÉE DE TRAITEMENT

Les recommandations de l'APA [1997] préconisent pour les patients stabilisés après un épisode aigu le maintien du même traitement à la même posologie pendant six mois avant d'envisager un arrêt ou une adaptation posologique.

Pour l'*Expert Consensus Guidelines* [Frances, 1996], il convient de maintenir le traitement pendant 12 à 24 mois chez les patients faisant leur premier épisode. Un traitement de plus longue durée (vie entière ?) est proposé chez les patients ayant fait des épisodes multiples ou chez ceux pour qui des symptômes persistent. Les traitements intermittents sont déconseillés sauf chez les patients refusant un traitement continu.

Pour le PORT [Lehman, 1998], les patients stabilisés après un premier épisode doivent être maintenus sous traitement pendant un an.

La majorité des recommandations proposent de traiter la vie entière les patients ayant des antécédents de comportements violents.

ADAPTATION DES POSOLOGIES

Pour les patients stabilisés, l'APA recommande une diminution graduelle des posologies jusqu'à un niveau minimum égal au cinquième de la posologie employée pour le traitement de maintenance.

Pour le PORT, les posologies recommandées en phase de stabilisation sont de 300 à 600 mg/j en équivalent chlorpromazine.

Pour l'*Expert Consensus Guidelines* [1996], il est proposé de traiter pendant au moins 12 à 24 mois un patient en rémission après le premier épisode. Chez les patients à épisodes multiples un traitement de plus longue durée (vie entière ?) est envisagé.

TRAITEMENTS ADJUVANTS

Les traitements adjuvants proposés par la majorité des recommandations (APA, PORT) lors de la phase d'entretien sont identiques à ceux proposés pour le traitement de l'épisode aigu :

– devant la persistance d'une excitation l'utilisation de benzodiazépines en première intention et l'emploi de neuroleptiques sédatifs, de lithium, de valproate, de carbamazépine, de clozapine ou de rispéridone en seconde intention ;

– devant la persistance d'une anxiété, la prescription de benzodiazépines en première intention et l'emploi de neuroleptiques sédatifs, de buspirone, de rispéridone, de clozapine en deuxième intention ;

– devant l'existence d'un syndrome malin ou de dyskinésies tardives, la prescription de clozapine est justifiée.

Pour les recommandations de l'APA et du PORT, la présence de manifestations dépressives justifie la prescription d'un traitement antidépresseur.

Les différences qui existent entre les diverses conférences de consensus, recommandations, algorithmes thérapeutiques relèvent de différents facteurs :

– leur ancienneté : en effet la survenue des antipsychotiques atypiques a considérablement modifié les modalités de prise en charge en particulier du fait de leur moindre induction d'effets neurologiques mais aussi du fait de leur possible impact sur les aspects cognitifs et peut-être la symptomatologie négative de la schizophrénie ; de même, les techniques psycho-éducationnelles de prise en charge des patients se sont considérablement développées et ont pris une place majeure dans l'organisation des soins, peut-être au détriment d'autres modalités thérapeutiques dont la pratique se prête moins à l'évaluation telle que la psychanalyse ;

– les modalités d'élaboration : les conférences de consensus ont pour objectif de réunir différents professionnels pour poser des repères précis en termes de prise en charge dans le champ de la schizophrénie. Les algorithmes fournissent, quant à eux, des réponses pragmatiques destinées à permettre aux cliniciens de répondre à des situations cliniques précises.

Pour la prise en charge des patients schizophrènes, les recommandations les plus récentes soulignent l'intérêt des nouvelles molécules qui possèdent un rapport bénéfice/risque apparent plus favorable que les neuroleptiques. Toutefois, le recul reste probablement insuffisant pour évaluer les risques éventuels au long cours. Les critères de choix initiaux des molécules restent imprécis, car les données comparatives permettant de définir un profil clinique spécifique pour ces différents composés manquent.

L'évaluation régulière des thérapeutiques est considérée comme nécessaire, afin soit de modifier ce traitement soit de le maintenir.

La durée de traitement reste consensuelle (12 mois après un premier épisode, cinq ans en cas d'épisodes multiples, indéfinie en cas de troubles du comportement ou de comportements suicidaires), de même que la dose qui est la dose minimale efficace. Les critères d'évaluation de l'efficacité des traitements sont précisés en particulier dans les algorithmes et utilisent fréquemment des échelles d'évaluation diverses telles que la BPRS, la SANS.

Les changements de traitement et les arrêts sont présentés de façon identique dans toutes les recommandations comme devant être menés de façon très précautionneuse et progressive, le risque étant bien évidemment la rechute rapide lors de l'arrêt. L'éducation des patients est soulignée comme étant l'un des facteurs clé sur lequel il faut agir pour contrôler les risques de rechute.

Par ailleurs, tous les auteurs préconisent des traitements continus en monothérapie mais, comme le soulignent certaines recommandations, chaque situation clinique doit être considérée de façon individuelle et peut nécessiter des attitudes thérapeutiques d'association par exemple.

Pour les thérapeutiques associées aux traitements médicamenteux, seules les prises en charge psycho-éducationnelles sont retrouvées dans toutes les recommandations. L'accent est mis sur la notion d'alliance thérapeutique, de la nécessaire information aux patients et surtout le travail avec la famille et l'environnement.

Toutefois les prises en charges psychanalytiques, systémiques et cognitivo-comportementales sont rarement évoquées voire développées.

Il faut noter toutefois que les recommandations du *Schizophrenia Patient Outcome Research Team* (PORT [Lehman, 1998]) sont les seules qui prennent une position ouvertement opposée à l'emploi des psychothérapies analytiques et systémiques. Ces auteurs s'appuient sur quelques données de la littérature dont ils soulignent toutefois la fiabilité insuffisante. Ceci rejoint les préoccupations de la conférence de consensus française qui préconisait la mise en place d'études évaluatives dans ce champ.

Les différents aspects des ressources nécessaires pour la prise en charge de ces patients sont développés. L'accent est mis sur les structures intermédiaires, en particulier sur toutes les organisations permettant de traiter dans la prise en charge au long cours des phases d'acutisation de la maladie sans avoir recours à l'hospitalisation à temps plein. Les réalités pratiques sont très peu superposables et il faut nécessairement prendre en compte les dispositifs locaux. Cela est particulièrement souligné par l'étude de concordance du *Schizophrenia Patient Outcome Research Team* (PORT) qui démontre la disparité des offres de soins et la difficulté pour un professionnel d'être en adéquation avec des recommandations en fonction de l'endroit où l'on exerce son activité professionnelle.

L'intérêt des structures de réinsertion et de réadaptation est également repris dans plusieurs « *guidelines* ». De la même manière que pour les structures alternatives, il reste difficile de fournir des recommandations précises dans un domaine où la mise à disposition de structures est multifactorielle. Les différents textes restent dans ce cas au niveau de l'affirmation des objectifs et priorités, sans prendre de position plus précise.

Les aspects économiques des traitements apparaissent dans plusieurs des recommandations les plus récentes en particulier avec le coût comparatif des nouvelles molécules. La conférence de consensus belge [DeClerq *et al.*, 1999] souligne le rôle des autorités de tutelle dans la nécessaire prise en charge de ces coûts.

En termes de prise en charge au long cours, l'évolution actuelle est surtout marquée par l'émergence des nouveaux antipsychotiques qui fournissent un rapport bénéfice/risque supérieur par rapport aux neuroleptiques conventionnels. Les durées de traitement se standardisent. De même, les modalités de prise en charge de type psycho-éducationnel sont à l'heure actuelle centrales dans ces diverses recommandations. Plusieurs auteurs soulignent toutefois que chaque prise en charge reste une situation clinique particulière et que ces différentes recommandations ne sont que des repères qui ne doivent en rien faire oublier la nécessité d'évaluation et de prise en charge strictement individuelles.

Comme le soulignent plusieurs auteurs, les recommandations ont pour but d'améliorer la prise en charge des patients schizophrènes de façon globale. En revanche, elles ne constituent pas des indicateurs valides d'évaluation de la qualité des soins ou du dispositif de santé, et ne doivent en aucun cas être considérées comme telles. Elles doivent nous fournir un cadre permettant d'ajuster avec la meilleure efficacité la prise en charge de chaque patient schizophrène en fonction des connaissances actuelles.

L'observance dans la schizophrénie

Franck-Jean Bayle

L'observance se définit comme le respect de la prescription, la parfaite concordance entre la conduite du patient et les conseils et prescriptions du médecin. C'est aussi la capacité pour un patient à entrer dans un programme thérapeutique en le poursuivant jusqu'à son terme. L'observance peut être nulle, partielle ou totale.

La mauvaise observance demeure l'un des problèmes majeurs de la prescription des psychotropes et de la pratique médicale en général. Depuis quelques années, une attention croissante est portée sur ce problème, comme en témoigne la dernière version du *Diagnostic and Statistical Manual of Mental Disorders* (DSM-IV). Dans une catégorie additionnelle énumérant les facteurs cliniques devant retenir l'attention, la non-observance thérapeutique est retenue.

L'apport thérapeutique des neuroleptiques dans les années cinquante, et plus récemment des neuroleptiques atypiques qui présentent moins d'effets indésirables, a considérablement bouleversé la prise en charge des patients schizophrènes. En dépit des avancées thérapeutiques, la mauvaise observance est susceptible d'entraîner une augmentation du nombre des hospitalisations, un accroissement de la morbidité et une diminution de la qualité de vie des patients.

Dans les causes possibles de résistance au traitement, la question de la coopération du patient et de la fiabilité de la prise doit systématiquement et prioritairement être posée. Cependant, la quantification du phénomène demeure difficile. Les problèmes d'observance perturbent la relation du médecin et de son malade et rendent difficile l'évaluation de la qualité des soins. Différents facteurs sont impliqués dans l'observance thérapeutique et des mesures susceptibles de l'améliorer existent.

TAUX DE NON OBSERVANCE

L'absence de moyen d'évaluation standard explique la variabilité des données de la littérature. Indépendamment du type de population concerné, un certain nombre de travaux aux résultats convergents permettent d'établir des proportions de 20 à 50 % de patients considérés comme au moins partiellement non observants. Ce phénomène de mauvaise observance se rencontre dans toutes les disciplines médicales, mais semble toucher préférentiellement les patients présentant un trouble psychiatrique comparativement aux sujets ayant une pathologie physique. Le caractère chronique de la maladie est un facteur qui influence négativement l'observance. Le taux d'observance associé aux maladies nécessitant un traitement au long cours comme c'est souvent le cas en psychiatrie, est habituellement réduit de moitié. Selon les études, 16 % à 80 % des schizophrènes ne suivent pas les prescriptions telles qu'elles sont ordonnées par le praticien : 50 % des patients schizophrènes traités par neuroleptiques classiques sont non observants un an après la sortie de l'hôpital et 75 % après deux ans. Pour d'autres auteurs, ce taux de non observance a été estimé autour de 80 %. L'environnement joue également un rôle : le taux chez les patients hospitalisés varie de 5 à 37 % alors que chez les patients suivis en ambulatoire il varie de 20 à 65 %. Après la sortie de l'hôpital, 10 % à 40 % des patients schizophrènes traités rechutent dans l'année. Dans deux tiers des cas les réhospitalisations sont directement attribuées à un défaut complet ou partiel d'observance. Quelle que soit la précision de ces chiffres, il faut retenir l'importance quantitative du phénomène de non observance thérapeutique, trop souvent omis par le corps médical.

MOYENS D'ÉVALUATION

Le système de contage de prise médicamenteuse (pilulier) est une technique de détection indirecte. Cette méthode d'évaluation, peu fiable et qui surestime le taux d'observance, présente le risque d'altérer la relation thérapeutique par son caractère trop intrusif.

Les mesures biologiques sont plus rarement utilisées, en raison du coût important et de la faible diffusion des kits de dosage. Les différences inter-individuelles dans le métabolisme des médicaments et la durée qui sépare la prise médicamenteuse du prélèvement rendent les dosages imprécis. Son caractère objectif est entaché par les défauts de précision des mesures. Dans le cadre d'études très ciblées un marqueur chimique de longue demi-vie permettant de contrôler si les médicaments ont été pris correctement sur la semaine précédente peut être incorporé dans le médicament.

L'emploi de questionnaires est la technique la plus opérationnelle. Il s'agit d'instruments standardisés dont l'intérêt est d'évaluer de façon reproductible le taux de non observance dans une population de patients sélectionnés et de rechercher certains des facteurs prédictifs liés au phénomène. Leur utilité est double puisqu'ils peuvent être utilisés tant en situation clinique qu'en recherche. Comparativement aux hétéro-questionnaires, les auto-questionnaires allient efficacité et faible coût. Ils ne nécessitent pas de formation particulière et la durée de passation est réduite.

L'interprétation subjective des modifications physiologiques dues à l'action biologique d'un traitement correspond à la définition de la « réponse subjective à un médicament » établie par Awad. Ce postulat est à l'origine de l'échelle la plus connue dans le domaine de la recherche sur l'observance : le *Drug Attitude Inventory* (DAI-30). Il s'agit d'un auto-questionnaire à trente items générant des réponses en vrai/faux. Elle est centrée uniquement sur les plaintes « non spécifiques » des patients recevant des antipsychotiques. Plusieurs critiques ont été soulevées quant aux qualités du DAI.

Ces critiques sont à l'origine de la réalisation d'un nouveau questionnaire d'observance médicamenteuse, le *Medication Adherence Rating Scale* (MARS). Il s'agit d'un auto-questionnaire dont le résultat semi-quantitatif introduit un degré dans l'observance ce qui rend mieux compte de la réalité clinique complexe du phénomène.

En 1994 a été développé le *Rating Of Medication Influences* (ROMI). L'objectif était de définir différentes variables, notamment comportementales explicatives du phénomène d'observance. Un entretien semi-structuré est suivi d'un entretien structuré explorant à travers 20 items les facteurs pouvant influencer l'adhésion thérapeutique. L'emploi de ce matériel est complexe puisqu'il nécessite du temps et requiert l'intervention d'un clinicien expérimenté. Selon ce modèle la sévérité perçue de la maladie, les bénéfices perçus du traitement et la crainte d'une réhospitalisation permettent de classer correctement 90 % des sujets selon l'adhésion au traitement. Cela suggère qu'un interrogatoire orienté permettrait d'accroître la sensibilité du clinicien pour l'estimation de l'observance.

CONSÉQUENCES DE LA NON OBSERVANCE

Parmi les causes des rechutes psychotiques, la mauvaise adhésion au traitement est un facteur bien établi. Sur l'ensemble des cas de rechute survenant un an après une première hospitalisation, 40 % est attribuable à la non observance, tandis que 60 % est dû à la perte d'efficacité du traitement ou à d'autres facteurs. Au maximum, le pronostic vital peut être engagé en raison du risque de passage à l'acte auto-agressif (suicide) et/ou hétéro-agressif (homicide) à l'occasion d'une rechute. La mauvaise adhésion thérapeutique est source d'un accroissement du nombre d'hospitalisations et d'une exacerbation des symptômes. Les conséquences sociales, professionnelles et familiales des hospitalisations itératives et des rechutes se mesurent en termes de réduction de la qualité de vie du sujet.

L'impact économique de la non observance est difficile à estimer. Les patients non observants augmentent le coût des soins lié à la prolongation des périodes passées en épisodes aigus aux dépens des périodes de rémissions. Quarante pour cent du coût hospitalier direct pourrait être attribué aux rechutes par défaut d'observance. Le surcoût induit par l'inobservance totale (donc par définition déjà sous-évalué), constitue près de 7 % du coût total lié au nombre de jours d'hospitalisation pendant une période de 12 mois. En revanche, une meilleure connaissance des traitements neuroleptiques par le patient serait susceptible d'avoir un impact économique positif, en réduisant la durée de l'hospitalisation.

FACTEURS INFLUENÇANT L'OBSERVANCE THÉRAPEUTIQUE

Trois sous-types de facteurs d'observance sont dégagés : les facteurs liés aux médicaments, ceux liés aux patients et ceux dépendant du médecin.

FACTEURS SPÉCIFIQUES LIÉS AU MÉDICAMENT

L'observance médicamenteuse dépend en partie de l'efficacité thérapeutique et de la tolérance spécifique au médicament considéré. La durée de la prescription et la fréquence des prises influenceraient également l'observance.

EFFETS LATÉRAUX (TOLÉRANCE)

La tolérance est considérée comme la raison principale expliquant une mauvaise adhésion au traitement. Les effets neurologiques (akathisie, dyskinésies aiguës et tardives), endocriniens (prise de poids, aménorrhée) et sédatifs des neuroleptiques classiques sont fréquemment mis en avant dans les causes d'arrêt du traitement. Les effets anticholinergiques (bouche sèche, constipation, hypotension orthostatique, tremblements, sédation) sont également en cause. Enfin, les dysfonctionnements sexuels (impuissance, frigidité, anorgasmie...) sont souvent ignorés des médecins car peu explorés, mais sans doute de très grande importance. Du fait de leur grande fréquence, ils doivent être considérés comme une cause possible de non observance, et ce d'autant que le sujet est jeune. Les neuroleptiques atypiques mis à la disposition des psychiatres ont permis ces dernières années d'énormes progrès en matière d'efficacité et de réduction des effets secondaires.

EFFICACITÉ DU TRAITEMENT

L'absence de croyance des patients en l'efficacité du traitement qu'ils prennent est une raison identifiée de la mauvaise adhésion thérapeutique. Les périodes de rémission clinique sont aussi à risque. Le sujet symptomatique sans réelle conscience de l'efficacité préventive du traitement peut l'arrêter prématurément. Le délai d'action des traitements peut être une source de non observance chez un patient imparfaitement informé. L'éventualité d'une résistance au premier traitement nécessitant alors l'emploi d'une autre molécule peut être à l'origine d'un découragement avec un risque d'arrêt prématuré. Enfin, la couleur, la taille, le goût, le nom des médicaments sont d'autres facteurs pouvant intervenir dans l'efficacité ressentie et donc l'observance. Ces données bien connues des firmes pharmaceutiques interviennent dans le développement de toute nouvelle molécule.

COMPLEXITÉ DU TRAITEMENT

La coprescription de plus de trois médicaments est une éventualité trop fréquente à laquelle vient s'ajouter la complexité liée à la surveillance de ces traitements : dosages plasmatiques, mesures biologiques. Parmi les facteurs identifiés comme nuisibles à l'observance, le nombre de prises quotidiennes et la complexité de la prescription médicamenteuse sont les plus fréquemment cités. Ces facteurs ne sont pas spécifiques car également identifiés dans d'autres types de pathologie comme dans la maladie bipolaire avec les sels de lithium.

FACTEURS LIÉS AU PATIENT

SYMPTÔMES PSYCHIATRIQUES

L'évolution déficitaire marquée par l'apragmatisme, l'aboulie d'une part et le retentissement cognitif d'autre part peut expliquer une mauvaise compréhension d'un traitement parfois complexe. La méconnaissance des troubles et de la maladie aboutit souvent au refus actif du traitement. L'absence de prise de conscience de la maladie *(insight)* va de pair avec la difficulté liée à la perception d'un bénéfice thérapeutique. Ce défaut *d'insight* est un facteur régulièrement évoqué dans les causes de non-observance. Dans la situation d'une symptomatologie délirante, les effets collatéraux des thérapeutiques employées peuvent être interprétés par le patient de façon particulièrement menaçante ou invasive.

L'abus de substance, notamment chez l'homme, l'alcoolisme et l'utilisation même isolée de cannabis sont des facteurs prédictifs importants de non observance.

FACTEURS NON SPÉCIFIQUES

L'environnement familial défavorable et les facteurs culturels semblent également impliqués. Chez des personnes aux conditions socio-économiques défavorisées, le coût du traitement peut intervenir si le remboursement est insuffisant ou nul.

FACTEURS LIÉS AU MÉDECIN

L'attitude du médecin en matière de communication, le type de relation entre le médecin et son malade et les habitudes de prescription sont des points essentiels en matière d'observance. L'information dispensée doit être éclairée (à savoir : complète, compréhensible et accessible) pour garantir meilleures efficacité, tolérance et adhésion thérapeutiques. Elle concerne la pathologie en cause, les traitements disponibles, les objectifs, les bénéfices et les effets latéraux des médicaments prescrits. Les informations données aux patients sur leurs traitements sont très souvent insuffisantes. Les notices explicatives qui accompagnent les médicaments énumèrent les effets indésirables et les accidents sans que soient signalés leurs fréquences de survenue et leur éventuel caractère de gravité. Les informations ainsi livrées peuvent déconcerter l'utilisateur et favoriser la mauvaise observance en induisant des craintes excessives. L'observance dépend de la relation thérapeutique. Une attitude trop rigide ou à l'inverse excessivement emphatique est à éviter. En ce qui concerne les habitudes de prescription, nous avons vu que la polymédication et la multiplication du nombre de prises étaient sources de mauvaise observance.

STRATÉGIES THÉRAPEUTIQUES POUR AMÉLIORER L'OBSERVANCE

Au moins quatre groupes de facteurs sont susceptibles d'améliorer l'observance : l'information et la communication avec le patient, la simplification des prises, la planification des consultations et la tolérance au médicament utilisé (effets latéraux).

SOLUTIONS MÉDICAMENTEUSES

Plusieurs solutions doivent être systématiquement envisagées. Lorsque le tableau clinique le permet, la simplification du schéma thérapeutique doit être l'objectif premier. La monothérapie est une solution idéale. L'adjonction d'un second psychotrope complique la prise médicamenteuse mais peut favoriser l'observance par un accroissement de la réponse thérapeutique. Une autre attitude à privilégier est l'emploi de traitements aux effets latéraux mineurs tels que les neuroleptiques atypiques, en favorisant la monoprise. L'information du patient et l'utilisation de correcteurs facilitent la tolérance des effets secondaires. Enfin, l'adaptation progressive de la posologie à une dose minimale efficace est également un moyen de minimiser les effets latéraux des thérapeutiques et donc d'améliorer l'adhésion thérapeutique. Les bénéfices liés à l'emploi des neuroleptiques atypiques semblent aujourd'hui établis. Toutefois, des effets secondaires existent qui doivent être explorés systématiquement. La prise de poids mérite une attention particulière par sa fréquence. Une surveillance de cet effet métabolique est primordiale car le cas échéant elle implique une intervention diététique nutritionnelle précoce, spécifique.

Les dosages plasmatiques et urinaires sont utiles, mais ne donnent d'information que sur l'observance des jours précédant le prélèvement, fonction de la demi-vie du produit.

Lorsque l'observance est de très mauvaise qualité, l'utilisation de traitements à libération prolongée peut être nécessaire mais semble peu efficace sur l'observance à moyen et long terme. Actuellement, aucune forme retard d'un antipsychotique atypique n'est disponible. Les formes d'action prolongée ont été élaborées avec le double but d'améliorer la tolérance, par l'administration de doses totales moindres, et d'améliorer l'observance par la diminution des rythmes d'administration. En aucun cas cette prescription ne peut être envisagée comme une contrainte aux soins. Elle doit s'accompagner des nécessaires mesures d'information et d'éducation sur la maladie. La prise en charge psychothérapeutique doit en priorité tenter d'améliorer la prise de conscience de la nature morbide des troubles.

SOLUTIONS LIÉES AU PATIENT

L'entourage est un allié potentiel dans un travail de réhabilitation et d'amélioration de l'observance. En contribuant à l'éducation du patient, il permet une meilleure adhésion aux soins. La prise de conscience par l'entourage familial de la maladie du patient est une cause identifiée d'amélioration de l'observance. La délivrance des médicaments par des structures extra-hospitalières comme les centres médico-psychologiques est parfois le seul recours pour s'assurer de la prise médicamenteuse. L'utilisation d'un boîtier électronique enregistrant la date et l'heure de chaque prise médicamenteuse avec une sonnerie à l'heure de la prise du traitement permet d'améliorer l'observance en luttant contre les phénomènes d'oubli.

SOLUTIONS LIÉES AU MÉDECIN

Le praticien doit favoriser une attitude active du patient vis-à-vis de son traitement. Il doit, malgré les difficultés de compréhension inhérentes à la pathologie, s'efforcer d'expliquer la nature de la maladie et les risques évolutifs afin d'améliorer l'adhésion thérapeutique. L'information donnée au malade et à sa famille doit permettre une véritable « négociation » dans le but d'adapter le traitement à un style de vie (horaires de prise...). Le délai d'action, les risques et attitudes à adopter face aux effets secondaires doivent être expliqués. L'utilisation d'un carnet de suivi de traitement comprenant quelques pages d'explications générales sur la pathologie et des recommandations sur le médicament est un moyen d'information simple mais sûr. L'évaluation régulière de l'observance doit faire partie intégrante de l'examen psychiatrique. Essayer de comprendre un défaut d'observance en évitant de porter un jugement contribue à l'alliance thérapeutique. Celle-ci est prédictive d'une meilleure observance thérapeutique.

Un programme éducatif issu des techniques cognitivo-comportementales semble plus efficace qu'une simple information. Un contrat (verbal ou écrit) est passé avec le patient. Après une information à visée éducative sur la maladie et son traitement, une stratégie thérapeutique est retenue avec le patient. La supériorité de ce type d'intervention a été confirmée dans diverses études.

CONCLUSION

D'une façon générale, l'importance de l'observance est sous-estimée par le corps médical. Tous les travaux sur ce sujet, en psychiatrie comme dans l'ensemble des disciplines médicales, confirment que les taux d'observance sont faibles. Parmi les causes des rechutes psychotiques, la mauvaise adhésion au traitement est un facteur bien établi. Au maximum, le pronostic vital peut être engagé. La mauvaise adhésion thérapeutique est source d'un accroissement du nombre d'hospitalisations et d'une exacerbation des symptômes. Les conséquences sociales, professionnelles et familiales des hospitalisations itératives et des rechutes se mesurent en termes de réduction de la qualité de vie du sujet. Il s'agit également d'un problème médico-économique majeur, puisqu'il entraîne de façon indirecte un surcoût. Une prise de conscience est nécessaire car des mesures existent pour améliorer l'observance. Les problèmes d'observance perturbent la relation du médecin et de son malade et rendent difficile l'évaluation de la qualité des soins. L'alliance thérapeutique est un élément fondamental. Une bonne information adaptée au sujet et à son entourage sur la maladie et son traitement est indispensable. La disponibilité de médicaments mieux tolérés représente un progrès considérable, mais ceux-ci sont encore insuffisamment prescrits. Une réévaluation régulière des coprescriptions et du nombre de prises est la garantie d'une meilleure observance à long terme. L'information des praticiens sur ce problème peu reconnu est impérative. Le développement d'outils de mesure simples et standardisés est nécessaire pour l'analyse des facteurs prédictifs associés à l'observance. Cette voie de recherche, associée aux progrès de la psychopharmacologie, permettrait d'apporter des réponses spécifiques visant à améliorer le pronostic du trouble schizophrénique.

Prise en charge du patient schizophrène : importance de la prise en charge des familles

Olivier Canceil

La désinstitutionnalisation et les avancées thérapeutiques de ces dernières décennies, en développant une prise en charge plus largement ambulatoire des patients schizophrènes, ont accru le rôle, comme la charge, des familles. La chronicité de la maladie et l'évolution de l'organisation des soins dans le contexte actuel de rationnement économique font de l'entourage proche du patient un acteur essentiel de la prise en charge de celui-ci. L'aide apportée par cet entourage, si elle n'implique aucune rémunération, a pourtant un réel coût social. Les répercussions de la maladie sur la famille et leur prise en compte dans l'adaptation des stratégies de soins restent en grande part à explorer. Depuis quelques années, des prises en charges thérapeutiques sont aussi proposées à l'entourage, le plus souvent sous forme de soutien visant l'aider à mieux gérer la maladie et les troubles relationnels qu'elle peut induire.

INTERACTIONS FAMILIALES DANS LA SCHIZOPHRÉNIE

Les recherches menées dans les années 1950-70, par Bateson en particulier, ont permis le repérage de dysfonctionnements dans la communication des sujets atteints de pathologie mentale et leur entourage proche, dont les plus connus ont a été formalisés dans le théorie de la double contrainte *(double bind)*. Ce modèle psychopathologique a pu conduire à faire de ces « transactions pathologiques » l'origine des perturbations mentales et comportementales du sujet atteint de schizophrénie.

Les développements parallèles de la psychanalyse dans le champ des psychoses se sont également intéressés aux interactions familiales, surtout en terme de distorsions précoces. Des théorisations cliniques essentielles ont donné lieu à des interprétations et des exploitations simplistes dans le contexte socioculturel des années 1960-70, comme par exemple le concept de mère schizophrénogène formalisé par Fromm-Reichmann.

Ceci a concouru à créer une scission entre le corps médical et les familles des patients, blessées de se sentir tenues pour responsables de la maladie de leur proche et qui se sont regroupées dans des associations devenues parfois leur seul lieu d'échange.

L'intérêt pour les interactions familiales a survécu dans l'essor des neurosciences depuis les années 1980 à travers les études menées sur l'*expressed emotion* (EE) au sein des familles et de son impact sur le cours de la schizophrénie. Les différents travaux publiés dessinent un tableau contrasté de la place que cette variable peut occuper. Si les patients vivant dans des familles à EE élevée semblent rechuter plus souvent et avoir plus de difficulté à s'insérer dans le monde du travail, ces données ne sont pas transposables à toutes les cultures. Lorsque la famille est socialement mal adaptée, le haut niveau d'EE (dû surtout aux commentaires critiques de la mère) est pourtant associé à une meilleure insertion professionnelle pour le patient, selon une étude de King et Dixon [1995]. Les mêmes auteurs [1996] ont montré que les deux principales composantes de l'EE (commentaires critiques et trop grande implication émotionnelle de l'entourage) avaient des effets différents et qu'une forte participation émotionnelle de l'entourage pourrait être associée à une évolution sociale satisfaisante du proche malade.

L'EE familiale peut évoluer et dépend du fardeau que représente pour la famille l'aide qu'elle doit apporter au malade *(care burden)*, plutôt qu'à la symptomatologie déficitaire et à la désinsertion sociale qu'elle entraîne. Si l'EE diminue au cours du temps, ce serait en corrélation avec l'allègement de la charge perçue et la perception d'une amélioration des performances sociales du patient [Scazufca et Kuipers, 1998].

La variable EE semble rendre compte à la fois de caractéristiques intrinsèques de la famille et de ses réactions suscitées par les symptômes du proche malade.

L'expression émotionnelle familiale, lorsqu'elle véhicule des affects positifs, pourrait même prédire une symptomatologie négative moins prononcée et moins intense et une meilleure qualité de vie du proche malade, indépendamment de la symptomatologie initiale ou de l'ajustement prémorbide [Halford *et al.*, 1991].

Les réactions familiales ont été également évaluées en termes de stratégies de *coping* (stratégies mises en place pour faire face à une situation problématique). Un style de *coping* « chaleureux » est associé à une moindre charge familiale *(care burden)* qu'un *coping* de styles « connivence », « critique/contrainte », « surprotection », « implication émotionnelle excessive » ou « résignation » [Budd *et al.*, 1998]. Ces stratégies sont influencées par la perception de la situation par l'entourage familial. Un *coping* centré sur les problèmes posés s'avère plus bénéfique que des stratégies d'évitement en termes de charge, de détresse et d'EE haute familiales [Scazufca et Kuipers, 1999].

ATTENTES DES FAMILLES

Les familles en charge d'un patient schizophrène se plaignent surtout des perturbations émotionnelles et de la rupture induite dans la vie des membres du foyer, ainsi que des altérations des performances au travail de la personne qui s'occupe le plus du patient. Le niveau de détresse familiale est très nettement corrélé à l'intensité des troubles du comportement du malade.

Deux besoins essentiels sont exprimés par les familles de patients schizophrènes hospitalisés : être informé et partager son expérience. L'enquête réalisée par Bergmans *et al.* [1995] révèle leur sentiment de frustration dans leur communication avec le monde hospitalier, le choc émotionnel face à la métamorphose de leur proche, leur incompréhension des symptômes résiduels, leur croyance désespérée dans la guérison, leur peur et leur impuissance face à l'avenir. Leurs attentes, surtout à l'égard des soignants en charge de leur proche, sont : soutien, réassurance, écoute, apprentissage de comportements face à la maladie de leur proche.

PRISE EN CHARGE DES FAMILLES

Une étude réalisée à Taiwan montre que l'utilisation des programmes de réhabilitation par les familles est principalement influencée par l'information que celles-ci ont pu recevoir (sous forme psycho-éducative) sur les étiologies biologiques de la schizophrénie. Si les familles n'ayant pas reçu cet enseignement étaient enclines à institutionnaliser leur proche malade, elles ne différaient pas des autres en termes de fréquence d'attitudes rejetantes, de charge perçue *(care burden)* ou de *mesure de l'EE [Yang et al.*, 1999]. Si les interactions familiales varient selon les cultures, l'information donnée aux familles permet, de façon générale, en modifiant leur perception de la maladie et en leur permettant d'identifier les troubles de leur proche, d'ajuster plus efficacement leurs attitudes.

Le stress éprouvé par une famille lors d'une rechute du proche malade résulte davantage de la culpabilité de se sentir concerné par l'exacerbation pathologique que de la croyance que le patient en est le seul responsable. L'appréciation et la critique de ces cognitions permettrait une réaction familiale plus adaptée à la situation [Barrowclough *et al.*, 1996].

L'efficacité des programmes psycho-éducationnels s'adressant aux familles de patients schizophrènes est à présent établie. Associés à un traitement neuroleptique continu, ils diminuent fortement le taux de rechutes des patients, améliorent leur observance thérapeutique et la variable EE dans la famille. Le bénéfice pour les familles se mesure en allègement de leur charge *(care burden)*, en amélioration de leur santé physique et psychique et en l'acquisition de connaissances sur la prise en charge de leur proche malade, qui se maintiennent à deux ans de suivi [Zhang *et al.*, 1998]. On note également une diminution des conflits intrafamiliaux et une augmentation des contacts entre le patient et sa famille.

Ces programmes psycho-éducationnels associent une information sur la maladie, ses déterminants biologiques et psychologiques, son cours évolutif, les signes prodromaux de rechute, le traitement, ses principes et ses effets indésirables et l'acquisition, avec la répétition régulière sur plusieurs mois de sessions de groupe, de stratégies adaptées pour faire face aux moments de crises du proche malade mais aussi pour répondre aux interrogations qu'il exprime.

Les psychothérapies familiales connaissent un regain d'intérêt depuis quelques années. Les thérapies familiales cognitives sont pour le moment les seules à avoir développé des stratégies d'évaluation permettant d'établir leurs résultats thérapeutiques. Les principes des prises en charge cognitivo-comportementales fondent d'ailleurs pour une part essentielle l'approche psycho-éducationnelle des familles (et des patients eux-mêmes).

La plus connue, la thérapie familiale systémique, articule sa spécificité autour de la notion de système et plus précisément de qualité émergente, non déductible de l'analyse des éléments constitutifs de celui-ci. Le travail systémique vise donc à repérer les qualités émergentes spécifiques aux liens constitutifs de chaque système familial, à les positiver et rétablir leur fonctionnalité dans une interaction dynamique entre individu et système.

Les thérapies familiales psychanalytiques et systémiques partagent avec les thérapies cognitives la visée d'un objectif, au-delà de la réduction symptomatique médicamenteuse, qui est de favoriser pour le patient l'accès à l'autonomie (en particulier psychique), en lui permettant de s'individualiser et de se définir au sein du système familial. Elles ont des dispositifs de travail communs : travail trigénérationnel, équipe de cothérapie.

Elles réduisent les coûts par une diminution sensible des situations de crise conduisant à des hospitalisations injustifiées, comme cela est montré pour les thérapies familiales cognitives. Elles évitent également les réactions de rejet et d'exclusion familiale et pacifient les rapports entre institution et famille.

Ajoutons pour conclure que l'évolution de la législation, en renforçant le droit des patients à l'information, tend à faire un devoir au médecin de traiter son patient en partenaire dans un contrat de soins élaboré ensemble et dont la famille ne peut plus être exclue.

Schizophrénie : approche médico-économique

Patrick Martin

La croissance importante des dépenses de santé est devenue l'une des caractéristiques les plus évidentes des systèmes de santé des sociétés industrialisées depuis près de vingt ans. La France n'échappe pas à ce phénomène et se situe même parmi les pays les plus dépensiers de l'OCDE. Cette croissance en valeur relative des dépenses de santé des pays dits industrialisés varie entre 8 et 13 % du produit intérieur brut. La *figure 1* indique également que les dépenses de santé mentale représentent environ 10 % de ces dépenses de santé. Enfin, il s'avère que celles concernant la schizophrénie sont estimées à environ 1 à 2 % des coûts de santé mentale. Ce qui entraîne en conséquence chaque année une « déviation » sans cesse progressive de nos ressources au profit du secteur de la santé, quelle qu'en soit la spécialisation médicale.

Toutefois, les ressources médicales disponibles étant limitées, il est clair que la société doit effectuer des choix et ne pourra jamais satisfaire tous les besoins. Cependant, il est possible de savoir si ces choix sont les mêmes en matière de soins médicaux, en termes de qualité des soins et en fonction de prise en compte de la qualité de vie des patients telle qu'ils la ressentent.

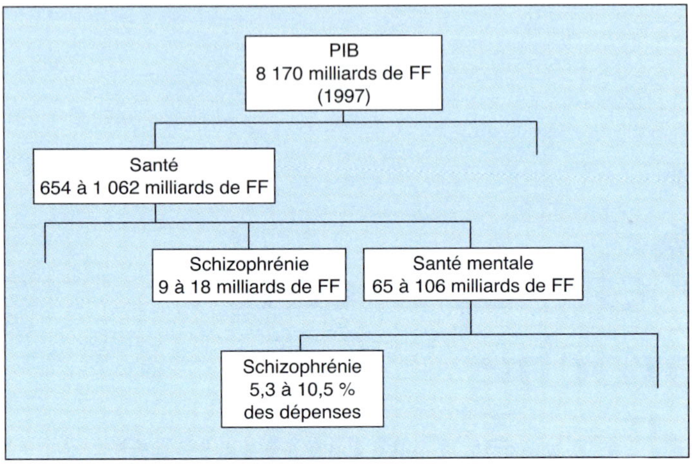

Figure 1. Le problème de la santé dans le monde.

Dans ce contexte, la plupart des réglementations visent à réduire les dépenses associées à la consommation de médicaments, tout en sachant que cette consommation ne représente en fait qu'une très faible part des dépenses de santé.

Ces réglementations imposent donc de toute manière une meilleure connaissance de l'impact médical, économique et épidémiologique de cette consommation.

Par ailleurs, ces choix doivent être guidés par des études permettant d'analyser les attitudes thérapeutiques, non seulement en fonction de leurs avantages respectifs, mais également en fonction de leurs coûts respectifs et peut-être, surtout, en fonction du patient, du degré de confort et de satisfaction qu'elles vont pouvoir lui procurer.

L'ÉVALUATION ÉCONOMIQUE : POURQUOI ?

Cette évaluation économique d'un médicament doit permettre la comparaison entre un médicament nouveau donné et une situation de référence débouchant sur ce que l'on appelle communément l'amélioration du service médical rendu. Par ailleurs, il apparaît illusoire de vouloir estimer ce que l'on appelle, abusivement, le coût d'une pathologie. En effet, la prise en compte de la totalité des coûts directs et indirects liés à la pathologie semble difficilement réalisable voire impossible, sachant par ailleurs que la présence d'une comorbidité, aussi bien psychiatrique que médicale, est presque toujours retrouvée. Il est donc préférable de parler de la prise en charge d'une stratégie thérapeutique compte tenu du contexte de la pathologie [Martin, 1999].

Il apparaît également qu'une évaluation économique sur l'opportunité d'un traitement ou d'une décision thérapeutique n'a de sens que dans une perspective comparative. Une solution thérapeutique est dite coûteuse dans sa comparaison avec une autre solution thérapeutique dans un contexte d'efficacité égale, et non en fonction du volume de ressources qu'elle mobilise.

ÉVALUATION ÉCONOMIQUE ET PATHOLOGIE MENTALE

Ce n'est probablement pas un hasard si, ces dernières années, nous avons été confrontés à un fort développement, notamment aux États-Unis, de l'évaluation économique des soins de santé et plus particulièrement de ceux concernant les pathologies mentales.

Au moins deux éléments essentiels expliquent ce développement. Les données épidémiologiques ont montré une prévalence et une forte incidence des pathologies psychiatriques *(figure 2)*. S'ajoute également à ces paramètres le facteur temporel, sachant que ces pathologies sont le plus souvent chroniques, cette chronicité impliquant, par la force des choses, une pérennisation des soins, voire une fréquence importante des rechutes ou des récidives. Enfin, certaines caractéristiques sociodémographiques, comme l'augmentation de la durée de vie ou l'évolution des stratégies thérapeutiques ou diagnostiques plus performantes, contribuent à l'augmentation directe ou indirecte des dépenses de santé.

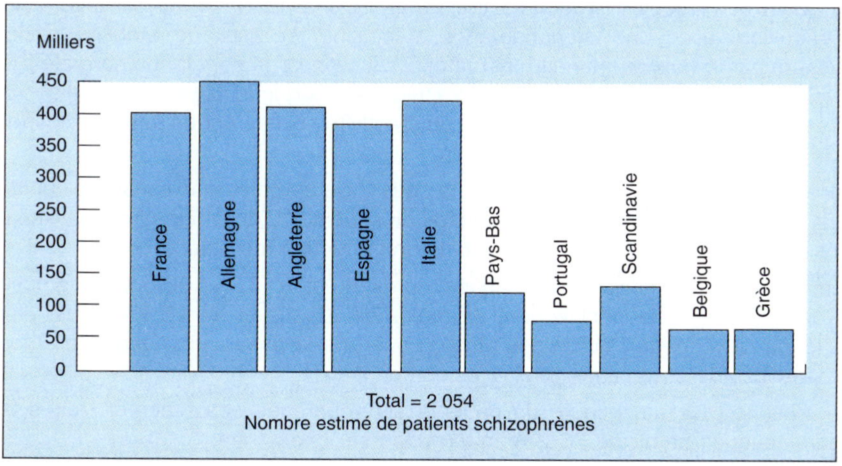

Figure 2. Estimation du nombre de schizophrènes en Europe de l'Ouest (environ 1 % de la population générale) (d'après *World Band Population Projections*, 1990, ECA 1985, Hare 1986) (d'après Martin, 1995).

Bien que le coût social de la plupart des troubles physiques et mentaux qui affectent une large part de la population ait fait l'objet d'études approfondies quant à leur impact économique, médical et thérapeutique, peu ou pas d'études ont été réalisées en France, concernant précisément la schizophrénie.

Plusieurs raisons peuvent expliquer l'absence de ces données :
– la prévalence estimée globalement dans les pays industrialisés est relativement faible : aux alentours de 1 % de la population adulte, si elle est comparée à d'autres pathologies psychiatriques, comme la dépression ou l'anxiété ;
– la difficulté de recueil des données dans une population pathologique très hétérogène quant à l'évolution, la prise en charge de la maladie et le profil sociodémographique des patients ;
– les points de vue épidémiologiques différents concernant les objectifs des équipes de recherche pouvant s'intéresser à cette pathologie ;
– le choix de la population concernée selon les conditions et le lieu de vie, le contexte social et professionnel du schizophrène.

Enfin, ces dernières années, l'épidémiologie de la schizophrénie a bénéficié des nouvelles classifications des maladies mentales (DSM-IIIR et CIM 10), ainsi que des progrès réalisés dans la mise au point de nouveaux instruments diagnostiques qui ont contribué à mieux préciser la prévalence et l'incidence de cette pathologie.

En considérant les différentes formes cliniques (catatonique, paranoïde, désorganisée...), il est estimé aujourd'hui que la prévalence de la schizophrénie varie de 0,5 % à 1,5 % dans la population générale adulte [Eaton, 1985]. L'incidence selon les pays étudiée par divers auteurs, varie, quant à elle, de 0,01 % à 0,07 %.

La schizophrénie est une pathologie qui touche des malades jeunes : l'âge médian de début des troubles se situe entre 20 et 25 ans. Le *sex ratio* est légèrement déséquilibré avec une prépondérance masculine. Le taux de stabilité sociale (mesuré par le taux de mariage) est inférieur à celui de la population normale [Häfner, 1987]. Les facteurs socio-démographiques tels que le sexe, la classe sociale des parents, le degré de scolarisation ou d'activité sociale ont un impact important sur l'évolution de la maladie.

Par ailleurs, selon le CREDOC [1983], la pathologie psychiatrique constitue l'un des plus importants chapitres de la morbidité, puisque sur 100 patients hospitalisés un jour donné, 39,6 % souffrent d'au moins une affection mentale.

Les malades schizophrènes chroniques représentent 40,2 % et 36,5 % des groupes de malades âgés respectivement de moins de 25 ans et de 25 à 44 ans, alors qu'ils ne représentent qu'un peu plus du quart de la population hospitalière dans les services de psychiatrie, tous âges confondus.

De plus, le taux de rechute de patients schizophrènes actuellement traités par neuroleptiques serait de 16,2 % en moyenne sur une année.

Ainsi, des projections réalisées sur la population pour l'an 2000 indiquent qu'il est possible d'estimer à près de 30 millions les mois potentiels de traitement dans dix des principaux pays d'Europe *(figure 3)*.

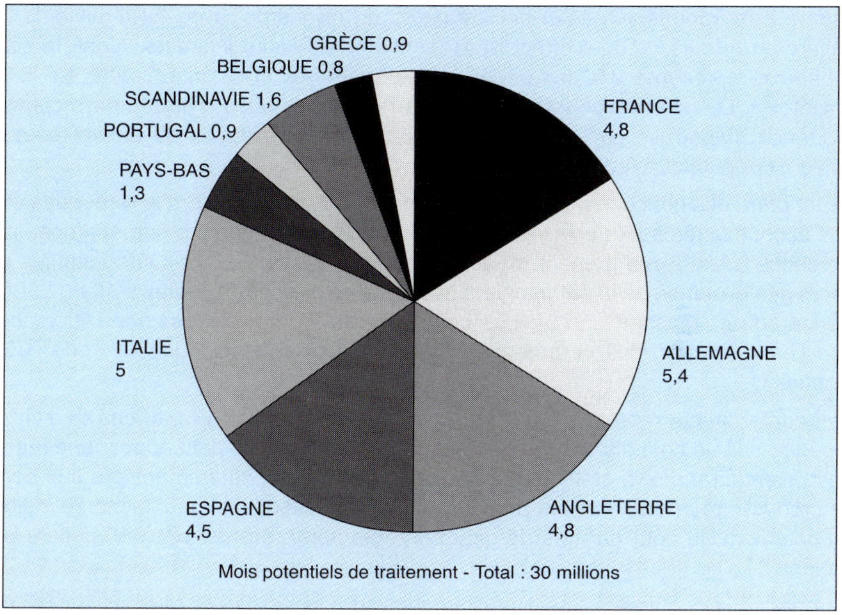

Figure 3. Schizophrénie : estimation de mois potentiels de traitement en 2000 en Europe de l'Ouest (d'après *World Band Population Projections*, 1990, ECA 1985, Hare 1986) (d'après Martin, 1995).

LE COÛT DE LA SCHIZOPHRÉNIE : AU CŒUR DU PROBLÈME

Au niveau de la société et des systèmes de santé, la schizophrénie occupe une part importante. Plusieurs facteurs expliquent l'ampleur de l'impact économique de cette pathologie :

- sa prévalence ;
- l'âge moyen jeune des patients ;
- le caractère chronique d'évolution de la maladie ;
- la gravité de la pathologie, entraînant des hospitalisations fréquentes ;
- un recours intense aux services médicaux ;
- une dépendance sociale importante.

Par ailleurs, ses conséquences sociales, en termes d'altération de la qualité de vie et d'incapacité professionnelle, expliquent l'ampleur de ses coûts directs et indirects.

Aux États-Unis, le coût des maladies mentales est estimé à plus de 130 milliards de dollars dont une grande partie est consacrée à la schizophrénie. Ce coût est estimé être supérieur à celui de l'infarctus du myocarde, avec 14,4 milliards de dollars en termes de coût direct et 100 millions de coûts indirects. Ainsi, la schizophrénie représente 2 % des dépenses de santé aux États-Unis, contre 1,6 % en Angleterre. Les mêmes constatations sont rapportées dans d'autres pays comme la France, l'Australie ou l'Allemagne, avec près de 7 milliards de dollars pour la seule ex-République fédérale.

Cependant, des difficultés diagnostiques expliquent probablement la rareté des études économiques sur la schizophrénie. Deux études fondées sur une approche par incidence (c'est-à-dire prenant en considération l'ensemble des coûts cumulés au cours de l'évolution de la pathologie) ont abordé ce problème [Andrews *et al.*, 1985 ; Dunderson et Mosher, 1975]. Les coûts directs (coûts de l'hospitalisation, des services médicaux, des neuroleptiques...) ne représentaient que 20 % des coûts globaux.

Ces coûts directs représentent 22 630 dollars (1975) par nouveau cas de schizophrénie, soit un coût direct total de l'ordre de 23 millions de dollars pour une région australienne [Andrews *et al.*, 1985]. Les coûts indirects, notamment liés à la perte de productivité, représentaient plus de 110 millions de dollars pour la même région. Globalement, le coût par cas de schizophrénie aurait été de 131 000 dollars par patient.

Ces données confirment une étude américaine [Dunderson et Mosher, 1975] qui estimait le coût total de la schizophrénie à 15 milliards de dollars en 1970. Une étude britannique, fondée cette fois sur une approche par prévalence, montre un coût direct annuel [1987] de 310 millions de livres (dont 75 % de coûts d'hospitalisation) et un coût indirect de 1 300 millions de livres *(figure 4)*, soit 1 675 livres par patient et par an pour les coûts directs et 7 027 livres par patient et par an pour les coûts indirects.

Une étude relativement récente réalisée à partir des données du NIMH et de l'enquête ECA permet de mieux cerner les coûts directs et indirects liés à cette pathologie aux États-Unis *(figure 5)*.

Une autre étude réalisée dans un secteur de 90 000 habitants dans la région de Stockholm a permis de montrer que l'hospitalisation représentait chez ces patients près de 85 % des coûts directs *(figure 6)*. Par ailleurs, au sein des coûts indirects, l'impact sur la famille est loin d'être négligeable. La famille d'un patient schizophrène dépense 11 600 dollars par an et lui consacre 70 % de son temps.

D'autres études ont été réalisées, notamment en France, pour tenter d'évaluer le coût de la prise en charge de patients schizophrènes. Rouillon *et al.* [1994] ont ainsi pu montrer, à partir d'une étude de type épidémiologique, le coût direct médico-social de patients traités en ambulatoires (n = 356) ou hospitalisés (n = 138) *(figure 7)*.

Les données recueillies et extrapolées à une population fictive de 225 000 sujets permettent d'évaluer l'impact de cette pathologie en termes de coûts directs médico-sociaux *(figure 8)*.

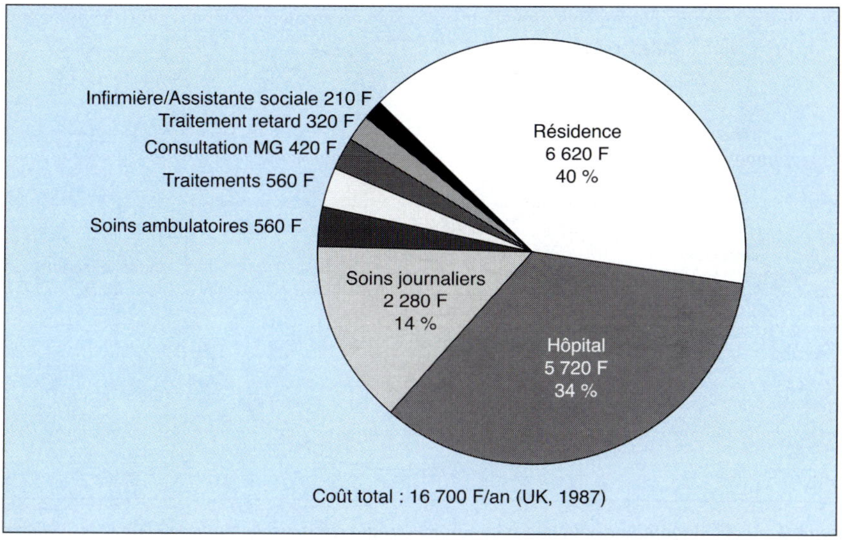

Figure 4. Coûts médicaux et non médicaux directs de la schizophrénie (d'après Davies et Drummond, 1990).

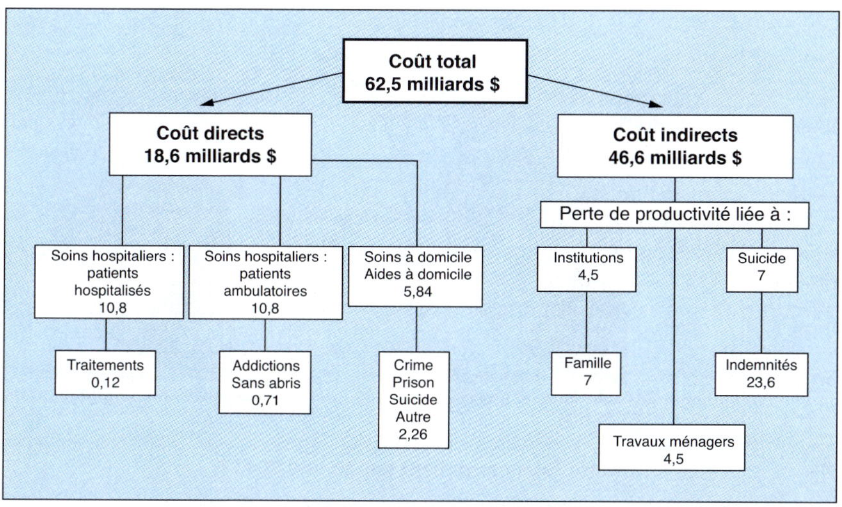

Figure 5. Schizophrénie : coûts directs et indirects aux États-Unis (1991) à partir de données du NIMH et de l'enquête ECA (en milliards de dollars).

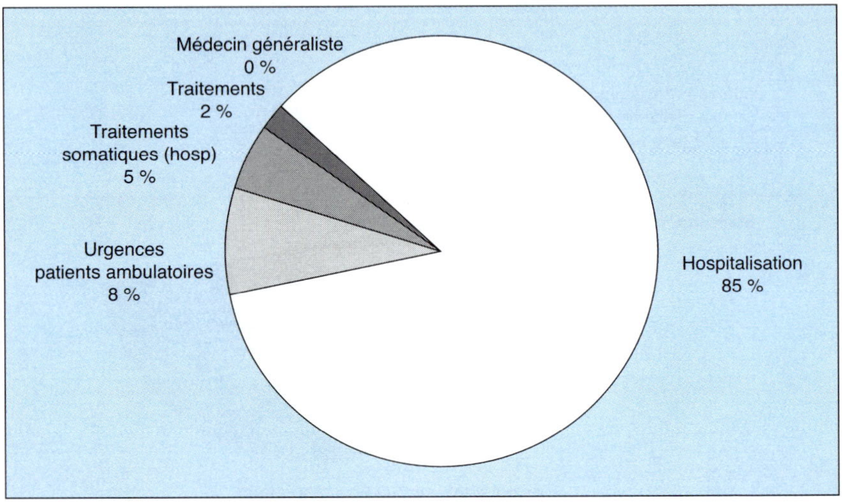

Figure 6. Coûts directs annuels liés à la schizophrénie dans un secteur (90 000 hab.). Région de Stockholm, Suède (d'après Wistedt, 1992).

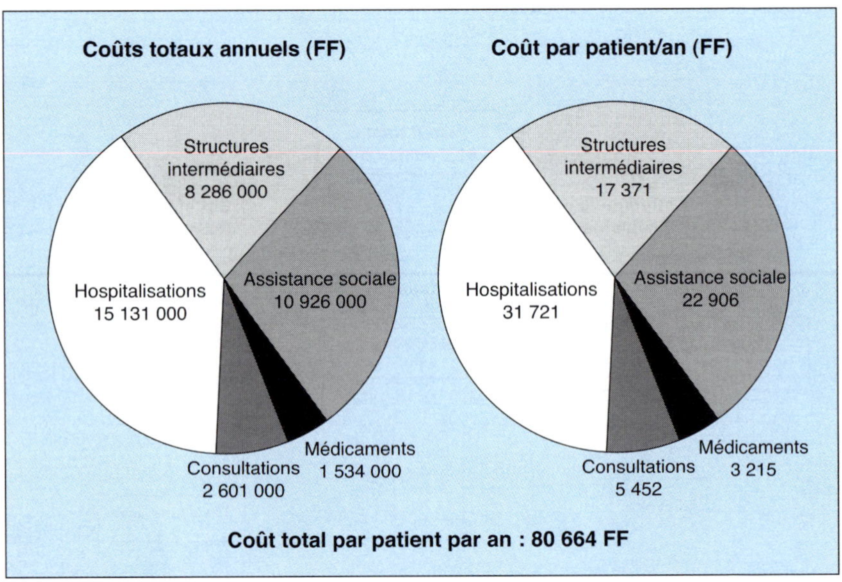

Figure 7. Coût de la prise en charge thérapeutique de patients souffrant de schizophrénie (d'après Rouillon *et al.*, 1990).

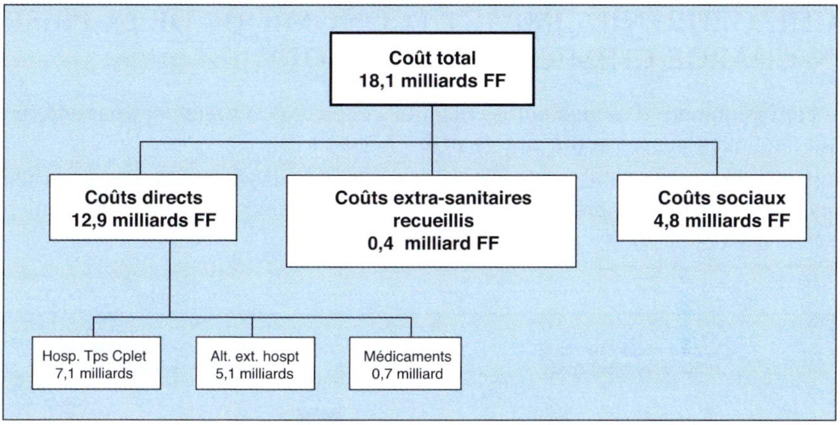

Figure 8. Estimation des coûts directs liés à la prise en charge d'une population de sujets schizophrènes français en 1992 (d'après Rouillon *et al.*, 1996). Simulation sur 225 000 sujets.

D'autres auteurs ont également montré l'intérêt que pouvaient présenter sur le plan économique certains nouveaux neuroleptiques comme l'amisulpride [Souetre *et al.*, 1992].

Enfin, le *Tableau I* permet de résumer les coûts annuels liés à la schizophrénie qui, comme on peut le constater, sont très hétérogènes.

TABLEAU I. ESTIMATION DES COÛTS ANNUELS LIÉS À LA SCHIZOPHRÉNIE.

Pays	Auteurs	Coûts annuels en million(s) en valeur du pays			
		Direct (%)	Indirect (%)	Autre (%)	Total
Angleterre (Livres)	Davies et Drummond, 1994 (1990-1991)	396 (19)	1 700 (81)	–	2 096
	Knapp, 1997 (1992-1993)	714 (27)	1 226 (47)	665 (26)	2 604
France (FF)	Rouillon *et al.*, 1997 (1992)	12 370 (70)	–	5 150 (30)	17 520
Hollande (NLG)	Evers et Ament, 1995 (1989)	778 (92)	66 (8)	–	844
Suède (SEK)	Lindstom, 1996 (1990)	2,4 (24)	7,5 (76)	–	9,9
États-Unis (US $)	Rice et Miller, 1992 (1985)	11 130 (49)	9 127 (40)	2 541 (11)	22 798
	Rice et Miller, 1992 (1990)	17 296 (53)	11 996 (37)	3 246 (10)	32 538
	Wyatt *et al.*, 1955 (1991)	18 600 (29)	46 520 (7)	–	65 180

SCHIZOPHRÉNIE : IMPACT ÉCONOMIQUE DE LA PRISE EN CHARGE CHIMIOTHÉRAPEUTIQUE

Un certain nombre d'études ont pu montrer l'impact d'un traitement par différents neuroleptiques sur les coûts directs et/ou indirects.

Ainsi, Albright *et al.* [1996] ont montré une diminution de la consommation de soins importante, chiffrée à près de 8 000 dollars canadiens après un traitement par rispéridone *(figure 9).*

Consommation des soins
Différentiel avant/après

Nombre d'hospitalisations		-111
Nombre de jours d'hospitalisation		-2 264
Nombre de consultations		
Médecins	(ensemble ; n = 143)	-1 102
dont psychiatre	(n = 99)	-393
généraliste	(n = 140)	-130
autres spécialistes	(n = 109)	-559

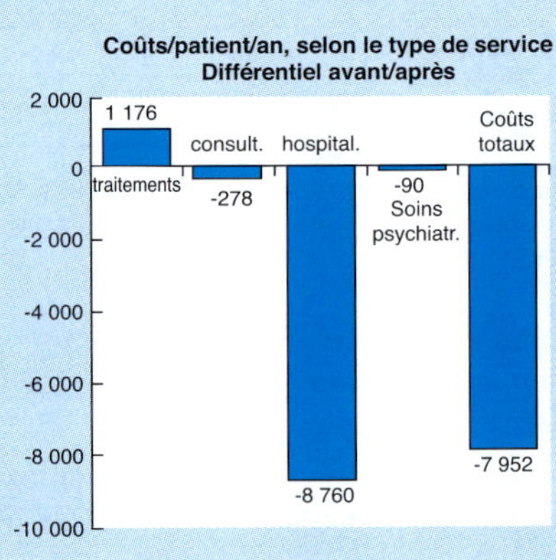

Figure 9. Impact économique d'un traitement par rispéridone chez des sujets schizophrènes dans le Saskatchewan (Canada) [Albright *et al.*, 1996]. Conséquence du traitement avant/après.

Par ailleurs, le *Tableau II* résume le bénéfice économique obtenu chez des patients schizophrènes traités par rispéridone aux États-Unis. Là encore, selon les modalités méthodologiques et de valorisation des variables recueillies, des résultats disparates sont observés.

Enfin, il est également intéressant de comparer les gains de coûts obtenus chez des patients traités par les nouveaux antipsychotiques.

Ainsi, dans une étude rétrospective, Nelson *et al.* [1998] ont mis en évidence l'intérêt de la rispéridone en termes d'efficience, comparée à des neuroleptiques dits classiques *(Tableau III).*

De la même manière, d'autres auteurs comme Procyshyn et Zerjav [1998] semblent montrer l'intérêt de la rispéridone comparée à l'olanzapine dans cette étude, au Canada *(Tableau IV et figure 10).*

TABLEAU II. BÉNÉFICE ÉCONOMIQUE OBTENU CHEZ DES PATIENTS SCHIZOPHRÈNES TRAITÉS PAR RISPÉRIDONE.

Auteurs	Nombre de patients	Durée de l'étude	Gain moyen par année et par patient (US $)
Glennie, 1997 (Ottawa)	Modélisation	1 an	4 540
Albright *et al.*, 1996, 1997 (Saskatchevan, Canada)	146	10 mois 22 mois	5 531 2 313
Le Louer *et al.*, 1997 (Québec)	306	1 an	1 760
Nightengale *et al.*, 1998 (États-Unis)	52	6 mois	1 488
Nightengale *et al.*, 1998 (États-Unis)	150	1 an	2 460
Carter *et al.*, 1995 (États-Unis)	61	≥ 7 mois	- 305 coût suppl.
Lacro *et al.*, 1997 (États-Unis)	44	≥ 3 mois	2 100
Viale *et al.*, 1997 (Santa-Clara, États-Unis)	139	14 mois	- 371 coût suppl.
Thompson, 1997 (San Diego, États-Unis)	20	1 an	4 045 (médiane : 2 659)
Finley *et al.*, 1996 (Palo Alto, États-Unis)	50	1 an	2 596
Guest *et al.*, 1996 (Angleterre)	31 18	1 an 1re année 2e année	1 187 2 854 10 280
Hart *et al.*, 1997 (Irlande)	31 18 18	1 an 1re année 2e année	3 869 5 639 12 437
David *et al.*, 1998 (Australie)	Modélisation	2 ans	9 096

TABLEAU III. COÛT MOYEN PAR PATIENT PAR JOUR D'UN TRAITEMENT PAR RISPÉRIDONE OU OLANZAPINE CHEZ DES PATIENTS SCHIZOPHRÈNES (D'APRÈS NELSON *ET AL.*, 1998).

	Rispéridone US $	Olanzapine US $
12 premiers mois	n = 309	n = 646
Coût/patient/jour	7,69	11,63
Coût/patient/an	2 809	4 245
Posologie moyenne	5,9 mg/j	15,4 mg/j
6 mois suivants	n = 325	n = 300
Coût/patient/jour	5,61	10,97
Coût/patient/an	1 024	2 002
Posologie moyenne	4 mg/j	15,8 mg/j
Coût moyen annuel patient	2 555	4 165

TABLEAU IV. ANALYSE RÉTROSPECTIVE DU TRAITEMENT DE LA SCHIZOPHRÉNIE PAR LA RISPÉRIDONE OU L'OLANZAPINE AU CANADA (D'APRÈS PROCYSHYN ET ZERJAV, 1998).

	Rispéridone (n = 30)	Olanzapine (n = 30)
Patients répondeurs		
Posologie moyenne/j	4,89 mg	17,19 mg
Coût journalier moyen (Can. $)	4,6	11,5*
Patients non répondeurs		
Posologie moyenne/j	7,25 mg	20,80 mg
Coût journalier moyen (Can. $)	7,0	13,9*
Tous les patients		
Posologie moyenne/j	5,83 mg	19,83 mg
Coût journalier moyen (Can. $)	5,6	13,3*
À la sortie de l'hôpital		
Posologie moyenne/j	4,33 mg	16,88 mg
Coût journalier moyen (Can. $)	4,2	11,3*

p < 0,0001.

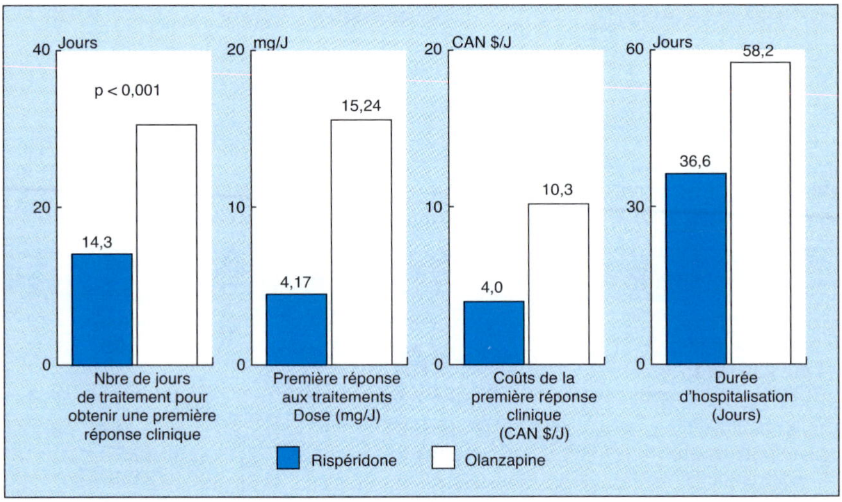

Figure 10. Comparaison rétrospective des coûts liés à la réponse au traitement de patients traités par rispéridone *versus* olanzapine au Canada (d'après Snaterne M., 1999).

SCHIZOPHRÉNIE RÉSISTANTE : IMPACT ÉCONOMIQUE

Aux États-Unis, les coûts directs et indirects liés au traitement de la schizophrénie ont été estimés en 1987 à 66 135 dollars par patient. Parmi ces coûts, il apparaît que la part de ceux liés aux hospitalisations est prépondérante. Certaines études ont montré partiellement l'intérêt d'un nouveau neuroleptique, la clozapine, dans cette pathologie, d'un point de vue économique [Matheson *et al.*, 1994]. Selon ces auteurs, il apparaît en effet qu'un traitement par la clozapine chez 52 patients, âgés de 17 à 60 ans, hospitalisés pendant 18 mois, a entraîné une diminution de 5 % des coûts hospitaliers. En revanche, une augmentation significative des coûts liés aux traitements a été enregistrée à court terme *(figure 11)*.

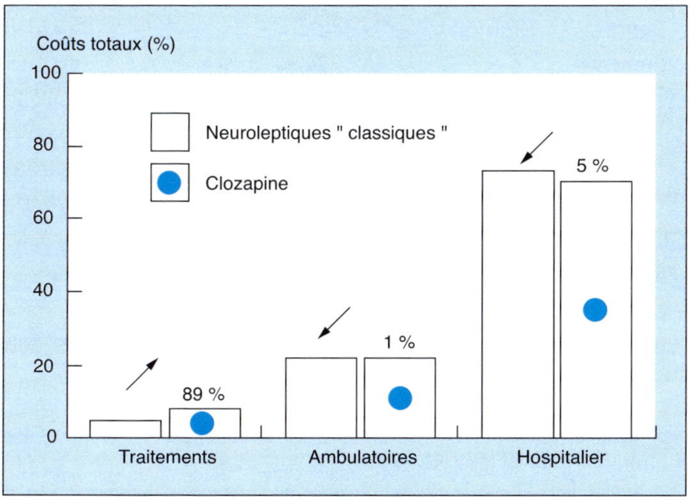

Figure 11. Comparaison des coûts de prise en charge entre patients traités par neuroleptique *versus* clozapine (d'après Matheson *et al.*, 1994).

Les différentes données prises en compte suggèrent que des moyens thérapeutiques visant à réduire les durées d'hospitalisation et les pertes de productivité liées à la schizophrénie présenteraient un intérêt majeur en termes de santé publique. Les critères retenus pour définir une schizophrénie résistante, notamment le recul minimum de deux ans, ne sont pas évidents à uniformiser et illustrent le contexte économique particulier dans lequel se situent ces sujets et l'intérêt que peut susciter une thérapeutique efficace, comme la clozapine, dans cette indication mais aussi en termes de santé publique.

C'est sur ces bases que la première évaluation médico-économique de la clozapine a été effectuée aux États-Unis.

Aux États-Unis, Revicki *et al.* [1991], dans une étude de l'efficience de la clozapine, ont utilisé une méthode similaire. Toutefois, les informations étaient issues de bases de données et comportaient fort peu d'indications socio-démographiques. La sélection portait uniquement sur les schizophrénies résistantes. Enfin, les biais d'appariement n'ont pas été pris en considération. Il n'en reste pas moins que cette étude montre que l'usage de la clozapine dans les schizophrénies résistantes aux traitements classiques se traduisait par une économie nette par patient d'environ 8 000 dollars la première année, et cela malgré le coût élevé du produit et des examens biologiques de surveillance *(Tableau V)*.

TABLEAU V. SCHIZOPHRÈNES RÉSISTANTS. COÛTS COMPARATIFS CLOZAPINE *VERSUS* NEUROLEPTIQUES. COÛT MOYEN PAR PATIENT/AN (D'APRÈS REVICKI *ET AL.*, 1990).

Période de traitement Coûts	Clozapine	Neuroleptiques (n = 51)
Un an avant inclusion	(n = 87)	
Coûts hospitaliers	73 403 $	72 121 $
Coûts totaux	80 440 $	73 067 $
Un an après inclusion	(n = 87)	
Coûts hospitaliers	58 941 $	67 934 $
Coûts totaux	80 454 $	70 414 $
Deux ans après inclusion	(n = 46)	
Coûts hospitaliers	28 367 $	61 518 $
Coûts totaux	55 867 $	64 878 $

Toujours aux États-Unis, d'autres études renforcent ces premières données sur l'intérêt du produit en termes de rapport coût/efficacité *(Tableau VI)*.

TABLEAU VI. PRISE EN CHARGE DE PATIENTS SCHIZOPHRÈNES RÉSISTANTS TRAITÉS PAR CLOZAPINE (D'APRÈS MELTZER *ET AL.*, 1993).

	2 ans avant clozapine (n = 37)	Pendant clozapine (n = 37)
	M ± SD	M ± SD
Hospitalisation (nombre de jours)	128 ± 181	7,4 ± 16,3
Nombre de consultations (ambulatoire)	123 ± 142	178 ± 50
Nombre de visites (psychiatre)	82 ± 88	47 ± 44
Thérapie de groupe (nombre de séances)	7 ± 20	31 ± 40
Examens biologiques (clozapine)	–	91 ± 29

Honigfeld et Patin [1990] ont également mis en évidence l'intérêt d'un traitement par la clozapine aussi bien en termes médicaux qu'économiques, chez des patients schizophrènes d'âge moyen égal à 32,9 (± 10,9) ans et d'une durée moyenne de maladie égale à 12,3 (± 8,7) ans. Ces auteurs ont montré que les coûts d'hospitalisation étaient, d'une part, diminués la première année et d'autre part, atteignaient une baisse de près de 50 % la deuxième année *(figure 12)*.

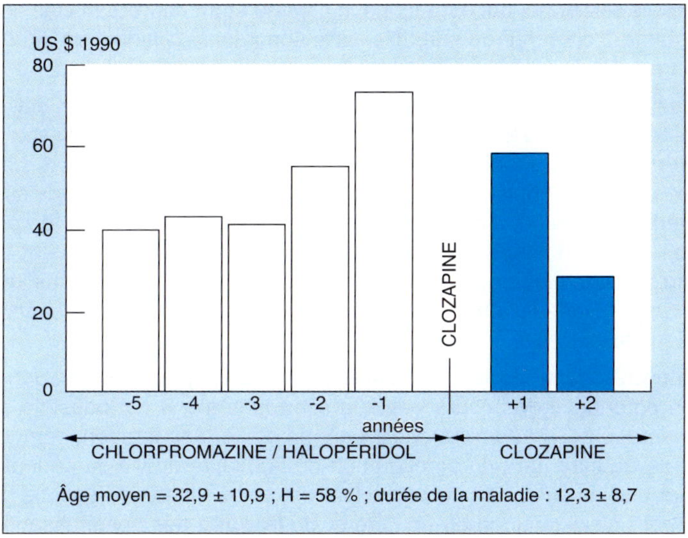

Figure 12. Hospitalisation/schizophrène résistant. Coût moyen annuel avant et après traitement par clozapine (n = 86) (d'après Honigfeld et Patin, 1990).

Enfin, réduire les coûts, impose d'optimiser le traitement prophylactique. Étant donné que 75 % des schizophrènes sont réhospitalisés pour des rechutes, le coût de cette maladie ne pourra être réduit que si la prévention des rechutes est plus efficace. L'étude du risque de rechute chez les patients non traités comparés à ceux prenant régulièrement des neuroleptiques montre qu'en l'absence de traitement, 75 % rechutent à un an, contre 10-16 % dans les groupes traités préventivement. Avec les traitements classiques, le taux de rechute est 200 fois trop élevé.

CONCLUSION

Sur le plan clinique, d'une manière générale, les antipsychotiques possédant un tropisme plus important sur les systèmes sérotoninergiques semblent diminuer les effets extrapyramidaux, augmentant ainsi l'observance thérapeutique et réduisant parallèlement le risque de rechute.

Dès lors, les malades présentant moins de symptômes extrapyramidaux vont dans le sens d'une reprise d'activité, notamment en termes de productivité. Ces antipsychotiques améliorent également les symptômes négatifs, ce qui se traduit par une diminution de la morbidité, permettant d'une part, le passage dans des programmes de réadaptation et d'autre part de diminuer le nombre et la durée des hospitalisations. Par voie de conséquence, la réadaptation de ces patients se trouve favorisée.

Par ailleurs, la clozapine, qui est reconnue comme étant active dans les schizophrénies résistantes, présente de surcroît, outre son impact clinique, un intérêt majeur en termes médico-économiques.

Il faut aussi retenir que le coût élevé lié au prix d'un médicament n'est sûrement pas un facteur limitant dans la prise en charge de ces patients. Il est vrai que dans le contexte actuel, la France est l'un des premiers consommateurs de médicaments. Bien qu'il faille plus souvent parler de dysconsommation que de surconsommation médicamenteuse, il est également intéressant et nécessaire de prendre en compte les durées d'hospitalisation. Ces dernières, quelles que soient les pathologies, entraînent la plupart du temps des coûts directs, de loin les plus importants. Toute thérapie favorisant une diminution de ces durées d'hospitalisation ne peut qu'être bienvenue.

Enfin, à moyen et long termes, ces données incitent à penser qu'en dehors d'une diminution potentielle des coûts liés à la schizophrénie, il est possible de prévoir une augmentation de l'efficacité des programmes de réadaptation, ce qui peut globalement se traduire par une amélioration de la qualité de vie du patient et de sa famille, par une amélioration de la productivité et de l'insertion sociale du patient et, enfin, par une diminution du nombre et de la durée des hospitalisations.

Références

Abi-Dargham A, Gil R, Krystal J, *et al.* [1998]. Increased striatal dopamine transmission in schizophrenia : confirmation in a second cohort. *Am J Psychiatry* 155 : 761-7.

Abi-Dargham A, Rodenhiser J, Printz D, Zea-Ponce Y, Gil R, Kegeles LS, Weiss R, Cooper TB, Mann JJ, Van Heertum RL, Gorman JM, Laruelle M [2000]. Increased baseline occupancy of D2 receptors by dopamine in schizophrenia. *Proc Natl Acad Sci USA* 97, 8104-9.

Addington DE, Jone B, Bloom D, Chouinard G, Remington G, Albright P [1993]. Reduction of hospital days in chronic schizophrenic patients treated with risperidone : a retrospective study. *Clinical Therapeutics* 5 : 917-926.

Albright P, Livingstone S, Keegan DL, *et al.* [1996]. Reduction of healthcare resource utilization and costs following the use of risperidone for matients with schizophrenia previously treated with stand antipsychotic therapy. *Clin Drug Trust* 11 : 289-99.

American Pyschiatric Association [1997]. Practice guideline for the treatment of patients with schizophrenia. *Am J Psychiatry* 154 : 4 (suppl.) 1-50.

Andreasen NC [1982]. Negative symptoms in schizophrenia : definition and reliability. *Arch Gen Psychiatry* 39 : 784-8.

Andrews G, Hall W, Goldstein G, *et al.* [1985]. The economic costs of schizophrenia : implications for public policy. *Arch Gen Psychiatry* 42 : 537-43.

Arnold SE, Trojanowski JQ [1996]. Recent advances in defining the neuropathology of schizophrenia. *Acta Neuropathol* (Berl). 92, 217-31.

Awad AG, Voruganti LNP, Heslegrave RJ [1997]. A conceptual model of quality of life in schizophrenia : description and preliminary clinical validation. *Quali Lif Res* 6 : 21-6.

Banov M, Zarate C, Tohen M, *et al.* [1994]. Clozapine therapy in refractory affective disorders : polarity predicts response in long term follow-up. *J Clin Psychiatry* 55 : 295-300.

Barrowclough C, Tarrier N, Jonhston M [1996]. Distress, expressed emotion and attributions in relatives of schizophrenics patients. *Schizophr Bull* 22 : 691-702.

Bartels SJ, Drake RE [1988]. Depressive symptoms in schizophrenia : comprehensive differential diagnosis. *Compr Psychiatry* 29 : 467-83.

Bergmans C, Bay C, Chaidron C, *et al.* [1995]. Quelles sont les attentes des familles de patients schizophrènes ? *Cahiers Psychiatriques* 18 : 91-9.

Berman I, Merson A, Rachov-Pavlov J, *et al.* [1996]. Risperidone in elderly schizophrenic patients. *Am J Ger Psy* 4 (2) : 173-9.

Beuzen JN, Taylor N, Wesnes K, *et al.* [1999]. A comparison of the effects of olanzapine, haloperidol and placebo on cognitive and psychomotor functions in healthy elderly volunteers. *J Psychopharmacol* 13 (2) : 152-8.

Bleuler E [1993]. *Dementia praecox ou groupe des schizophrénies.* (A Viallard, transl). Paris : EPEL.

Bleuler M [1972]. *Die schizophrenen Geistesstörgen im Lichte langjähriger Kranken und Familiengeschichten.* Stuttgert : Thienne.

Bunney WE, Bunney BG [1999]. Neurodevelopmental hypothesis of schizophrenia *in* : Neurobiology of schizophrenia. Eds Charney DS, Nestler EJ, Bunney BS. Oxford Universty Press. New York Oxford p. 225-35.

Buchanan RW, Strauss ME, Kirkpatrick B, *et al.* [1994]. Neuropsychological impairments in deficit *vs* non deficit forms of schizophrenia. *Arch Gen Psychiatry* 51 : 804-11.

Buchanan RW, Vladar K, Patrick E, Barta PE, Pearlson GD [1998]. Structural evaluation of the prefrontal cortex in schizophrenia. *Am J Psychiatry* 155, 1049-55.

Budd RJ, Oles G, Hughes IC [1998]. The relationship between coping style and burden in the carers of relatives with schizophrenia. *Acta Psychiatr Scand* 98 : 304-9.

Cannon TD [1998]. Genetic and perinatal influences in the etiology of schizophrenia : a neurodevelopmental model *in* : Origins and development of schizophrenia. Eds Lenzenweger MF & Dworkin RH. American Psychological Association. Washington p. 67-92.

Carpenter W, Heinrichs D, Wagman A [1988]. Deficit and non deficit forms of schizophrenia : the concept. *Am J Psychiatry* 145 : 578-83.

Casadebaig F, Philippe A [1999]. Mortality in schizophrenic patients : 3 years follow-up of a cohort. *Encephale* 25 (4) : 329-37.

Ceskova E, Svetka J [1993]. Double-blind comparison of risperidone and haloperidol in schizophrenia and schizoaffective psychoses. *Pharmacopsychiatry* 26 : 121-4.

Cho S, Duchemin AM, Neff NH, Hadjiconstantinou M [1999]. Tyrosine hydroxylase, aromatic L-amino acid decarboxylase and dopamine metabolism after chronic treatment with dopaminergic drugs. *Brain Res* 830, 237-45.

Ciompi L, Müller C [1976]. *Lebensweg und Alter der Schizophrenen : eine katamnestische Langzeitstudie bis in Senium.* Berlin : Springer, ???.

Cohen JD, Servan-Schreiber D [1992]. Context, cortex and dopamine : a connexionnist approach to behavior and biology in schizophrenia. *Psychol Rev* 99 (1) : 45-77.

Credoc [1983]. *L'hospitalisation des malades présentant des troubles mentaux dans les établissements psychiatriques et à l'hôpital en général : données statistiques.* Paris : Credoc, 55 p.

Crow TJ [1980]. Molecular pathology of schizophrenia : more than one disease process ? *Br J Psychiatry* 280 : 66-8.

D'Amato T, Karoumi B [1999]. Facteurs de risque et schizophrénie. In : Dalery J, d'Amato T, eds. *La schizophrénie, recherches actuelles et perspectives.* Paris Milan Barcelone : Masson, 35-67.

Daniel DG, Weinberger DR, Jones DW, Zigun JR, Coppola R, Handel S, Bigelow LB, Goldberg TE, Berman KF, Kleinman JE [1991]. The effect of amphetamine on regional cerebral blood flow during cognitive activation in schizophrenia. *J Neurosci* 11 (7) : 1907-17.

Danion JM (1993]. Les troubles de la mémoire dans la schizophrénie. In : *Congrès de psychiatrie et de neurologie de la langue française, Rapport de Psychiatrie, III.* Paris : Masson, 173-207.

Davidson L, McGlashan TH [1997]. The varied outcomes of schizophrenia. *Can J Psychiatry* 42 : 34-43.

Davis JM, Andriukaitis S [1975]. The natural course of schizophrenia and effective maintenance drug treatment. *J Clin Psychopharmacology* 132 : 901-6.

De Clercq M, Peuskens J, Cosyns P, *et al.* [1999]. Recommandations de la conférence de consensus belge sur le traitement de la schizophrénie, De Boeck Université, Bruxelles.

De Leon J, Wilson WH, Simpson GM [1991]. Negative symptoms, defect state and Huber's basic symptoms : a comparison of the concepts. *Psychiatr Quater* 62 : 277-98.

Dierks T, Linden DE, Jandl M, Formisano E, Goebel R, Lanferlann H, Singer W [1999]. Activation of Heschl's gyrus during auditory hallucinations. *Neuron* 3, 615-21.

Dunderson JG, Mosher LR [1975]. The cost of schizophrenia. *Am J Psychiat* 132 : 901-6.

Dwight M, Keck P, Stanton S, *et al.* [1994]. Antidepressant activity and mania associated with risperidone treatlment of schizoaffective disorder. *Lancet* 344 : 554-5.

Eaton WW [1985]. Epidemiology of schizophrenia. *Epidemiology Reviews* 7 : 105-26.

Ebmeier KP, Lawrie SM, Blackwood DH, Johnstone EC, Goodwin GM [1995]. Hypofrontality revisited : a high resolution single photon emission computed tomography study in schizophrenia. *J Neurol Neurosurg Psychiatry* 58, 452-6.

Elkashef AM, Doudet D, Bryant T, Cohen RM, Li SH, Wyatt RJ [2000]. 6-18 F-DOPA PET study in patients with schizophrenia. *Psychiatry Res Neuroimaging Section* 100, 1-11.

Fenton WS, McGlashan TH [1991]. Natural history of shizophrenia subtypes. II. Positive and negative symptoms and long-term course. *Arch Gen Psychiatry* 48 : 978-86.

Fitton A, Benfield P [1993]. Clozapine, on apparaisal of its pharmacoeconomic benefits in the treatment of schizophrenia. *Parmaco economics* 4 : 131-56.

Frances A, *et al.* [1996]. The Expert Consensus Guidelines Series. Treatment of schizophrenia. *J Clin Psychiatr* 57 (suppl. 12B) : 2-59.

Frith CD [1992]. The cognitive neuropsychology of schizophrenia. Lawrence Erlbaum, Heve.

Gallhofer B, Bauer U, Lis S, *et al.* [1996]. Cognitive dysfunction in schizophrenia : comparison of treatment with atypical antipsychotic agents and conventional neuroleptic drugs. *Eur Neuropsychopharmacol* 6 : 14-20.

Goldberg TE, Greenberg RD, Griffin SJ, *et al.* [1993]. The effect of clozapine on cognition and psychiatric symptoms in patients with schizophrenia. *Br J Psychiatry* 162 : 43-8.

Grace AA [1991]. Phasic versus tonic dopamine release and the modulation of dopamine system responsivity : a hypothesis for the etiology of schizophrenia. *Neuroscience* 41, 1-24.

Gray JA, Feldon J, Rawlins NP, *et al.* [1991]. The neuropsychology of schizophrenia. Behavior. *Br Sci* 14 : 1-84.

Green M, Marshall B, Wirshing W, Ames D, Marder S, McGurk S, Kern R, Mintz J [1997]. Does risperidone improve verbal working memory in treatment-resistant schizophrenia ? *Am J Psychiatry* 154 : 799-804.

Guiraud P, Ey H [1926]. Remarques critiques sur la schizophrénie de Bleuler. *Ann Med Psychol* 84 : 355.

Häfner H, Gattaz WF, Janzarik W [1987]. Search for the causes of schizophrenia. New York : Springer-Verlag, 47-70.

Hagger C, Buckley P, Kenny JT, *et al.* [1993]. Improvement in cognitive functions and psychiatric symptoms in treatment-refractory schizophrenic patients receiving clozapine. *Biol Psychiatry* 34 : 702-12.

Halford WK, Schweitzer RD, Varghese FN [1991]. Effects of family environment on negative symptoms and quality of life of psychotic patients. *Hosp Community Psychiatry* 42 : 1241-7.

Hardy-Bayle MC [1997]. Neuropsychologie cognitive de la schizophrénie. In : *Encycl. Méd. Chir.* Paris : Éd. Techniques, 37-285-A10.

Hardy-Bayle MC [1992]. Planification de l'action et communication schizophrénique. *Psychologie Française* 37 : 235-44.

Hardy-Bayle MC, Olivier V, Sarfati Y, *et al.* [1996]. Approches contemporaines de la clinique des troubles schizophréniques. In : *Encycl. Méd. Chir.* Paris : Éd. Techniques, 37-282-A20.

Harrison PJ [1999]. The neuropathology of schizophrenia. A critical review of the data and their interpretation. *Brain* 122 : 593-624.

Hegarty J, Baldessarini R, Tohen M, Waternaux C, Oepen G [1994]. One hundred years of schizophrenia : a meta-analysis of the outcome literature. *Am J Psychiatry* 151 : 1409-16.

Hillert A, Maier W, Wetzl H, *et al.* [1992]. Risperidone in the treatment of disorders with a combined psychotic and depressive syndrome – a functionnal approach. *Pharmacopsychiatry* 25 : 213-7.

Hirsch SR, Joley TRE, Liddle PF, *et al.* [1989]. Dysphoric and depressive symptoms in chronic schizophrenia. *Schizophr Res* 1 : 259-64.

Hirschfeld R [1996]. Schizoaffective disorders and psychotic mania. *Psychiatr Ann* 26 (suppl. 7) : 435-9.

Honigfeld G, Patin J [1990]. A two-year clinical and economic follow-up of patients on clozapine. *Hosp Comm Psychiatry* 8 : 882-5.

Huber G [1997]. The heterogenous course of schizophrenia. *Schizophr Res* 28 : 177-85.

Johnson DAW [1981]. Studies of depressive symptoms in schizophrenia. *Br J Psychiatry* 139 : 80-101.

Kasanin J [1933]. The acute schizoaffective psychoses. *Am J Psychiatr* 13 : 97-126.

Kay SR [1991]. Positive and negative syndroms in schizophrenia. Assessment and research. Brunner/Mazel. New York.

Kay SR, Fizbein A, Opler LA [1986]. Significance of positive and negative syndromes in chronic schizophrenia. *Brit J Psychiatry* 149 : 439-48.

Kay SR, Sevy S [1990]. Pyramidal model of schizophrenia. *Schizophr Bull* 16 : 537-45.

Keck P, Buffenstein A, Ferguson J, *et al.* [1998]. Ziprasidone 40 and 120 mg/day in the acute exacerbation of schizophrenia and schizoaffective disorder : a 4-weeks placebo-controlled trial. *Psychopharmacology* 140 : 173-84.

Keck P, Wilson D, Strakowski S, *et al.* [1995]. Clinical predictor of acute risperidone response in schizophrenia, schizoaffective disorder, and psychotic mood disorders. *J Clin Psychiatry* 56 : 466-70.

Keefe R, Silva SG, Perkins DO [1999]. The effects of atypical antipsychotic drugs on neurocognitive impairment in schizophrenia : a review and meta-analysis. *Schizophr Bull* 25 (2) : 201-22.

Keith S, Rezgier D, Rae D [1991]. Schizophrenic disorders. In : Robin L, Regier D, eds. *Psychiatric disoreders in America. The epidemiologic catchment area study.* New York : The Free Press, 33-52.

King S, Dixon J [1995]. Expressed emotion, family and symptom severity in a predictive model of social adjustment for schizophrenic young adults. *Schizophr Res* 14 : 121-32.

King S, Dixon J [1996]. The influence of expressed emotion, family dynamics and symptom type on the social adjustment of schizophrenic young adults. *Arch Gen Psychiatr* 53 : 1098-104.

Kraepelin F [1919]. Dementia praecox and paraphrenia. In : *Psychiatry*. Livingstone, ed. Edinburgh : ???, ???.

Krystal JH, Abi-Dargham A, Laruelle M, *et al.* [2000]. Pharmacological models of psychoses. In : Charney DS, Nestler EJ, Bunney BS, eds. *Neurobiology of schizophrenia.* New York, Oxford : Oxford Universty Press, 214-24.

Laruelle M, Abi-Dargham A, Van Dyck CH, Gil R, D'Souza C, Erdos A, McCance E, Rosenblatt W, Fingado C, Zoghbi SS, Baldwin RM, Seybil JP, Krystal JH, Charney DS, Innis RB [1996]. Single photon emission computerized tomography imaging of amphetamine-induced dopamine release in drug-free schizophrenic subjects. *Proc Natl Acad Sci USA* 93, 9235-40.

Lee MA, Thompson PA, Meltzer HY [1994]. Effects of clozapine on cognitive function in schizophrenia. *J Clin Psychiatry* 55 82-7.

Lehman AF [1983]. Well-being of chronic mental patients : assessing their quality of life. *Arch Gen Psychiatry* 40 : 369-73.

Lehman AF, Steinwachs DM and the co-investigators of the port project [1998]. At Issue : translating research into practice. The schizophrenia patient outcomes rescarch team (PORT) treatment recommendations. *Schizophr Bull* 24 (1) : 1-10.

Lennox BL, Park SB, Medley I, Morris PG, Jones PB [2000]. The functional anatomy of auditory hallucinations in schizophrenia. *Psychiatry Res Neuroimaging Section* 100, 13-20.

Leucht S, Pitschel-Walz G, Abraham D [1999]. Efficacy and extrapyramidal side-effects of the new antipsychotics olanzapine, quetiapine, risperidone, and sertindole compared to conventionnal antipsychotics and placebo. A meta-analysis of randomized controlled trials. *Schizophr Res* 35 : 51-68.

Li T, Sham PC, Vallada H, Xie T, Tang X, Murray RM, Liu X, Collier DA [1996]. Preferential transmission of the high activity allele of COMT in schizophrenia. *Psychiatr Genet* 6, 131-33.

Liddle PF [2000]. Functional brain imaging of schizophrenia. In : Reveley MA, Deakin JFW, eds. *The psychopharmacology of schizophrenia.* London : Arnold, 109-30.

Liddle PF [1987]. Schizophrenic symdromes, cognitive performance and neurological dysfunction. *Psychol Med* 17 : 49-57.

Lieberman J, Chakos M, Wu H, *et al.* [2001]. Longitudinal study of brain morphology in first episode schizophrenia. *Biol Psychiatry* 1 : 487-99.

Lindström L [1989]. A retrospective study of long-term efficacy and safety of clozapine in 96 schizophrenic and schizoaffective patients during a 13-year period. *Psychopharmacology (Berl)* 99 (suppl.) : 84-6.

Madhusoodanan S, Brenner R, Araujo L, *et al.* [1995]. Efficacy of risperidone treatment for psychoses associated with schizophrenia, schizoaffective disorder, bipolar disorder or senile dementia in 11 geriatric patients : a case series. *J Clin Psychiatry* 56 : 514-8.

Malhotra A, Litman R, Su T, *et al.* [1993]. Clozapine response in schizoaffective disorder. In : *New research program and abstract of the* [146]*th annual meeting of the American Psychiatric Association* : May 24, San Francisco.

Manoach DS, Press DZ, Thangaraj V, Meghan M, Searl MM, Goff DC, Halpern E, Saper CB, Warach S [1999]. Schizophrenic subjects activate dorsolateral prefrontal cortex during a working memory task, as measured by fMRI. *Biol Psychiatry* 45, 1128-37.

Marder SR, Meibach RC [1994]. Risperidone in treatment of schizophrenia. *Am J Psychiatry* 151 : 825-35.

Martin P [1999]. L'évaluation médico-socio-économique en psychiatrie. In : *Psychiatrie années 2000, organisations, évaluations, accréditations.* Paris : Flammarion, 143-57 (Médecins-Sciences).

Martin P, Peretti S [1999]. La qualité de vie du point de vue du psychiatre. *Act Méd Int Psychiatrie* (16) 2 : 16-27.

Matheson LA, Cook HM, Mac Kenna P, *et al.* [1994]. Value for money care for patients with schizophrenia. *Am J Medic Economics* 7 : 25-34.

McElroy S, Dessain E, Pope H [1991]. Clozapine in the treatment of psychiatric mood disorders and schizoaffective disorder and schizophrenia. *J Clin Psychiatry* 32 : 411-4.

McElroy S, Keck P, Strakowski [1999]. An overview of the treatment of schizoaffective disorder. *J Clin Psychiatry* 60 (suppl. 5) : 16-21.

McGlashan T [1988]. A selective review of recent north american long-term follow-up studies of schizophrenia. *Schizophr Bull* 14 : 515-42.

McGlashan TH, Carpenter WT. [1976] Postpsychotic depression in schizophrenia. *Arch Gen Psychiatry* 33 : 231-9.

McGurk S [1999]. The effects of clozapine on cognitive functioning in schizophrenia. *J Clin Psychiatry* 60 (suppl. 12) : 24-9.

Meador-Woodruff JH, Healy DJ [2000]. Glutamate receptor expression in schizophrenic brain. *Brain Res Rev* 31, 288-94.

Meltzer HY, McGurk SR [1999]. The effects of clozapine, risperidone, and olanzapine on cognitive function in schizophrenia. *Schizophr Bull* 25 (2) : 233-55.

Meltzer HY, Okayli G [1995]. Reduction of suicidality during clozapine treatment of neuroleptic-resistant schizophrenia : impact on risk-benefit assessment. *Am J Psychiatry* 152 : 183-90.

Mercier C [1994]. La méthodologie de l'évaluation de la qualité de vie subjective en psychiatrie. In : Terra JL, ed. *Qualité de vie subjective et santé mentale*. Paris : Ellipses, 92-110.

Miller AL, Chiles JA, Chiles JK, *et al.* [1999]. The Texas medication algorithm project (TMAP) schizophrenia algorithms. *J Clin Psychiatry* 60 : 10.

Miller DD, Perry PJ, Cadoret RJ, *et al.* [1994]. Clozapine's effect on negative symptoms in treatment-refractory schizophrenics. *Compr Psychiatry* 35 : 8-15.

Moller H, Müller H, Borison R, Schooler N, Chouinard G [1995]. A path-analytical approach to differentiate between direct and indirect drug effects on negative symptoms in schizophrenic patients. *Eur Arch Psychiatry Clin Neurosci* 245 : 45-9.

Mortensen PB, Pedersen CB, Westergaard T, Wohlfahrt J, Ewald H, Mors O, Andersen PK, Melbye M [1999]. Effects of family history and place and season of birth on the risk of schizophrenia. *N Engl J Med* 340 (8) : 603-8.

Müller-Siecheneder F, Müller M, Hillert A, *et al.* [1998]. Risperidone *versus* haloperidol and amitriptyline in the treatment of patients with a combined psychotic and depressive syndrome. *J Clin Psychopharmacol* 18 : 111-20.

Naber D, Hippius H [1990]. The European experience for the use of clozapine. *Hosp Community Psychiatry* 41 : 886-90.

Nelson MW, Kelly DL, Love RC, *et al.* [1998]. Risperidone *versus* olanzapine : discharge rates and economic considerations. 37th annual meeting of the American College of Neuropsychopharmacology, Dec. 14-18, Las Croabas, Puerto Rico.

Nuechterlein KH, Dawson ME, Gitlin M, *et al.* [1992]. Developmental processes in schizophrenic disorders : longitudinal studies of vulnerability and stress. *Schizophr Bull* 18 : 387-425.

Okubo Y, Suhara T, Suzuki K, Kobayashi K, Inoue O, Terasaki O, Someya Y, Sassa T, Sudo Y, Matsushima E, Iyo M, Tateno Y, Toru M [1997]. Decreased prefrontal dopamine D1 receptors in schizophrenia revealed by PET. *Nature* 385, 634-6.

Penn DL, van Der Does AJW, Spaulding WD, *et al.* [1993]. Information processing and social cognitive problem solving in schizophrenia. *J Ner Ment Dis* 180 : 13-20.

Posner MI, Rothbart MK [1991]. Attentional mechanisms and conscious experience. In : Milner AD, Ruggs MD, eds. *The neuropsychology of consciousness*. London : Academic Press, 91-111.

Procyshyn RM, Zerjav S [1998]. Drug utilization patterns and outcomes associated with hospital treatment with risperidone or olanzapine. *Clin Therapeutics* 6 : 1203-17.

Purdon SE [1999]. Cognitive improvement in schizophrenia with novel antipsychotic medications. *Schizophr Res* S51-S60.

Ramaekers JG, Louwerens JW, Muntjewerff ND, *et al.* [1999]. Psychomotor, cognitive, extrapyramidal, and affective functions of healthy volunteers during treatment with an atypical (amisulpride) and a classic (haloperidol) antipsychotic. *J Clin Psychopharmacol* 19 (3) : 209-21.

Rapoport JL, Giedd JN, Blumenthal J, Hamburger S, Jeffries N, Fernandez T, Nicolson R, Bedwell J, Lenane M, Zijdenbos A, Paus T, Evans A. [1999]. Progressive cortical change during adolescence in childhood-onset schizophrenia. A longitudinal magnetic resonance imaging study. *Arch Gen Psychiatry* 56, 649-54.

Reith J, Benkelfat C, Sherwin A,Yasuhara Y, Kuwabara H, Andermann F, Bachneff S, Cumming P, Diksic M, Dyve SE *et al.* [1999]. Elevated dopa decarboxylase activity in living brain of patients with psychosis. *Proc Natl Acad Sci USA* 91, 11651-4.

Revicki DA, Luce B, Weschler JM, Brown RE, Adler MA [1991]. Cost-effectiveness of clozapine for treatment-resistant schizophrenics. *J Hosp Comm Psych* 41 : 850-6.

Rossi A, Mancini F, Stratta P, *et al.* [1997]. Risperidone, negative symptoms, and cognitive deficit in schizophrenia : an open study. *Acta Psychiatr Scand* 95 : 40-3.

Rouillon F, Dansette GY, Le Floch C [1994]. Étude de la prise en charge thérapeutique des schizophrènes et de son coût. *L'Encephale* XX : 303-9.

Sajatovic M, Digiovanni S, Bastani B, *et al.* [1996] Risperidone therapy in the treatment of refractory acute bipolar and schizoaffective mania. *Psychopharmacol Bull* 32 : 55-61.

Scazufca M, Kuipers E [1998]. Stability of expressed emotion in relatives of those with schizophrenia and its relationship with burden of care and perception of patients' social functioning. *Psychol Med* 28 : 453-61.

Seeman P [1994]. Dopamine receptors in schizophrenia. In : Niznik HB, Marcel Dekker, eds. *Dopamine receptors and transporters.* New York, Basel, Hong Kong, 541-50.

Serper MR, Chou JCY [1997]. Novel neuroleptics improve attentional functioning in schizophrenic patients : ziprasidone and aripiprazole. *CNS spectrums* 2 : 56-9.

Sharma T [1999]. Cognitive effects of conventional and atypical antipsychotics in schizophrenia. *Br J Psychiatry* 174 : 44-51.

Shergill SS, Brammer MJ, Williams SC, Murray RM, McGuire PK [2000]. Mapping auditory hallucinations in schizophrenia using functional magnetic resonance imaging. *Arch Gen Psychiatry* 57, 1033-8.

Siris SG [1991]. Diagnosis of secondary depression in schizophrenia ; implications for DSM-IV. *Schizophr Bull* 17 : 75-98.

Souetre E, Martin P, Lecanu JP, *et al.* [1992]. Évolution médico-économique des neuroleptiques dans la schizophrénie : amisulpride *versus* halopéridol. *L'Encéphale* XVIII : 263-9.

Stefanowicz P [1990]. Initial results of clozapine and lithium treatment of manic syndromes in the course of schizoaffective psychosis. *Psychiatr Pol* 24 : 27-30.

Stip E, Lussier I [1996]. The effect of risperidone on cognition in patients with schizophrenia. *Can J Psychiatry* 41 (suppl. 2) : S35-S40.

Suppes T, Webb A, Paul B, Carmody T, *et al.* [1999]. Clinical outcome in a randomized 1-year trial of clozapine *versus* treatment as usual for patients with treatment-resistant illness and a history of mania. *Am J Psychiatry* 156 : 1164-9.

Taylor D, Mc Connel D, Mc Connel H, *et al.* [1999]. *Prescribing guidelines* 5th Ed. Bethlem & Maudsley NHS Trust, London : M. Dunitz.

Thune JJ, Pakkenberg B [2000]. Stereological studies of the schizophrenic brain. *Brain Res Brain Res Rev* 31 : 200-4.

Tollefson G, Sanger T [1997]. Negative symptoms : a path analysis approach to a double-blind, placebo- and haloperidol-controlled clinical trial with olanzapine. *Am J Psychiatry* 154 : 466-74.

Tollefson GD, Sanger TM, Lu Y, *et al.* [1998]. Depressive signs and symptoms in schizophrenia : a prospective blinded trial of olanzapine and haloperidol. *Arch Gen Psychiatry* 55 : 250-8.

Tzschentke TM [2001]. Pharmacology and behavioral pharmacology of the mesocortical dopamine system. *Prog Neurobiol* 63 : 241-320.

Velligan D, Mahurin R, Diamond P, *et al.* [1995]. The functionnal significance of symptomatology and cognitive functionin schizophrenia. *Schizophr Res* 25 : 21-31.

Voruganti L, Cortese L, Oyewumi L, *et al.* [2000]. Comparative evaluation of conventional and novel antipsychotic drugs with reference to their subjective tolerability, side-effect profile and impact on quality of life. *Schizophr Res* 43 : 135-45.

Ward KE, Friedman L, Wise A, *et al.* [1996]. Meta-analysis of brain and cranial size in schizophrenia. *Schizophr Res* 22 : 197-213.

Weiser M, Shneider-Beeri M, Nakash N, *et al.* [2000]. Improvement in cognition associated with novel antipsychotic drugs : a direct drug effect or reduction of EPS ? *Schizophr Res* 46 : 81-9.

Wing JK, Brown GW [1970]. Institutionalism and schizophrenia. Cambridge : Cambridge University Press.

Working group for the Canadian psychiatric association and the Canadian alliance for research on schizophrenia [1998]. Canadian clinical practice guidelines for the treatment of schizophrenia. *Can J Psychiatry* 43 (suppl. 2) : (revised) 25-40.

Wright IC, Rabe-Hesketh S, Woodruff PW, *et al.* [2000]. Meta-analysis of regional brain volumes in schizophrenia. *Am J Psychiatry* 157 : 16-25.

Yang YK, Hsieh HH, Wu AC, *et al.* [1999]. Help-seeking behaviors in relatives of schizophrenics in Taiwan. *Gen Hosp Psychiatry* 21 : 303-9.

Zakzanis KK, Hansen KT [1998]. Dopamine D2 densities and the schizophrenic brain. *Schizophr Res* 32 : 201-6.

Zakzanis KK, Heinrichs RW [1999]. Schizophrenia and the frontal brain : a quantitative review. *J Int Neuropsychol Soc* 5 (6) : 556-66.

Zannotti M, Pringuey D, Darcourt G [1994]. Construction d'une échelle de qualité de vie : la S.Qua.LA. et application à la schizophrénie. In : Terra JL, ed. *Qualité de vie subjective et santé mentale*. Paris : Ellipses, 213-25.

Zhang M, Gittelman M, Wong Z, *et al.* [1998]. Group psychoeducation of relatives of schizophrenic patients : two-year experiences. *Psychiatry Clin Neurosci* 52 (suppl.) : 344-7.

DANS LA MÊME COLLECTION

Les malades de l'alcool, B. Rueff, 1995.

Les vertiges et le praticien, P. Tran Ba Huy et C. de Waele, 1996.

Comment gérer la maladie veineuse ?, C. Garde, 1996.

Utilisation des facteurs de croissance hématopoïétiques, H. Dombret, 1996.

Épilepsies en questions, M. Baldy-Moulinier, 1997.

Les troubles dépressifs, F. Rouillon, 1997.

Les hypercholestérolémies, E. Brückert et D. Thomas, 1997.

La prostate, R.O. Fourcade, 1997.

La sclérose en plaques, O. Lyon-Caen et M. Clanet, 1997.

Le guide du sommeil, M.F. Vecchierini, 1997.

Corticoïdes et corticothérapie, B. Wechsler et O. Chosidow, 1997.

La maladie d'Alzheimer, J.J. Hauw, 1997.

Le système rénine-angiotensine et la progression de l'insuffisance rénale, D. Cordonnier, P. Zaoui et N. Bourmeyster, 1997.

Le reflux gastro-œsophagien, G. Cadiot, 1998.

La thrombose coronaire et ses traitements, G. Montalescot, 1998.

Les maladies inflammatoires chroniques de l'intestin, J.C. Rambaud, 1998.

La migraine, H. Massiou, 1998.

La schizophrénie débutante, H. Grivois et L. Grosso, 1998.

L'insuffisance cardiaque, J.P. Broustet, 1999.

Les infections urinaires de la femme, F. Leconte, 1999.

La prévention de la maladie coronaire, J. Delaye, 1999.

La gonarthrose, B. Amor, 1999.

La polyarthrite rhumatoïde de l'adulte, J. Sany, 1999.

Décisions vasculaires. Les artériopathies de l'aorte et des membres inférieurs, C. Boissier et J.-L. Guilmot, 1999.

Les diarrhées aiguës de l'enfant, C. Dupont, 1999.

Les cancers broncho-pulmonaires. Vérités polémiques et nouveautés futures, B. Lebeau, 1999.

Les bronchopneumopathies chroniques obstructives, T. Similowski, J.F. Muir et J.P. Derenne, 1999.

Le cancer de la prostate, O. Cussenot et P. Teillac, 2000.

L'athérosclérose, J. Emmerich et P. Bruneval, 2000.

Les infections ostéo-articulaires, D. Peyramond et A. Boibieux, 2000.

Les antagonistes des récepteurs de l'angiotensine 2, Xavier Girerd, 2000.

Le cancer du rein de l'adulte, Gérard Benoît, 2000.

Troubles dépressifs et personnes âgées, Henri Lôo et Thierry Gallarda, 2000.

Pneumonies, Paul Léophonte, 2001.

Poids et obésité, Jean-Michel Lecerf, 2001.

Les endocardites infectieuses, Bruno Hoen, 2001.

Achevé d'imprimer par Corlet, Imprimeur, S.A.
14110 Condé-sur-Noireau (France)
N° d'Imprimeur : 54567 - Dépôt légal : décembre 2001
Imprimé en U.E.